中國學術思想

研究輯刊

三五編

林慶彰 主編

第 3 冊

宋代后妃祭祀之禮研究：
以儀式象徵、禮儀思想與性別秩序為核心（下）

施譯涵 著

花木蘭文化事業有限公司

國家圖書館出版品預行編目資料

宋代后妃祭祀之禮研究：以儀式象徵、禮儀思想與性別秩序為
核心（下）／施譯涵 著 -- 初版 -- 新北市：花木蘭文化事業
有限公司，2022〔民111〕
目 2+156 面；19×26 公分
（中國學術思想研究輯刊 三五編；第 3 冊）
ISBN 978-986-518-805-4（精裝）
1.CST：祭祀 2.CST：禮儀 3.CST：后妃 4.CST：宋代
030.8   110022421

ISBN-978-986-518-805-4

中國學術思想研究輯刊
三五編 第三冊   ISBN：978-986-518-805-4

宋代后妃祭祀之禮研究：
以儀式象徵、禮儀思想與性別秩序為核心（下）

作　　　者　施譯涵
主　　　編　林慶彰
總 編 輯　杜潔祥
副總編輯　楊嘉樂
編輯主任　許郁翎
編　　　輯　張雅淋、潘玟靜、劉子瑄　美術編輯　陳逸婷
出　　　版　花木蘭文化事業有限公司
發 行 人　高小娟
聯絡地址　235 新北市中和區中安街七二號十三樓
　　　　　　電話：02-2923-1455／傳真：02-2923-1452
網　　　址　http://www.huamulan.tw 信箱 service@huamulans.com
印　　　刷　普羅文化出版廣告事業
封面設計　劉開工作室
初　　　版　2022 年 3 月
定　　　價　三五編 23 冊（精裝）新台幣 62,000 元

宋代后妃祭祀之禮研究：
以儀式象徵、禮儀思想與性別秩序為核心（下）

施譯涵　著

目次

第四章 宋代先蠶禮研究

　　在以農立國的中國古代社會中，農桑是重要的經濟支柱。基於性別分工原則，男子負責耕作，女子從事紡織，成為國家所提倡的基本生產模式。〔註1〕從漢到明清，歷代的帝王都以「勸導農桑」為治道之本。《春秋‧穀梁傳》即有「天子親耕，以共粢盛，王后親蠶，以共祭服」，以天子與王后代表夫耕婦織，男女分工所分別負責的儀式記載。〔註2〕農桑之重要，從漢代主父偃將秦朝滅亡之主因，歸咎於「男子疾耕不足於糧饟，女子紡績不足於帷幕。」〔註3〕可見一斑。

　　此外，古代之男女教育亦因「男耕女織」的觀念而有所不同。男子以學習禮事及宗廟祭祀等工作為主，女子則以學習蠶織為必備功課。「女織」不僅是家庭經濟的來源之一，〔註4〕亦是婦女德行之表徵。在動亂之際，從事蠶織

〔註1〕許倬雲在〈從周禮中推測遠古的婦女工作〉中，依《春秋》三傳與《詩經》
　　　　來佐證女子其實原本負責農作物種植、採集與蠶桑，男子則負責狩獵。在生
　　　　活安定後，男子以體力優勢取代婦女耕種，生產模式由「男獵女耕」演變成
　　　　後來的「男耕女織」。見氏著，〈從周禮中推測遠古的婦女工作〉《中國婦女史
　　　　論集》第一輯（臺北：稻鄉出版社，1979），頁51～62。
〔註2〕晉‧范寧集解，唐‧楊士勛疏，《春秋穀梁傳注疏》（臺北：藝文印書館，2001），
　　　　卷4〈桓公十四年〉，頁39～40。另《禮記》有：「當於夫，以成絲麻布帛之
　　　　事。」顯示不同於男子應為之事，女性被賦予紡織的職責，顯示出男女不同
　　　　的性別分工。漢‧鄭玄注，唐‧孔穎達疏，《禮記注疏》（臺北：藝文印書館，
　　　　2001），卷61，〈昏義〉，頁1001。以下簡稱《禮記》。
〔註3〕漢‧司馬遷，《史記》（臺北：鼎文書局，1980），卷112，〈主父偃列傳〉，頁
　　　　2954。
〔註4〕《禮記‧內則》：「女子十年不出，姆教婉娩聽從，執麻枲、治絲繭、織紝組
　　　　紃、學女事，以共衣服。」《禮記》，卷12，〈內則〉，頁539。

所得的布帛更可當成交易的貨幣。〔註5〕為了鼓勵天下百姓勤於耕織，並確保豐收。自殷商時期甲骨文中即有「武丁時省於蠶」之占卜記載；祖庚、祖甲時更有祭祀蠶神之卜辭：「蠶示（即蠶神）三牛、蠶示三牢」，〔註6〕可知殷商時期即有祭祀蠶神之典禮。

不過，將蠶事與女子相結合，以王后作為蠶事的代表，開端於周代。《周禮·天官·內宰》有云：「中春詔后帥外內命婦，始蠶于北郊，以為祭服。」〔註7〕顯示，作為與天子親耕相對應的皇（王）后「始蠶」或「親蠶」之禮，最遲至先秦時期便已形成一套完整的禮儀。自此之後，以皇帝為首的「籍田」與以皇后為首的「先蠶」，成為「男子耕農，女子蠶織」的表率，不僅具有濃厚的教化色彩與男女分工之性別意義，更成為農耕社會之重要典範。

自周至唐代均有以帝后為首的籍田、先蠶典禮。〔註8〕惟到了宋代不僅「籍田之禮，歲不常講」，與之相對應的先蠶之禮更是久廢。〔註9〕在宋代「先蠶」禮幾乎皆由男性官吏代行，這期間的行禮規劃又有何特殊之處？神宗時期，針對宋代所祭祀的先蠶神進行討論，這爭論的關鍵點又為何？徽宗朝唯一由皇后主持之先蠶禮儀，又是如何透過空間的象徵性運用、服色、車制及方位陰陽五行屬性之分判，來確定倫理名分，模仿天地宇宙空間秩序？上述種種皆關乎先蠶禮的性質，亦深值探究。

略覽既有的相關研究，明確將「先蠶禮」立為主題者為數不多。如新城理惠介紹周代至清代的皇后先蠶禮，並解讀唐代皇后先蠶禮，認為武后試圖

〔註5〕全漢昇舉出布帛代替貨幣的三個原因，1.錢幣數量稀少，不足以滿足流通界的需求，而布帛可以彌補此點。2.錢幣有地方割據的性質，此地與彼地貿易時，因為欠缺兩地共同接受的錢幣，布帛可負起此任務。3.錢幣惡爛，耐久性不如布帛。」見氏著，〈中古自然經濟〉，《中國經濟史研究》（臺北：稻鄉出版社，1991），頁35。

〔註6〕甲骨文中的蠶事、祭蠶神之記載，詳參胡厚宣，〈殷代的蠶桑和絲織業〉，《文物》11期（1972），頁5～6。

〔註7〕漢·鄭玄注，唐·賈公彥疏，《周禮注疏》（臺北：藝文印書館，2001），卷7〈天官·內宰〉，頁113。以下簡稱《周禮》。

〔註8〕鑑於歷朝對於先蠶禮稱謂不一，名稱亦分歧多樣，如周代「始蠶」、漢代「親桑」、晉代之後多稱「先蠶」。本文為避免觀念混淆，統以「先蠶」稱之；另針對先蠶禮中的「祭蠶神」，又有稱為「享先蠶」，統稱為「祭蠶神」；而「躬桑」亦喚「親桑」、「親蠶」，一律統稱為「親蠶」。

〔註9〕元·脫脫，《宋史》（臺北：鼎文書局，1980），卷102〈禮五〉，頁2489、2493。

利用先蠶禮建立自己的權威。〔註 10〕鄭娟芝討論漢魏六朝的皇后先蠶禮，認為不僅為教化女性，更成為女性倫理角色。〔註 11〕林慧瑛觀察先秦以來女子蠶織的「倫理」定位，認為帝耕后蠶正是男耕女織秩序的放大王朝版。〔註 12〕論者固迭有發明，惜未盡能提供關於宋代先蠶禮之整全的觀照。

循此，本章以宋代之先蠶禮為核心，從殷周時期之先蠶禮談起，依序對先蠶禮之祀神、儀式中的空間、服飾、獻祭法之象徵及行禮者、蠶神之性別等繁複儀節進行探析。擬以四條軸線來論述：一、探究宋代以前之先蠶禮於各時代之變遷，並著重於先蠶儀節與蠶神變化之討論。二、從宋真宗復行先蠶禮為起點，分析宋代儀節內容變化之情況。三、探討宋人關於先蠶與天駟的討論，以及宋代的蠶神為何？四、詳述徽宗時期皇后親蠶之儀節、空間象徵與略述先蠶禮式微的原因。

第一節　略溯宋代以前之先蠶禮

周代尚不見「祀先蠶」、「先蠶禮」之說法，依《周禮・天官・內宰》所載，於仲春二月時，由王后率領各諸侯夫人參加，始蠶於北郊，以供給祭服所需。〔註 13〕不過，《禮記・月令》則將時間繫於季春三月之時，云：「后妃齊戒，親東鄉躬桑，禁婦女毋觀，省婦使，以勸蠶事。蠶事既登，分繭稱絲效功，以共郊廟之服。無有敢惰。」〔註 14〕二書所載時間雖有差異，〔註 15〕但皆點出后妃躬桑的目的，一為「以為祭服」，一為宣示重視蠶事作為表率。周代對蠶事之重視，可由《禮記・祭義》載有「占吉、擇人、浴種、採桑、餵蠶、

〔註 10〕日・新城理惠，〈先蠶儀礼と中国の蠶神信仰〉，《比較民俗研究》第 4 期（1991.9），頁 7～27。〈絹と皇后——中国の国家儀礼と養蠶〉，收入網野善彥主編，《岩波講座 天皇と王権を考える 3 生産と流通》（東京：岩波書店，2002），頁 150～155。

〔註 11〕鄭娟芝，《漢魏六朝的女性紡織：勞動營生與倫理象徵》（新竹：清華大學歷史研究所碩士論文，2010）。

〔註 12〕林慧瑛，〈中國蠶桑文化的女子定位——以嫘祖先蠶與女化蠶故事為觀察中心〉，《文與哲》第 21 期，（2012.12），頁 1～42。

〔註 13〕《周禮》，卷 7〈天官・內宰〉，頁 113。

〔註 14〕《禮記》，卷 15〈月令〉，頁 304。

〔註 15〕孔穎達針對二經所載時間差異，提出解釋，認為：「仲春既帥命婦躬桑浴種，至季春又更躬浴蠶也。」然而孔說尚有質疑，詳參清・孫詒讓，《周禮正義》（北京：中華書局，1987），卷 13〈天官・內宰〉，頁 528～529。

奉繭、獻繭、繰絲、織染，祭服製成」一系列之生產流程，〔註16〕以及《周禮·天官·內宰》有查核成品「比其小大與其麤良而賞罰之」的審核作業，〔註17〕窺見對於蠶桑之重視。以下分述漢代至唐代先蠶禮的大概情況：

一、漢代

漢代為倡導農桑，漢文帝於十三年（前168）春二月，下詔：「朕親率天下農耕以供粢盛，皇后親桑以奉祭服，其具禮儀。」〔註18〕開啟漢代耕蠶禮儀之先河。景帝二年（前156）亦詔云：「朕親耕，后親桑，以奉宗廟粢盛祭服，為天下先。」〔註19〕惟相關祀儀付之闕如，不得而知。東漢時亦實施皇后親蠶，據晉司馬彪（？～306）《後漢書志》云：「是月，皇后帥公卿諸侯夫人蠶。祠先蠶，禮以少牢。」〔註20〕後代所謂「先蠶」之名首見於此。

從現有文獻觀之，與「先蠶」為對等之「先農」一詞，今所見最早出現於漢王充（27～約97）《論衡·謝短》：「社稷、先農，靈星何祠？」〔註21〕而今所見司馬彪《後漢書志》中「先蠶」之稱，是否為東漢時期對於皇后先蠶禮之稱？尚有存疑之處，下以三方面探究之：第一、試以「先蠶」為關鍵詞，於「中國基本古籍庫」檢索，從周代到三國時代僅於《洞靈真經》及《禮記疏》出現2次「先蠶」，一為晉何璨注，一為引南朝梁皇侃《禮記義疏》解〈夏小正〉「妾子始蠶」之說，皆非漢魏時人之論述。第二、為避免疏漏，復行查找漢魏時人之著作，如《全上古三代秦漢三國六朝文》、《先秦漢魏晉南北朝詩》及《漢書》、《漢宮舊儀》等文獻，可發現彼時係以「親桑」稱之，祭祀神祇喚為蠶神，並無先蠶之名。第三、從劉昭注《後漢書志》特引東漢衛宏之《漢宮舊儀》為注，稱彼時祭祀之蠶神為菀窳婦人、寓氏公主。或可推斷《後漢書志》中「先蠶」之稱，於晉代之前尚未成為約定俗成的專用稱謂。「先蠶」被廣泛使用，應該是晉代之後，從晉人司馬彪、干寶、徐禪、傅玄的著作中一再

〔註16〕《禮記》，卷46〈祭義〉，頁819～820。

〔註17〕《周禮》，卷7〈天官·內宰〉，頁113。

〔註18〕漢·班固，唐·顏師古注，《漢書》（臺北：鼎文書局，1980），卷4〈文帝本紀〉，頁125。

〔註19〕漢·班固，唐·顏師古注，《漢書》，卷5〈景帝本紀〉，頁151。

〔註20〕晉·司馬彪，梁·劉昭注補，《後漢書志》（北京：中華書局，1973），卷4〈禮儀上·先蠶〉，頁3110。

〔註21〕漢·王充，張宗祥校注，《論衡校注》（上海：上海古籍出版社，2010），卷12〈謝短〉，頁260。

出現「先蠶」〔註22〕可得到證實，即漢代可能尚無「先蠶」之稱。

另按《周禮》所云始蠶，「始」應作動詞解，乃是開始、執行之意。《禮記》躬桑、漢代的親桑，作副詞解，是親自、親近之意，即如鄭玄注《儀禮‧士昏禮》：「宗子無父母命之，親皆沒，己躬命之。」所云：「躬，猶親也」〔註23〕，可說皆與蠶神之認定無關（漢代之蠶神亦無先字）。茲就周至宋代先蠶之名的變化，列表如下：

表4-1：周代至宋代先蠶稱謂之演變情況表

時　期	名　稱	備　考
周	始蠶于北郊	《周禮》
	躬桑	《禮記》
漢	親桑、桑、蠶、祭蠶神 《漢書》： 皇后桑蠶以治祭服，共事天地宗廟。 春幸繭館，率皇后列侯夫人桑，遵霸水而祓除。〔註24〕 《後漢書》： （明德馬皇后）置織室，蠶於濯龍中，數往觀視，以為娛樂。 帝耕籍田，后桑蠶宮，國無遊人，野無荒業。〔註25〕	
魏	蠶於北郊。	
晉	先蠶儀、先蠶壇、祠先蠶	
南北朝	南朝宋：躬桑 北魏：三月己巳，皇后先蠶於北郊。〔註26〕 後齊：先蠶儀、先蠶壇、祀先蠶黃帝軒轅氏 後周：先蠶儀、先蠶壇、進奠先蠶西陵氏神	
隋	先蠶儀、先蠶壇、祭先蠶	

〔註22〕徐禪於〈褚太后敬父議〉云：「先蠶儀乃太康中事」，又傅玄亦有〈祀先農、先蠶、夕牲歌詩〉，足見晉代已統一將「后蠶」、「親桑」稱為「先蠶」。見清‧嚴可均，《全上古三代秦漢三國六朝文》（北京：中華書局，1985），〈全晉文〉，卷145，頁2215。梁‧蕭子顯，《南齊書》，卷11〈藉田歌辭〉，頁184。

〔註23〕漢‧鄭玄注，唐‧賈公彥疏，《儀禮注疏》（臺北：藝文印書館，2001），卷6〈士昏禮〉，頁64。

〔註24〕漢‧班固，唐‧顏師古注，《漢書》，卷27〈五行志‧雨雪〉，頁1425；卷98〈元后傳〉，頁4030。

〔註25〕劉宋‧范曄，唐‧李賢等注，《後漢書》，卷10〈明德馬皇后〉，頁413；卷62〈申鑒傳〉，頁2059。

〔註26〕北齊‧魏收，《魏書》（臺北：鼎文書局，1980），卷8〈世宗紀〉，頁196。

| 唐 | 先蠶儀、先蠶壇、享先蠶氏 | |
| 宋 | 先蠶儀、先蠶壇、享先蠶 | |

漢代皇后桑蠶儀制為何？據南梁時期劉昭（？～？）注《後漢書志》引東吳時期丁孚（？～？）之《漢官儀式選用》云：

> 丁孚《漢儀》曰：「皇后出，乘鸞輅，青羽蓋，駕駟馬，龍旂九旒，大將軍妻參乘，太僕妻御，前鸞旂車，皮軒闟戟，雒陽令奉引，亦千乘萬騎。車府令設鹵簿駕，公、卿、五營校尉、司隸校尉、河南尹妻皆乘其官車，帶夫本官綬，從其官屬導從皇后。置虎賁、羽林騎，戎頭、黃門鼓吹，五帝車，女騎夾轂，執法御史在前後，亦有金鉦黃鉞，五將導。桑于蠶宮，手三盆于繭館，畢，還宮。」〔註27〕

又引東漢衛宏之《漢宮舊儀》云：

> 皇后春桑皆衣青，手采桑以縲，三盆繭，示群臣妾從。春桑生而皇后親桑於苑中，蠶室養蠶千薄以上，祠以中牢羊豕，祭蠶神曰苑窳婦人，寓氏公主凡二神，群臣妾從桑，還獻於繭觀，皆賜從采桑者絲。〔註28〕皇后自行，凡蠶絲絮織室以作祭服。〔註29〕

漢代皇后先蠶禮稱為「親桑」或「桑蠶」，流程為出宮、祭蠶神、採桑及縲絲三盆、回宮。其儀式形制概以「親蠶」、「祭蠶神」組合而成，其中「祭蠶神」以中牢祭拜；而「親蠶」則由皇后採桑於蠶宮，再至繭館抽繭縲絲三盆，完成後返回宮廷，〔註30〕已具後世先蠶禮之雛形。此外，尚有幾項特色：

（一）皇后親蠶時「衣青」、「乘鸞輅」、「帥公卿諸侯夫人」、「大將軍妻參乘，太僕妻御」之規格，呈現與皇帝籍田時，「青衣」、「乘鸞輅」〔註31〕「天子、三公、九卿、諸侯、百官以次耕」相對應的規模。〔註32〕從參與者之稱

〔註27〕晉・司馬彪，梁・劉昭注補，《後漢書志》，卷4〈禮儀上・先蠶〉，頁3110，劉昭注。

〔註28〕此據《後漢書志》改「樂」作「絲」。晉・司馬彪，梁・劉昭注補，《後漢書志》，卷4〈禮儀上・先蠶〉，頁3110，劉昭注。

〔註29〕漢・衛宏，《漢官舊儀》見《景印文淵閣四庫全書》（臺北：臺灣商務印書館，1984）第646冊，史部，卷下，頁10。

〔註30〕按，依《晉書》之追記，漢代皇后乃親蠶於東郊苑中。唐・房玄齡，《晉書》（臺北：鼎文書局，1980），卷19〈吉禮〉，頁590。

〔註31〕宋・陳鑑，《東漢文鑑》（江蘇：江蘇古籍出版社，1988），卷11〈順帝朝・東京賦〉，頁382。

〔註32〕晉・司馬彪，梁・劉昭注補，《後漢書志》，卷24〈禮儀上・先蠶〉，頁3106、3110。

呼為「大將軍妻，太僕妻」且「帶夫本官綬」，顯然將女性的社會地位繫於丈夫之尊卑地位。佐竹靖彥認為此時女子雖為男子之從屬，但在國家祭祀典禮上仍被視為具有正式身份的對象來對待。就如同籍田為男性參與之祭祀，女性亦得以參加先蠶，顯示夫妻齊體，各司其份的觀念。反映了在漢代，特別是在西漢，女性可通過夫妻關係在公共的場合中得到應有的地位，女性的地位要比後代高。〔註33〕

　　（二）先蠶禮之車制、服色亦具象徵意涵。皇后所乘之鸞輅，據賀循（260〜319）所云：「車必有鸞，而春獨鸞路者，鸞鳳類而色青，故以名春路也。」〔註34〕可知其色為青。不獨鸞輅為青色，羽蓋及服色亦皆為青色。《說文解字》解釋「青」字，云：「東方色也」〔註35〕，而《釋名》則云：「青，生也。象物之生時色也」〔註36〕。實以青色象徵桑生之色，並符應萬物萌生之象，從而參贊天人變化。從漢代的先蠶禮之服色、車制，甚至方位（東郊）都與籍田禮一樣，以對應春季「陰陽氣始動，萬物始生」的繁育意象為主。〔註37〕可知漢代之籍田、先蠶雖是互補對應，但在儀式規劃上卻不似周代以男女陰陽之分，將籍田歸於陽禮，先蠶歸於陰禮。而是透過感應春季萬物繁育意象，促使農桑豐收，倉廩足衣食豐。〔註38〕

　　（三）漢代所祀蠶神為菀窳婦人、寓氏公主。晉代干寶（276〜336）認為：「公主者，女之尊稱也。菀窳婦人，先蠶者也。」〔註39〕不論公主或是婦人都是女性，乃以蠶為婦事予以解釋，並認為菀窳婦人即是先蠶之人，卻未

〔註33〕日·佐竹靖彥，〈《清明上河圖》為何千男一女〉，《唐宋女性與社會》（上海：上海辭書出版社，2003年），頁803〜804。

〔註34〕晉·司馬彪，梁·劉昭注補，《後漢書志》，卷29〈輿服上·耕車〉，頁3646。

〔註35〕漢·許慎，清·段玉裁注，《說文解字注》（臺北：黎明文化出版公司，1998），頁218。

〔註36〕漢·劉熙，清·畢沅疏證，王先謙補，《釋名疏證補》（北京：中華書局，2008），卷4〈釋綵帛〉，頁147。

〔註37〕漢·班固，《白虎通德論》（上海：上海古籍出版社，1990），卷3〈五行〉，頁26。

〔註38〕漢代先蠶禮皆以春為主，惟若按劉昭引谷永所云：「四月壬子，皇后蠶桑之日也」，不但祭祀時間不同於周代，季節亦屬孟夏。此說是否屬實，有待考證。不過，由於皇后需繅絲三盆，初夏時，蠶繭方結成，始可採摘繅絲，故於四月祭蠶親桑，亦有可能。晉·司馬彪，梁·劉昭注補，《後漢書志》，卷24，〈禮儀上·先蠶〉，頁3110，劉昭注。

〔註39〕晉·干寶，胡懷琛標點，《新校搜神記》（上海：商務印書館，1957），卷15，頁105。

解釋菀窳、寓氏二詞的涵義。且關於兩神之名稱及由來，目前尚無定論。〔註40〕不過，從婦人或是公主皆屬女子之稱呼，或可反映蠶神在人格化、擬人化的過程中，受到「男耕女織」此一社會性別分工的影響，而將護佑蠶桑收成的蠶神視為女性（女神）的情況。

二、晉代

　　曹魏之時，漢代的皇后親桑禮儀已經亡佚。因此，魏文帝黃初七年（226）正月所施行的先蠶禮，乃是依據韋誕（179～253）的〈后蠶頌〉重新考撰而成，禮依周制，蠶於北郊。禮文今已亡佚，實況不得而知。惟從晉代的先蠶禮多采魏法，〔註41〕可窺一二。晉代之儀節，據《晉書》云：

> 先蠶壇高一丈，方二丈，為四出陛，陛廣五尺，在皇后採桑壇東南帷宮外門之外，而東南去帷宮十丈，在蠶室西南，桑林在其東。取列侯妻六人為蠶母。蠶將生，擇吉日，皇后著十二笄步搖，依漢魏故事，衣青衣，乘油畫雲母安車，駕六騧馬。女尚書著貂蟬佩璽陪乘，載筐鉤。公主、三夫人、九嬪、世婦、諸太妃、太夫人及縣鄉君、郡公侯特進夫人、外世婦、命婦皆步搖，衣青，各載筐鉤從蠶。先桑二日，蠶宮生蠶著薄上。桑日，皇后未到，太祝令質明以一太牢告祠，謁者一人監祠。祠畢撤饌，班餘胙於從桑及奉祠者。皇后至西郊升壇，公主以下陪列壇東。皇后東面躬桑，採三條，諸妃公主各採五條，縣鄉君以下各採九條，悉以桑授蠶母，還蠶室。事訖，皇后還便坐，公主以下乃就位，設饗宴，賜絹各有差。〔註42〕

〔註40〕有關菀窳婦人、寓氏公主之由來，如《中國農業通史·原始農業卷》認為：夫人是已婚的，代表大蠶做繭成蛾；公主是未婚的，代表前期幼蠶的生長，故分二神祭祀。所謂菀窳夫人，當指在卑濕的蠶室中養蠶的夫人。「寓」有寄居之意，寓氏當指寄寓於蠶室的公主。原始社會的民族長要帶頭領導播種和養蠶，世代相傳，成了祭祀的神。菀窳夫人和寓氏公主是宮廷王室后妃負責養蠶者的蠶神化。參見游修齡主編，《中國農業通史·原始農業卷》（北京：中國農業出版社，2008），頁78。又如〈古代蠶神及祭祀考〉認為，「菀窳婦人」當是在瓜田中生活勞作的婦人。田園種植的婦人，發明蠶桑，是完全可能的。寓氏公主是東夷地區一個地位很尊貴的人。菀窳婦人的蠶桑發明有可能通過寓氏公主而傳播開來。李玉潔，〈古代蠶神及祭祀考〉，《農業考古》2015年第3期，頁312。

〔註41〕梁·沈約，《宋書》（臺北：鼎文書局，1980），卷14〈禮一〉，頁355。

〔註42〕唐·房玄齡，《晉書》，卷19〈吉禮〉，頁590～591。

由《晉書》可知，晉代統將周代之「始蠶」、「躬桑」，漢代之「親桑」以「先桑」稱之。此時不僅有「親蠶」、「祭蠶神」之儀式，更有「先蠶壇」之地點、形制之記載。而後世進行先蠶禮時，先至「先蠶壇」、「祭蠶神」，再進行皇后「親蠶」之順序，亦由此奠基。跟漢代皇后親桑相較，呈現下列特色：

　　（一）晉代之先蠶禮雖稱多依曹魏之制，卻改於西郊舉行，據《晉書》稱：「蓋與藉田對其方也」〔註43〕。實以四方之陰陽屬性作為規劃，東方、南方，屬陽；西方、北方屬陰。為了體現男女陰陽屬性對稱的觀念，天子屬陽，故籍田於東郊；皇后屬陰，先蠶於西郊。〔註44〕

　　（二）晉代之皇后不須似漢代皇后需繰絲三盆及祭祀蠶神，僅需帶領公主、後宮嬪妃、女官及大臣夫人等人進行象徵性的採桑。其採桑數等同「籍田」之「推、反」數，即皇后採桑三條，諸妃公主五條，縣鄉君以下九條。按〈月令·章句〉認為籍田、親蠶時，三、五、九之數差別，乃是「卑者殊勞，故三公五推。禮，自上以下，降殺以兩，勞事反之。」〔註45〕即依照貴賤尊卑之位階律定摘採之數，具有辨貴賤、序尊卑的倫理秩序。不過，三、五、九數的運用，或許還有另一層意義。即以此抽象化的神聖數字所具有之極數、至數、甚至是完滿之數的意涵，代表著天地宇宙空間秩序，具有天人合一的象徵功能。〔註46〕可見，「親蠶」之儀式已較漢代有所簡化，更具象徵性質。另「祭蠶神」由掌讀祝辭及迎送神之太祝令（男性）以一太牢祭祀。

　　依據《南齊書·樂志》所載，晉傅玄（217～278）作《祀先農、先蠶夕牲歌詩》一篇八句、《饗社稷、先農、先聖、先蠶歌詩》三篇；〔註47〕及沈約（441～513）《宋書》保存的晉代先蠶儀云：「躬桑日，太祝令以一太牢祠先蠶。」〔註48〕可確知晉代所祭祀之神祇為先蠶，惟是否等同於干寶所認為的

〔註43〕唐·房玄齡，《晉書》，卷19〈吉禮〉，頁590～591。

〔註44〕林素娟，《空間、身體與禮教規訓：探討秦漢之際的婦女禮儀教育》（臺北：台灣學生書局，2007），頁278～279。

〔註45〕晉·司馬彪，梁·劉昭注補，《後漢書志》，卷24，〈禮儀上·耕〉，頁3106，劉昭注。

〔註46〕有關數字的神秘性，詳參葉舒憲，田大憲，《中國古代神秘數字》（西安：陝西人民出版社，2011），頁1～14。

〔註47〕梁·蕭子顯，《南齊書》（臺北：鼎文書局，1980），卷11〈籍田歌辭〉，頁184。惟上述歌詩今已不存，僅篇目有記而已。

〔註48〕梁·沈約，《宋書》，卷14〈禮一〉，頁356。

菀窳婦人？還是另有所指？〔註49〕礙於文獻不足，實無法斷言。又，行先蠶禮之日在幾月？礙於文獻不足，無從查考。以要言之，晉儀對後世的影響有二，一、自是之後，此祭祀之禮皆以「皇后先蠶禮」稱之；二、後齊及周、隋，甚至是唐、宋的典法多依晉儀，並因詮釋者之不同解釋而有所變動。〔註50〕可說影響深遠，並引發宋代先蠶與天駟爭論，值得關注。（詳後文）

三、後齊

　　南朝宋亦循晉禮實施先蠶禮，儀式更動不大。由皇后率六宮躬桑于西郊，皇太后觀禮。〔註51〕此期間最值得注意的是後齊的先蠶禮，不僅祭祀儀式步驟詳備，行禮時間、壇制、參與人員服制為後世所遵循，所祭祀之先蠶神亦出現變化，按《隋書》所記：

> 後齊為蠶坊於京城北之西，去皇宮十八里之外，方千步。蠶宮方九十步，牆高一丈五尺，被以棘。其中起蠶室二十七口，別殿一區。置蠶宮令丞佐史，皆宦者為之。路西置皇后蠶壇，高四尺，方二丈，四出，階廣八尺。置先蠶壇於桑壇東南，大路東，橫路之南。壇高五尺，方二丈，四出，階廣五尺。外兆方四十步，面開一門。有綠襜襦、褠衣、黃履，以供蠶母。每歲季春，穀雨後吉日，使公卿以一太牢祀先蠶黃帝軒轅氏於壇上，無配，如祀先農。禮訖，皇后因親桑於桑壇。備法駕，服鞠衣，乘重翟，帥六宮升桑壇東陛，即御座。女尚書執筐，女主衣執鉤，立壇下。皇后降自東陛，執筐者處右，執鉤者居左，蠶母在後。乃躬桑三條訖，升壇，即御座。內命婦以次就桑，鞠衣五條，展衣七條，褖衣九條，以授蠶母。還蠶室，切之授世婦，灑一簿。預桑者並復本位。后乃降壇，還便殿，改服，設勞酒，班賚而還。〔註52〕

後齊之先蠶禮確立於每年季春穀雨後之吉日，「祭蠶神」仍如晉制由男性之公卿大夫以一太牢，祭祀先蠶黃帝軒轅氏。而蠶宮由不具性別威脅的宦官掌管。

〔註49〕《搜神記》中有女子化蠶，或蠶神化為人間女子的故事，如〈女化蠶〉、〈園客〉、〈張成〉，頁104～105，8～9，33。
〔註50〕唐・杜佑，王文錦等點校，《通典》（北京：中華書局，1988），頁1290。
〔註51〕唐・杜佑，王文錦等點校，《通典》，頁1289。南朝之齊、梁、陳三朝不見皇后親蠶之記載，無法得知是否施行先蠶禮。
〔註52〕唐・房玄齡，《隋書》，〈禮志二〉，頁145。

後齊之先蠶禮之特色，下分述之：

（一）後齊皇后於「親蠶」時，服「鞠衣」。內命婦則依品階尊卑，四品服展衣，五品服褖衣，其餘內、外命婦、宮人從蠶，則各依品次皆服青紗。〔註53〕皇后所服之鞠衣，按《周禮‧天官‧冢宰》所載為王后之六服之一，穿著時機為「將蠶求福祥之助」。其形制按鄭玄所云：「鞠衣以告桑……鞠衣，黃桑服也，色如鞠塵，象桑葉始生。」〔註54〕自後齊起，隋、唐、宋至明清之皇后親蠶皆服鞠衣，作為參與先蠶禮之非常服，企圖以此象徵桑葉始生之服色，應合創生繁育之神聖感應功能，與神明溝通連結，以祈求豐收。〔註55〕

（二）皇后乘「重翟」以「親蠶」。「重翟」者，依《周禮‧春官‧巾車》云：「王后之五路，重翟，錫面朱總。」鄭玄注：「重翟，重翟雉之羽也……后從王祭祀所乘。」〔註56〕又，儀式中身體所在的空間位置，實具有階級之尊卑意義，從皇后採桑完畢後升降於東阼觀之，此東阼為主人之位，〔註57〕顯示皇后為「親蠶」禮中身份最尊貴者。〔註58〕

〔註53〕元‧馬端臨，《文獻通考》（臺北：臺灣商務印書館，1987），卷114，〈王禮考九〉，頁1030。

〔註54〕《周禮》，卷8〈天官‧冢宰〉，頁125；惟俞樾認為薦鞠衣為進春服，非為祈蠶。並指出鞠塵之黃，非正黃色，而是取其相雜而成蒼色。見氏著，《茶香室經說》（臺北：廣文書局，1971），卷9〈薦鞠衣〉，頁480～483。

〔註55〕林素娟指出：「穿著祭服，除了有意識轉化的重要性，象徵、標幟著生命狀態的改變之外，還有隔離、驅邪、安神和溝通天地等重要功能。祭服（非常服飾）就如同祭祀時所用的許多道具一樣，是重要的法器，它隔斷了凡俗世界的存在狀態，而標示著與神聖互滲的世界。祭服的神聖性，可從其小心翼翼，充滿巫術及禁忌，必須常常祭拜而慎重的製作過程看出。如此所作出的祭服，方才具有神而明之的力量。」見氏著，《神聖的教化：先秦兩漢婚姻禮俗中的宇宙觀、倫理觀與政教論述》（臺北：臺灣學生書局，2011），頁535～537。另關於常與非常之論述，可參見李豐楙：《神化與變異：一個「常與非常」的文化思維》（北京：中華書局，2010），導論，頁4～14。

〔註56〕《周禮》，卷27〈春官‧巾車〉，頁415。

〔註57〕《禮記》，卷61〈鄉飲酒義〉：「主人必居東方，東方者春，春之為言蠢也，產萬物者也」，頁1008。

〔註58〕《禮記‧曲禮》云：「主人入門而右，客入門而左；主人就東階，客就西階。客若降等，則就主人之階；主人固辭，然後客復就西階。」東階為主位。有關禮制下的空間要求，參考彭美玲，《古代禮俗左右之辨研究——以三禮為中心》（臺北：國立臺灣大學出版委員會，1997），頁215～217。

（三）黃帝被視為制定服飾制度之人。此一認知或可溯源至東漢，如應劭（約 153～196）稱：「黃帝氏作衣裳，神而化之，使民宜之」。張晏（約東漢末年至三國初年）亦稱：「以土德王，故號曰黃帝。作軒冕之服，故謂之軒轅。」〔註 59〕東晉王嘉（？～390）《拾遺記》則云：「（黃帝）考定曆紀，始造書契。服冕垂衣，故有袞龍之頌。」〔註 60〕除了服制之外，許多的發明和製作亦都推原至黃帝，如《魏書》稱：「在昔帝軒，創制造物」。〔註 61〕故後齊將黃帝視為先蠶神亦符合情理。

只是，從《詩經·豳風·七月》曰：「女執懿筐，遵彼微行，爰求柔桑……蠶月條桑，取彼斧斨，以伐遠揚，猗彼女桑。」〔註 62〕《山海經·海外北經》亦有「歐絲之野在大踵東，一女子跪據樹歐絲。」〔註 63〕及《管子·揆度》曰：「農有常業，女有常事。一農不耕，民有為之飢者；一女不織，民有為之寒者」〔註 64〕，誠見自古以來，女子與桑蠶的關係更為密切。更遑論，魏晉志怪小說中的織女、自稱為蠶室之神的婦人……，〔註 65〕足見被人們相信能夠庇佑桑蠶事業豐收的神祇不是男性，而是女性。另從《管子》敘述中也可看出傳統男耕女織的分工型態。可說，除了後齊以黃帝為先蠶神及「服青衣，教民蠶事」的蠶叢氏之外，〔註 66〕蠶神通為女性，以黃帝為先蠶神，可說忽略了傳統社會男耕女織的性別分工的原則。

四、後周

後周之先蠶禮承襲晉代而來，又有所損益，按《隋書》云：

〔註 59〕漢·班固，唐·顏師古注，《漢書》（臺北：鼎文書局，1979），卷 19〈百官公卿表第七上〉，頁 721。卷 20，〈古今人表第八〉，頁 867。以上均見顏師古注。

〔註 60〕晉·王嘉，《拾遺記》（北京：中華書局，1988），卷 1〈軒轅黃帝〉，頁 8。

〔註 61〕北齊·魏收，《魏書》（臺北：鼎文書局，1980），卷 4，〈世祖太武帝燾上〉，頁 70。

〔註 62〕漢·毛亨傳，鄭玄箋，唐·孔穎達疏：《毛詩正義》（臺北：藝文印書館，2001，影印阮元校刻《十三經注疏附校勘記》本），卷 8〈豳風·七月〉，頁 281～282。以下簡稱《詩經》。

〔註 63〕袁珂，《山海經校注》（上海：上海古籍出版社，1980），頁 242。

〔註 64〕黎翔鳳，《管子校注》（北京：中華書局，2004），頁 1387。

〔註 65〕晉·干寶，胡懷琛標點，《新校搜神記》，卷 1，頁 9，卷 4，頁 33。

〔註 66〕任乃強，〈蠶叢考〉，見晉·常璩，任乃強校注，《華陽國志校補圖注》（上海：上海古籍出版社，1987），頁 219～223。

後周制，皇后乘翠輅，率三妃、三妖、御媛、御婉、三公夫人、三
孤內子至蠶所，以一太牢親祭，進奠先蠶西陵氏神。禮畢，降壇，
昭化嬪亞獻，淑嬪終獻，因以公桑焉。[註67]

後周「祭蠶神」的過程中，首先採用「三獻禮」為核心環節，此為一大特色，
並成為後世「祭蠶神」的主要項目。後周之三獻官分由皇后、昭化嬪及淑嬪
擔任初獻、亞獻與終獻。在此「三獻」的過程中，透過施予獻酒象徵奉獻，藉
此表達對神祇的尊崇和禮敬之意。這種自然宗教祭祀的獻祭祈求，乃出於對
神靈依賴感和敬畏感的心理，故透由謙卑與虔誠的行為與言語祈求，加以奉
獻供品來換取神靈的幫助和恩賜。

此外，後周以嫘祖西陵氏為先蠶神，[註68]此一認定或許基於育蠶織紝
一向被視為女性的工作，於是認為黃帝命西陵氏勸桑養蠶，[註69]教百姓製
作衣裳，夫婦二人開啟了後世的「男耕女織」。從北朝的統治者將教民育蠶的
概念歸功於帝王后妃，顯示勸農桑任務與國家關係益發的關係。[註70]

又，《隋書》所載皇后先蠶乘「翠輅」，與《通志》所載後周皇后之車制，
有所差異。若依《通志》所記，皇后應乘「翟輅，以採桑」，乘翠輅「以從皇
帝見賓客」。[註71]礙於文獻不足，於此不敢妄下斷言。

[註67] 唐・房玄齡，《隋書》，〈禮志二〉，頁145～146。據《文獻通考》載：後周之
公桑應為躬桑。元・馬端臨，《文獻通考》，卷87，〈親蠶祭先蠶〉，頁794。

[註68] 漢・司馬遷，劉宋・裴駰集解，唐・司馬貞索隱，《史記》（臺北：鼎文書局，
1981），〈五帝本紀〉，頁10：「黃帝居軒轅之丘，而娶於西陵之女，是為嫘
祖。」

[註69] 宋・羅泌《路史》，《四部備要》（臺北：台灣中華書局，1966），卷14〈後紀
五〉，頁89。云：「命西陵氏勸蠶稼」。另林慧瑛指出：「既然都是在黃帝的任
命之下，而在眾多文明創制中，都是男性臣子來擔任工作，為何只有『始蠶』
一功，非要由元妃，一位女子來擔任不可？……因為在家庭中，蠶事為婦功；
因為在王朝行事中，王后必要親蠶以與天子親耕相輔相成；因為在宇宙秩序
之間，在蠶月由女子行蠶事，已經成為人間呼應自然最適宜的行為。由宇宙
到王朝到家庭，這一層層同心圓之中，它的完美，除了要有一位男人之外，
更要有一位女人。這個女人，是那位男子的妻，她為丈夫打理家內之事，她
與丈夫共同經營家庭，他們如同陰陽、日月相互配合，並不斷生息傳衍。」
見氏著，〈中國蠶桑文化的女子定位──以嫘祖先蠶與女子化蠶故事為觀察
中心〉，《文與哲》21期（2012.12），頁15。

[註70] 鄭娟芝，《漢魏六朝的女性紡織：勞動營生與倫理象徵》，頁74。

[註71] 宋・鄭樵，《通志》（臺北：臺灣商務印書館，1987），卷48〈皇太后皇后車
輅〉，頁619。

五、隋代

《隋書》所載隋代皇后先蠶禮，云：

> 隋制，於宮北三里為壇，高四尺。季春上巳，皇后服鞠衣，乘重翟，率三夫人、九嬪、內外命婦，以一太牢制。幣，祭先蠶於壇上，用一獻禮。祭訖，就桑位於壇南，東面。尚功進金鈎，典制奉筐。皇后採三條，反鈎。命婦各依班採，五條九條而止。世婦亦有蠶母受切桑，灑訖，還依位。皇后乃還宮。〔註72〕

據此可知，隋代之先蠶禮祭祀於北郊、皇后服鞠衣，乘重翟及採桑三條皆同於後齊，惟皇后以一獻禮祭祀先蠶，及先蠶神不言其名，又與後齊、後周有所不同。

六、唐代

進入唐代之後，唐玄宗於開元二十年（732）頒布，號稱「五禮之文始備」之《大唐開元禮》便對漢魏以來的先蠶禮進行了系統的總結，明確的律定了祭祀的時日、神位與祭品（俎豆）的安排、舉行祭祀時的出行鹵薄、所著服冠首飾、齋戒，及祭祀時奠玉帛、進熟和鑾駕還宮等程序，成為後世先蠶禮的基本架構。

在唐代，先蠶禮屬於中祀，於季春吉巳，牲用太牢，幣以玄，祭祀「先蠶氏」，其壇在（大明）宮北苑中。〔註73〕按《大唐開元禮‧皇后季春吉巳享先蠶親桑》其儀大致如下：〔註74〕

表4-2 唐代皇后先蠶禮流程表

齋　戒	先祀五日，散齋三日於後殿，致齋二日於正殿。
陳　設	設御坐於壇之東南，西向。設望瘞位於壇之西南，當瘞埳西向。設亞獻、終獻位於內壝東門之內道南。設御采桑位，于采桑壇上東向。設先蠶氏神坐，于壇上北方南向，席以莞。

〔註72〕唐‧房玄齡，《隋書》，〈禮志二〉，頁145～146。

〔註73〕唐‧王涇，《大唐郊祀錄》，見《大唐開元禮》（東京：汲古書院，2004），卷10，頁799。按《大唐郊祀錄》卷1，載先蠶禮神之制幣依方色，故以玄色，頁734。而卷10所載，幣用青色應為誤。

〔註74〕唐‧蕭嵩，《大唐開元禮》（東京：汲古書院，2004），卷49〈吉禮〉，頁274～279。

車駕出宮	皇后服鞠衣，乘輿以出。
饋　享	享日未明三刻，諸享官，各服其服。
	皇后詣壇，升自南陛，升壇北面立，樂止。尚儀奉幣東向，進，皇后受幣，登歌作肅和之樂，尚宮引皇后進北向跪奠於神，坐，興。皇后升自壇南陛，詣酒尊，尚儀贊醴齊，進先蠶氏神座前，北向跪，奠爵，興，少退立。尚儀持版，進於神座之右，東西跪讀祝文。皇后再拜，尚儀以爵酌尚尊福酒，西向進，皇后再拜受爵，跪，祭酒，啐酒，奠爵，興。尚儀帥女進饌者持籩，俎進神前，三牲胙肉各置一俎，又以籩取稷、黍飯共置一籩。尚儀以飯籩、胙俎西向以次進。皇后每受以授左右，乃跪取爵，遂飲，卒爵，興，再拜，降自南陛，復於位。
	貴妃亞獻，昭儀終獻，儀如初獻，惟不受胙、飯籩。
	尚宮引皇后至望瘞位西向立，尚儀執篚進神坐前取幣，自北陛降壇西行詣瘞埳以幣，置于埳，東西各四人寶土，半埳。
親　桑	尚宮引皇后詣采桑壇，升自西陛，東向。皇后既至采桑位，尚功奉金鉤自北陛升壇，皇后受鉤采桑，三條止；內、外命婦一品各采五條，二品、三品各采九條止。引婕妤一人，詣蠶室，尚宮以桑授蠶母，蠶母受桑切之，以授婕妤，婕妤食蠶，洒一薄訖，還本位。尚宮引皇后還大次。
車駕還宮	皇后降車乘輿入，將士各還其所。
勞　酒	車駕還宮之明日，內、外命婦設會于正殿。

　　由表可知，唐代之先蠶禮兼具「親蠶」、「祭蠶神」及「先蠶壇」，且全程皆由女性參與，以奠幣、「三獻禮」為核心環節。在服制上，皇后依舊服鞠衣，內、外命婦服則穿著「以羅為之，繡為雉」，青色為底的翟衣。〔註75〕又依《開元禮》載，先蠶禮進行時，奏永和之樂以降神，奏正和之樂於酌獻、飲福，並奏壽和之樂以送神。〔註76〕乃以樂聲之振動，回饗於天地間，予以溝通天地、陰陽之氣。更鑑於陰教尚柔，柔以靜為體。只設十二大磬，不陳路鼓，建鼓。〔註77〕此外，唐代皇后先蠶禮與之前歷代之最大不同處如下：

　　（一）先蠶壇位於宮內：唐代於《大唐開元禮》將郊壇改到皇宮內苑舉行。不過，若據新城理惠考察，唐初武則天乃於北郊行先蠶禮。〔註78〕由於新、舊《唐書》及《唐會要》僅明載武后祀先蠶於邙山之陽，肅宗張后親蠶苑

〔註75〕唐・王涇，《大唐郊祀錄》，卷3，頁753。
〔註76〕唐・蕭嵩，《大唐開元禮》，卷49，〈吉禮〉，頁276〜278。
〔註77〕唐・王涇，《大唐郊祀錄》，卷2，頁741。
〔註78〕日・新城理惠，〈絹と皇后——中国の国家儀礼と養蚕〉，頁150〜155。

中。另查考玄宗王后親蠶於《開元禮》頒定之前的開元二年（714）。或可推斷唐代 8 次皇后先蠶禮於皇宮內苑行禮者，僅最後一位肅宗張后依《開元禮》親蠶苑中。此一改動乃玄宗朝以降，為了防止皇后通過國家儀禮來昭示其政治地位，樹立自己威望，進而取得與皇帝對等的地位或是達到干預政事的目的，所進行的一系列的反省與相關討論並從而修正禮制。〔註 79〕

　　從郊到內苑，反映出婦人逐漸被限縮於內的情況。這種將后妃先蠶禮轉為內祭的情況，亦可從經生解經看出端倪。東漢鄭玄注《詩經・衛風・氓》已云：「士有百行，可以功過相除。至於婦人無外事，維以貞信為節。」〔註 80〕將婦人限縮為「無外事」。由於婦人不與外事，因此到了唐初孔穎達時便為后妃出郊與祭作出解釋，雖明言「養蠶是婦人之事，婦人不與外祭。」〔註 81〕也稱：「若王后必無外事，不當蠶於北郊。王基以親蠶決之，非無理矣。衣食，人之所資，田蠶並為急務。蠶則后之所專，故后當獨行，田則王之所勸，后從行耳。此乃外內之別，職司之義。」〔註 82〕另針對后妃參與高禖祀亦云：「以婦人無外事，不因求子之祭，無有出國之理。」〔註 83〕將皇后、妃嬪侷限於「內」，若非親蠶為衣食所資，關乎國家經濟；而高禖求嗣關乎國本，皆為重中之重的急務，否則后妃無出外之理。可見經典的詮釋對於先蠶禮的看法。

　　（二）齋戒、進胙飲福與瘞祭的運用：雖《禮記・祭統》已將齋戒視為祭祀前之淨化身心工夫，〔註 84〕惟直到唐代始明訂行先蠶禮之前，須齋戒五日。〔註 85〕又採用皇后進胙飲福，此象徵得到神靈寄寓在祭肉、福酒之中的祝福。最後，「尚宮引皇后至望瘞位西向立，尚儀執篚進神坐前取幣，自北陛降壇西

〔註 79〕陳弱水，〈初唐政治中的女性意識〉，鄧小南，王政，游鑑明主編，《中國婦女史讀本》（北京：北京大學出版社，2011），頁 92～119。
〔註 80〕《詩經》，卷 3〈衛風・氓〉，頁 135。
〔註 81〕《禮記》，卷 48，〈祭義〉，頁 820。孔穎達疏。
〔註 82〕《詩經》，卷 14〈小雅・甫田〉，頁 471。孔穎達疏。
〔註 83〕《詩經》，卷 17〈大雅・生民〉，頁 588。
〔註 84〕《禮記・祭統》云：「是故君子之齊也，專致其精明之德也。故散齊七日以定之。致齊三日以齊之，定之之謂齊。齊者精明之至也，然後可以交於神明也。」《禮記》，卷 49〈祭統〉，頁 832。另有關於齋戒之神聖性，參見林素娟，〈飲食禮儀的身心過渡意涵及文化象徵意義——以三《禮》齋戒、祭祖為核心進行探討〉，《中國文哲研究集刊》，第 32 期（2008.03），頁 177～178。
〔註 85〕齋戒時間之長短，以所祀神明之神格大小為依據。《後漢書・禮儀志》：「凡齋，天地七日，宗廟、山川五日，小祠三日。」見晉・司馬彪，梁・劉昭注補，《後漢書志》，卷 24〈禮儀上〉，頁 3104。

行詣瘞埳以幣，置于埳」之儀節，〔註86〕乃鑑於先蠶屬於地祇，「地示在下，非瘞埋不足以達之」，以挖坑瘞埋玉幣之法，讓蠶神接受祭品。〔註87〕

　　（三）多採有司攝事：根據現存史料，唐代皇后只行過 8 次先蠶禮，〔註88〕一般由有司攝事代理。金子修一指出，皇帝親祭與有司攝事的差別主要在於規模、費用和參與者等方面。〔註89〕不過，先蠶禮以「祭蠶神」、「先蠶壇」及「親蠶」的核心儀式組合而成。因為採取有司行事，僅執行「祭蠶神」，省卻「親蠶」之儀式，這乃是皇后親祭與有司攝事最大的不同。

　　縱觀從周代到唐代的先蠶禮制有下四點值得重視：首先儀制部份，於「親蠶」部分有簡化儀式之情形，即從漢代皇后的繰絲三盆變成象徵性的採桑三條。其次，對於先蠶神的認定上，各朝代亦有所差異，如漢代菀窳婦人、寓氏公主、北齊黃帝或不言其名者。再者，參與「祭蠶神」之人的性別及核心儀式亦有不同。或由男性之公卿大夫，或由皇后率領妃嬪祭祀；或以三獻禮或以一獻禮。最後，祭壇之方位及位置，亦有所不同。或於北郊或於西郊，更有於東郊者，而唐代先蠶禮則設壇於宮中，並多以有司攝事。茲將從周到唐代先蠶禮儀變化列表如下，以醒眉目並作為總結：

表 4-3 周代至唐代各時期先蠶禮演變情況表

朝　　代	周	漢	晉	後齊	後周	隋	唐
方　　位	北郊	東郊	西郊	北郊	未載	北郊	北郊
時　　日	仲春	四月	蠶將生之吉日	季春穀雨後之吉日	未載	季春上巳	季春吉巳
祀　　神	未載	菀窳婦人、寓氏公主	未載	黃帝	西陵氏	先蠶	先蠶氏
服　　制	未載	衣青衣	衣青衣	鞠衣	未載	鞠衣	鞠衣

〔註86〕唐・蕭嵩，《大唐開元禮》，卷 49，〈吉禮〉，頁 278。

〔註87〕清・孫希旦，沈嘯寰，王星賢點校，《禮記集解》（北京：中華書局，1989），卷 25〈郊特牲〉，頁 689。孔穎達疏。

〔註88〕陳弱水指出：唐代皇后罕行親蠶，除了習慣之外，還有一個原因。有唐一代近 300 年，具正式名分的皇后只有 8 位，8 世紀中葉以後甚至只有一位。唐代皇帝避免立后，有結構性的政治因素，皇后稀少，自然無法常行先蠶禮。見氏著，〈初唐政治中的女性意識〉，頁 95。

〔註89〕日・金子修一，《中國古代皇帝祭祀の研究》（東京：岩波書店，2006），頁 107～116。

躬　桑	未載	手三盆于繭館	採桑三條	採桑三條	未載	採桑三條	採桑三條
犧　牲	未載	中牢	太牢	太牢	太牢	太牢	太牢
祭拜儀式	未載	未載	太祝令告祠	公卿祭祀	三獻禮	一獻禮	三獻禮

第二節　宋代之先蠶禮

　　有宋一朝承襲歷朝以來的重農傳統，「國家每下詔書，必以勸農為先」〔註90〕又稱「夫農，天下之本也，凡為國者莫不務焉。」〔註91〕為表示重視農桑，不僅地方官員常利用「勸農文」來勸課農桑，更出現著名的農桑著作，如曾安仁《禾譜》、陳旉《農書》、樓璹《耕織圖》和秦觀《蠶書》。惟自漢代以來，傳遞君王重視農桑的訊息，鼓勵天下百姓勤於耕織的皇帝親耕籍田與皇后先蠶禮儀，卻未受到奉「重農固本」為治國之道的宋廷當局所重視。其中籍田禮於建國後30年的太宗雍熙四年（987）始恢復，先蠶禮則遲至立國46年後的真宗景德三年（1006），方由王欽若（962～1025）以「農桑，衣食萬人，不宜獨闕先蠶之祀」為由，〔註92〕建請恢復先蠶之祀。〔註93〕

　　時值真宗郭皇后新喪，中宮虛位，王欽若更引《周禮・大宗伯》主張，「后不祭，則攝；而薦豆籩徹王后之事，而宗伯得攝之。」將先蠶禮設為「后不親祭」，採有司攝事的方式行之。〔註94〕經真宗同意始行之。下就先蠶禮於北宋真宗至徽宗時期之情況，略述之。

一、真宗時期：男性為主的國家祭祀

　　據《宋史・先蠶》所載，真宗景德三年，禮官規劃之先蠶禮儀如下：

　　　　按《開寶通禮》：「季春吉巳，享先蠶於公桑。前享五日，諸與享官

〔註90〕宋・司馬光，《傳家集》，見《景印文淵閣四庫全書》（臺北：臺灣商務印書館，1985），集部，第1094冊，卷22〈論勸農上殿劄子〉，頁225。
〔註91〕宋・歐陽修，《歐陽修全集》（北京：中華書局，2001），卷79〈勸農敕〉，頁1127。
〔註92〕宋・歐陽修，《太常因革禮》（北京：中華書局，1985），卷49，頁297～298。
〔註93〕小島毅認為，宋代以後，先蠶和籍田禮逐漸衰退，特別是先蠶禮幾乎不被舉行，有司攝事也由男性的官吏執行。小島毅，〈郊祀制度の変遷〉，《東洋文化研究所紀要》第108冊，1989.2，頁151。
〔註94〕宋・歐陽修，《太常因革禮》，卷49，頁297～298。

散齋三日，致齋二日。享日未明五刻，設先蠶氏神坐於壇上北方，
南向。尚宮初獻，尚儀亞獻，尚食終獻。女相引三獻之禮，女祝讀
文，飲福、受胙如常儀。」又按《唐會要》：「皇帝遣有司享先蠶如
先農可也。」乃詔：「自今依先農例，遣官攝事。」禮院又言：「《周
禮》，『蠶於北郊』，以純陰也。漢蠶於東郊，以春桑生也。請約附故
事，築壇東郊，從桑生之義。壇高五尺，方二丈，四陛，陛各五尺；
一壇，二十五步。祀禮如中祠。」〔註95〕

另《玉海・景德祀先蠶》載三月二十八日太常禮院之論述，增加壇制、時日之
紀錄，云：

太常禮院言：「按《周禮》：『蠶於北郊』，以純陰也。漢蠶於東郊，
以春桑生也。晉蠶於西郊與藉田對其方也。伏請約附古事，築壇於
東郊，從桑生之義，其壇酌中用北齊之制，設一壇，二十五步，如
淳化四年中祠禮例。每季春吉日有司攝事。」從之。遣官擇地以聞，
乃飾舊九宮壇為之。〔註96〕

從禮官所言，可知北宋建國後編撰之《開寶通禮》已載有先蠶禮，惟不曾實
施。從禮官所引之禮文，可發現其儀節同於《大唐開元禮・季春吉巳享先蠶
於公桑有司攝事》〔註97〕，以內命婦之尚宮、尚食、尚儀為三獻官。而真宗
朝施行之先蠶禮亦採有司攝事，惟此有司是否亦採女官為之？〔註98〕

從《太常因革禮》云：「派遣攝太尉昭薦」。〔註99〕再援引《續資治通鑑

〔註95〕元・脫脫，《宋史》，卷102〈先蠶〉，頁2493～2494。
〔註96〕宋・王應麟，《玉海》（上海：江蘇古籍出版社，1987），卷77，〈景德祀先蠶〉，
頁1419。
〔註97〕唐・蕭嵩，《大唐開元禮》，卷49，〈吉禮〉，頁279～282。朱溢，《事邦國之
神祇：唐至北宋吉禮變遷研究》（上海：上海古籍出版社，2014），頁32。此
為歸納吳麗娛對於《大唐開元禮》所作出之結論。另張文昌引宋代葉夢得《石
林燕語》之言：「國朝典禮，初循用唐《開元禮》」，再引《朱子語類》：「《開
寶禮》只是全錄《開元禮》，易去帝號耳」、「《開寶禮》全體是《開元禮》，但
略改動。」並指出北宋建國後之《開寶通禮》，宋太祖為求速成，故直取《開
元禮》為藍本，並綴以北宋新制而編成，但仍用前朝「通禮」之名。見氏著，
《制禮以教天下——唐宋禮書與國家社會》（臺北：臺灣大學出版中心，
2012），頁143～155。〈《大周通禮》與《開寶通禮》內容與體例試探——以
「通禮」為切入點〉，《早期中國史研究》，第2卷第2期（2010.12），頁109。
〔註98〕佐竹靖彥僅以《宋史・禮志》之說，認為宋代以內命婦之尚宮、尚食、尚儀
為三獻官顯然為非。見氏著，〈《清明上河圖》為何千男一女〉，頁806。
〔註99〕宋・歐陽修《太常因革禮》，卷49，頁298。

長編》載大中祥符六年三月太祝馮經於饗先蠶時遲入致齋，為監祭使所糾之事。〔註100〕可見，真宗時之有司攝事，不同於唐代由宮內女官負責，而是採納王欽若之建言：「臣以謂屬之命婦，未若歸於有司」〔註101〕，以男性官員負責，並採一獻禮為之。到了仁宗慶曆年間，改以「太尉、太常、光祿卿」擔任三獻官，僅執行「祭蠶神」，省卻「親蠶」之儀式。〔註102〕此外，宋初之先蠶禮還有以下幾個特色：

（一）宋初先蠶壇設置地點為東郊，一反《周禮》或是隋唐以來，認為皇后屬太陰，故設壇於北郊的傳統。而是秉持著與漢代相同之理由：以東方象徵春桑生，具有繁育創生的性質，設壇於東郊。〔註103〕不以純陰為理，設壇於北郊，應是有鑑於唐末、五代末農桑業衰敗造成的影響，故企圖透由春桑生之繁育意象，祈求農桑豐收。反映出經濟發展、民生經濟更重於「女織」的象徵性。

（二）「帝親耕，后親蠶」本是一種模仿天地以陰陽二氣相感而萬物化生。人類以男女兩性交感而繁衍後嗣，屬於捨陰無陽，捨陽無陰的一種自然秩序、社會秩序的平衡演示、維持的儀式。從真宗景德年間恢復之先蠶儀制，可發現宋代於先蠶禮之復行始，於祭祀過程不見女性的參與。而依據其遣官攝事之祝文，自稱為「嗣天子謹遣太尉昭薦」〔註104〕，實與唐代之祝文，自稱為「皇后某氏謹遣某官」〔註105〕差異頗大。若說，唐代乃是以皇后為代表向蠶神祈求的「純陰之禮」，具有男女秩序之分工，陰陽、日月之相成意涵的祭祀。真、仁宗時之先蠶禮，便是以天子為首，代表人民感懷先蠶始創蠶事之恩，並誠心祈求先蠶，助佑桑蠶豐收，確保收成無虞的「國家之禮」。

（三）真宗景德年間之先蠶禮，於前享之三日太樂令設宮縣之樂，又設十二大磬于編磬之間。〔註106〕雖未具言所用之樂章名，但其用樂之標準是配

〔註100〕宋・李燾，《續資治通鑑長編》（北京：中華書局，2004），卷80，真宗大中祥符六年三月丁酉條，頁1819。

〔註101〕宋・王應麟，《玉海》，卷77〈景德祀先蠶〉，頁1419。

〔註102〕元・脫脫，《宋史》，卷102〈先蠶〉，頁2494。

〔註103〕關於先蠶的行禮方位，《禮記・月令》記后於西郊東鄉躬桑，與《周禮・天官・內宰》所云蠶於北郊、《禮記・祭統》於北郊，所說有所不同。於此孔穎達針對鄭玄所認為之「夫人不蠶於西郊，婦人禮少變也」解釋云：「后太陰故北，夫人少陰故合西郊，然亦北者，婦人質，少變，故與后同。」《禮記》，卷49〈祭統〉，頁831。

〔註104〕宋・歐陽修《太常因革禮》，卷49，頁298。

〔註105〕唐・蕭嵩，《大唐開元禮》，卷49〈吉禮〉，頁281。

〔註106〕宋　歐陽修《太常因革禮》卷49，頁298。

合陰教尚柔，以大磬代鎛鐘，而去建鼓。仁宗景祐三年論樂時，更明言「古者特磬以代鎛鐘，本施內宮，遂及柔祀。」並認為祀皇地祇、神州地祇、先蠶時，應罷建鼓，以磬代鎛鐘。〔註107〕所用之樂章為迎神《明安》，升降《翊安》，奠幣《娀安》，酌獻《美安》，亞、終獻《惠安》，送神《祥安》。〔註108〕惟到了仁宗慶曆年間卻於典禮進行之際，不用樂。〔註109〕此一儀式之簡化，礙於文獻不足，無法得知先蠶禮省略樂之因，但透過儀式的簡化，至少可看出先蠶禮的地位不彰。

　　綜言之，宋代的先蠶禮除了徽宗宣和年間兩次的皇后親蠶外，全由清一色的男性官員掌管。而以「帝親耕，后親蠶」作為國家重要的象徵儀典中「男耕女織」，陰陽各得其所的代表，僅屬於禮學家討論禮書的論述，或是詩詞中歌頌后德的象徵，〔註110〕不被國家典禮所遵循。雖然，《宋史·曹皇后傳》載有仁宗曹后於「禁苑種穀、親蠶」〔註111〕之舉，但翻閱文獻記載，仁宗時並無皇后親蠶之事，應該屬於以日常桑蠶為親蠶，以此讚嘆曹后具有后妃之德。此一情況即如李伯重研究發現江南農家婦女也從事大田農作表示，儘管「男耕女織」之說已流行了兩千多年，但到了清代前中期，「男耕女蠶」才成為江南蠶桑產區農家男女勞動安排的支配性模式。〔註112〕換言之，雖然女性並不一定從事蠶織，但在國家的教化推行和士大夫的認知中，「男耕女織」仍是理想的性別分工模式。

二、神宗時期：先蠶與天駟的討論

　　神宗禮制改革時期，〔註113〕關於先蠶禮的討論又浮上檯面，據元豐四年

〔註107〕元·脫脫，《宋史》，卷126〈樂一〉，頁2952。

〔註108〕元·脫脫，《宋史》，卷137〈樂十二〉，頁3221。

〔註109〕元·脫脫，《宋史》，卷102〈先蠶〉，頁2494。

〔註110〕宋詩大家中歐陽修、蘇軾分別有歌頌親蠶為后妃美德之詩句，如歐詩有「椒塗承茂渥，嬪壺範柔儀。更以親蠶繭，紉為續命絲。」及「五色雙絲獻女功，多因荊楚記遺風。」蘇詩有「午景簾櫳靜，薰風草木酣。誰知恭儉德，綵縷出親蠶。」雖為奉和、應制之作，思想內容不高。不過，據此亦可發現親蠶與皇后、桑蠶與女功被視為一體的觀念已深入人心。

〔註111〕元·脫脫，《宋史》，卷242〈后妃傳上〉，頁8620。

〔註112〕李伯重，《多視角看江南經濟史：1250～1850》（北京：三聯書店，2003），〈從『夫婦並作』到『男耕女織』：明清江南農家婦女勞動問題探討之一〉，頁276～285。

〔註113〕元·脫脫，《宋史》，卷102〈輿服一〉，頁3479。

（1081）詳定禮文所奏云：

> 季春吉日饗先蠶氏。李林甫注〈月令〉以先蠶為天駟。謹按先蠶之
> 義與先農、先牧、先炊一也，當是始蠶之人，故《開元禮》饗為瘞
> 埋於壇之壬地。《禮義羅》曰：「今禮饗先蠶，無燔柴之儀，明不祀
> 天駟星也。」今饗先蠶，其壇在東郊，《熙寧祀儀》又有燎壇，則是
> 沿襲〈唐‧月令〉以先蠶為天駟，誤也。《周禮》后蠶於北郊，以純
> 陰為尊。伏請就北郊為壇，以饗始蠶之人，仍依《開元禮》不設燎
> 壇，但瘞埋以祭，其餘自如故事。〔註114〕

通觀，詳定禮文所之禮官所論之重點有二：第一，真宗時之先蠶壇設於東郊，
不符合純陰為尊的禮意。這種情況的產生，乃因真宗朝禮官與神宗朝詳定禮文
所禮官對於先蠶禮之不同期待所致。真宗時，建國不久，為求民生經濟振興，
故希望透由祭祀先蠶，感應春之繁育，祈求蠶絲豐收，而設壇東郊。神宗時，
國家承平已久，呈現安定繁榮景況，故而以回歸經典為主要目的。〔註115〕此
時，詳定禮文所之禮官，依據《周禮‧天官‧內宰》：「始蠶于北郊」之說，駁
斥真宗朝禮官以春桑生，築壇於東郊為非。雖然在禮無明文的情況，常以遵循
前例作為變通。惟三《禮》是禮制的本源，真宗朝禮官之說立刻站不住腳，詳
定禮文所之意見，獲得神宗的認同，故從元豐四年起，先蠶壇遷至北郊。第二，
以《大唐開元禮》採瘞埋法，《大唐禮義羅》明指先蠶禮不祀天駟星，證明先蠶
禮乃饗始蠶之人。因而，主張仁宗慶曆五年（1045）以後，〔註116〕將先蠶認定
為天駟（房宿），〔註117〕並於《熙寧祀儀》設有燎壇以祭，乃是錯誤之作法。
更指出先蠶應與先農等同義，當為始蠶之人，因此，應改回瘞埋以祭。

從上述禮官之論，可知宋代於仁、英宗之際，曾將先蠶視為天駟，以燔

〔註114〕宋‧李燾，《續資治通鑑長編》，卷280，神宗元豐四年十月丁卯條，頁7682。

〔註115〕元‧脫脫，《宋史》，卷173〈食貨一〉，頁4156。以賦稅觀之，「景德中，賦
入之數總四千九百一十六萬九千九百，至皇祐中，增四百四十一萬八千六百
六十五，治平中，又增一千四百一十七萬九千三百六十四。」卷174〈食貨
二〉，頁4209。

〔註116〕關於《熙寧祀儀》之編纂，據《續資治通鑑長編》曰：「今以慶曆五年以後
祠祭沿革，參酌編修成祀儀三本。」見宋‧李燾，《續資治通鑑長編》，卷280，
神宗熙寧十年十月庚申條，頁6850。

〔註117〕「天駟，房也。」郭璞注：「龍為天馬，故房四星，謂之天駟。」見晉‧郭
璞注，宋‧邢昺疏《爾雅注疏》（臺北：藝文印書館，2001），卷8〈釋天〉，
頁97～98。

燎之法祭祀之。此乃將先蠶視為天駟星（房宿），而據《周禮・春官・大宗伯》：「以實柴祀日月星辰」〔註118〕為之。然則，先蠶為天駟的說法，實源自古人認為蠶馬同類的觀念。先秦時期荀子〈賦蠶〉便認為蠶之頭如馬首，故有「此夫身女好而頭馬首者與」之語。〔註119〕到了漢代鄭玄注《周禮・夏官・馬質》又提及蠶與馬同氣，認為「蠶為龍精，月直大火，則浴其種」，且鑑於蠶馬同氣兩種的力量不能同時並在，為防止蠶過盛而傷害馬之成長，有「禁原蠶」之說；〔註120〕晉代干寶《搜神記》則有馬皮裹女化蠶的傳說，以及認為辰星即大火星，被視為馬星，提出「蠶與馬同氣」〔註121〕的說法。唐代賈公彥疏《周禮・夏官・馬質》亦謂：「蠶與馬同氣者，以其俱取大火，是同氣也。」〔註122〕有鑑於蠶與馬之間有著外觀雷同的「象」，因此古人在「取象比類」的思維下，認為兩者之間存在著同一性，而將其歸為同類。再者，由於萬物本質皆透過陰陽氣化生生而成，彼此間存在著聯繫性，故同類之物可相互感應，具有「同氣相動」、「物類相應」的特殊現象。〔註123〕在這種論述下，蠶與馬被認定本源相同，乃同一根源所生，故同感大火星而生，因此馬祖為天駟，先蠶亦為天駟。此種說法於唐代達到鼎盛，不論是詳定禮文所禮官所云之李林甫注〈月令〉，或是王涇《大唐郊祀錄》云：「先蠶，天駟也，季春之月蠶始生焉，故用此時兼饗其神耳。」〔註124〕抑或是杜佑《通典》云：「周制，王后享先蠶，先蠶，天駟也」，皆一致認為先蠶等同於天駟。〔註125〕

　　進入宋代之後，這種蠶馬同類的論調仍然存在，如太宗雍熙三年（986），國子司業孔維（928～991）上書云：

〔註118〕《周禮》，卷18〈春官・大宗伯〉，頁270。

〔註119〕清・王先謙，沈嘯寰、王星賢點校，《荀子集解》（北京：中華書局，1988），卷18〈賦篇〉，頁478。

〔註120〕《周禮》，卷30〈夏官・馬質〉，頁456。鄭玄注。

〔註121〕晉・干寶，李劍國輯校，《新輯搜神記》（北京：中華書局，2007），頁339～340。

〔註122〕《周禮》，卷30〈夏官・馬質〉，頁456。賈公彥疏。

〔註123〕劉文典，《淮南子》（北京：中華書局，1989），卷16〈說山訓〉，頁529。有關「同氣相動」之論述，詳參羅光，《中國哲學思想史（兩漢、南北朝篇）》（臺北：臺灣學生書局，1985），頁595～596。劉長林，〈中國系統思維的三種模式〉，《中國古代思維方式探索》（臺北：正中書局，1996），頁332～334。

〔註124〕唐・王涇，《大唐郊祀錄》，卷10，頁799。

〔註125〕唐・杜佑，王文錦等點校，《通典》，頁1288。

> 按《本草》注：「以僵蠶塗馬齒，則不能食草。」物類相感如此。月
> 令仲春祭馬祖，季春享先蠶，皆謂天駟房星也，為馬祈福，謂之馬
> 祖，為蠶祈福，謂之先蠶，是蠶與馬同其類爾。蠶重則馬損，氣感
> 之而然也。〔註126〕

孔維乃據蠶馬兩者屬於同類，皆感天駟所生具有互相感應，而建議宋廷禁原
蠶。但這種先蠶為天駟的觀念，到了神宗元豐年間有了轉變。其後，復經陳
祥道（1053～1093）《禮書》進一步闡釋，云：

> 李林父釋〈月令〉曰：先蠶，天駟也。先蠶之神或以為苑窳婦人、
> 寓氏公主，或以為黃帝，或以為西陵氏，或以為天駟。歷代儒者議
> 論不一，然則蠶其首馬首，其性喜溫惡濕，其浴火月而再養則傷馬，
> 此固與馬同出於天駟矣！然天駟可謂蠶祖，而非先蠶者也。蠶，婦
> 人之事，非黃帝也。《史記》黃帝娶西陵氏，而西陵氏始蠶於志無見。
> 漢視苑窳婦人、寓氏公主二人，此或有所傳然也。其壇或在桑壇東
> 南，或在桑壇之西。其祭或少牢或太牢，或一獻或三獻。歷代之所
> 尚異也。然禮必皇后親享，北齊使公卿祠之非古也。〔註127〕

陳祥道指出，蠶與馬皆源自感應天駟而肇生，天駟應該算是蠶的本原。所謂先
蠶應是首先教民養蠶之人（神），加上蠶織為婦人之業，因此黃帝絕非先蠶之
人，而西陵氏始蠶之事跡不見《史記》等書所記載，於是他推斷漢代將苑窳婦
人、寓氏公主視為先蠶，或許有幾分可信度。陳祥道所論天駟非先蠶，表現出
王氏「新學」學者的治學特點，他不做繁瑣的章句注疏，而是根據自己的體認，
直接闡發經義。雖然陳祥道之論述，本於「男耕女織」的性別刻板印象，認定
蠶事等同於婦人，故斷言始蠶之人不可能為男性，有其時代、文化之限制。但
所論天駟非先蠶，以蠶業創始人為先蠶之論點卻得到後人的引述。如元代王禎
《農書》所云：「嘗謂天駟為蠶精，元妃西陵氏始蠶，實為要典。」〔註128〕

綜言之，先蠶應為始蠶之人，或是天駟的爭端。主要在於對「先」蠶的
「先」字不同的解讀。在中國文字一字多義的情況下，究竟何者才是「先」字
的真正意涵？以下分述之：

〔註126〕元・脫脫，《宋史》，卷431〈孔維傳〉，頁12811。

〔註127〕宋・陳祥道，《禮書》，見《景印文淵閣四庫全書》（臺北：臺灣商務印書館，
　　　　　1983），經部，第130冊，卷31，頁180。

〔註128〕元・王禎，《農書》，見《景印文淵閣四庫全書》（臺北：臺灣商務印書館，
　　　　　1985），第730冊，子部，卷1〈蠶事起本〉，頁320。

　　（一）先蠶，天駟也：此種主張乃基於古人天人合一的思想下，將同類同源、同類同感的天象物候與自然人事聯繫起來，以比類取象作為解釋，認為蠶馬同類，皆感天駟而生。故而，「先蠶」的「先」字解為本源，即如孔穎達疏《禮記・學記》：「三王之祭川也，皆先河而後海，或源也，或委也。」曰：「先祭河而後祭海也，或先祭其源，或後祭其委，河為海本，源為委本，皆曰川也。」〔註129〕視黃河為海的本源，「先蠶」亦視天駟為蠶之本。另外，鑑於先蠶、馬祖皆為天駟，據賈公彥（生卒年不詳）解釋「馬祖」所云：「馬與人異，無先祖可尋，而言祭祖者，則天駟也。」〔註130〕以「先」為「祖」之意。「祖」字，依《廣雅・釋詁三》：「祖，本也。」〔註131〕又高誘注《淮南子・原道訓》：「夫無形者，物之大祖也」亦云：「祖、宗，皆本也。」〔註132〕可知「先」、「祖」二字，皆有根本、本源之意。即視天駟為先蠶、蠶祖，為蠶的本源，乃基於「同類相感」的思維模式下，將蠶之生認為是感天駟星所化，獲得天駟為蠶之本源的說法。

　　（二）始蠶之人：陳祥道及神宗朝詳定禮文所禮官以「先」為初始、開始，始為者，如《廣雅・釋詁一》：「先，始也。」〔註133〕據此類推「先」為「始」之意。而「始」字依《說文解字注》：「女之初也。釋詁曰。初、始也。此與為互訓。」〔註134〕如《公羊傳・隱公五年》：「初獻六羽，初者何？始也。」〔註135〕。若引鄭玄云：「始耕田者，謂神農也。」〔註136〕其意更加豁顯，即第一個、始創之意，此「先」字義近於「始」、「初」等詞，將先蠶理解始為蠶事之人，即蠶織的創始人。而認定「先蠶」為始蠶之人的說法，亦可能受到先農為「作耒耜，教民耕農」的影響。〔註137〕

　　以要言之，上述兩種「先蠶」的解釋，都有理論依據及立論支持。但從

〔註129〕《禮記》，卷36，〈學記〉，頁656。孔穎達疏。

〔註130〕《周禮》，卷33〈夏官・司馬〉，頁495。

〔註131〕清・王念孫，《廣雅疏證》，《四部文明・秦漢文明卷》（西安：陝西人民出版社，2007），第7冊，卷3下，頁100。

〔註132〕劉文典，《淮南鴻烈集解》（北京：中華書局，1989），卷1〈原道訓〉，頁28。

〔註133〕清・王念孫，《廣雅疏證》，卷1上，頁8。

〔註134〕漢・許慎，清・段玉裁注，《說文解字注》，頁623。

〔註135〕漢・公羊壽傳，漢・何休解詁，唐・徐彥疏，《春秋公羊傳注疏》（台北：藝文印書館，2001），卷3〈隱公五年〉，頁35。

〔註136〕《周禮》，卷24〈春官・籥章〉，頁368。

〔註137〕漢・蔡邕，《獨斷》，《筆記小說大觀三編》（臺北：新興書局，1974），第1冊，卷上，頁100～101。

晉代以來所祭祀的「先蠶」究竟何解？若以干寶所云：「菀窳婦人，先蠶者也。」
〔註138〕及後齊、後周以黃帝、西嫘氏為先蠶氏，其意甚明，即先蠶之「先」，
為首先從事蠶事之人。可說，東漢至北朝時期，不論是菀窳婦人、黃帝或是
西陵氏，都是以「始為桑蠶之人」接受拜祭。而隋唐時期所祭祀之先蠶（氏）
雖未言名姓，但依詳定禮文所禮官所引《大唐開元禮》享先蠶之饋享儀式，
以祭地之瘞（瘞幣）為之。〔註139〕實依鄭玄注《周禮·春官·司巫》云：「瘞，
若祭地祇，有埋牲、玉者也。」〔註140〕將先蠶視為地祇，因「地祇在下，非
瘞埋不足以達之」〔註141〕故通過象徵方式，瘞繪埋牲，使地祇感其精誠，歆
享供奉。亦可證實非為「天駟星」饋享之法，乃以始蠶之人為祭拜對象。

　　總之，從蠶神到先蠶，標誌著從原始宗教轉向人文化成的歷程，亦代表
本為祈求神靈賜福消災的自然崇拜，經過儒家的改造與教化，轉變成自然物
（蠶）的本源或是發明創造養蠶者的尊崇。〔註142〕且不論是本源或是始創
者，代表的都是對於萬事、萬物之根源，所抱持的崇德報恩的感恩之情，亦
可發現儒家理念的落實，即祭祀的目的並不著重於祈福，而是在於「報本追
遠，不忘其所由生」的感念報恩之心。

　　最後，在宋代雖然對於「先蠶」該認定為天駟或是始蠶之人，曾有兩種
論述，但自陳祥道論述一出，先蠶為天駟之說，爭議漸減。一方面經由官方
祭祀的改易，後世如南宋官方祭祀先蠶，便一改先蠶無配的傳統，以馬祖為
配。〔註143〕另一方面，透由圖書的傳播、流傳與接受，又造成了社會影響力。
如孝宗乾道年間，羅泌（1131～1189）便循其說，云：「天駟，馬祖非先蠶也。
先蠶猶先飯、先酒皆祀其始造者，且蠶婦事，亦不得為黃帝。」〔註144〕鄭鍔
（高宗紹興三十年進士）亦云：「君子於古先有功之臣，未嘗或忘之也。故食

〔註138〕晉·干寶，胡懷琛標點，《新校搜神記》（上海：商務印書館，1957），卷15，
　　　　頁105。
〔註139〕唐·蕭嵩，《大唐開元禮》，卷48，〈吉禮〉，頁278。
〔註140〕《周禮》，卷26〈春官·司巫〉，頁400。
〔註141〕清·孫希旦，沈嘯寰，王星賢點校，《禮記集解》（北京：中華書局，1989），
　　　　卷25〈郊特牲〉，孔穎達疏，頁689。
〔註142〕有關宗教轉向人文的論述，可參見徐復觀，〈原史：由宗教通向人文的史學的
　　　　成立〉，《兩漢思想史》第三卷（臺北：台灣學生書局，1979），頁231～236。
〔註143〕據《輿地紀勝》云：「中興典祀：『冬至圜丘夏至皇地祇太祖配……，先蠶馬
　　　　祖。』」宋·王象之，《輿地紀勝》（北京：中華書局，2003），卷1〈郊社〉，
　　　　頁20。
〔註144〕宋·羅泌，《路史》，卷14〈後紀五〉，頁89。

有先食，蠶有先蠶，卜有先卜，農有先農，皆不忘其初也」。〔註145〕清代秦蕙田（1702～1764）總結此一爭議，於《五禮通考》云：「夫既為始蠶之人，則非天駟。」〔註146〕由此論述，亦可反映宋代學術思想勇於創新，不拘泥於前人之說，力求新變代雄之情事。

不過，宋代所祀之先蠶神，始蠶之人為何？並不似李玉潔所認為：「自後周始，歷代皇室開始以嫘祖為祭祀的先蠶、蠶神。」〔註147〕從各種文獻可發現，宋代之先蠶、蠶神，仍未趨於一尊。不僅於官方文書中未曾明言先蠶為誰，於民間更有多元崇拜之情況。如秦觀（1049～1100）之《蠶書》以天駟為先蠶，以苑窳婦人、寓氏公主為蠶神。〔註148〕南宋時，羅願（1136～1184）之《爾雅翼》亦持此說。〔註149〕而朱熹（1130～1200）《通鑑綱目》及羅泌《路史》則以黃帝元妃西陵氏為先蠶。〔註150〕理宗時，戴埴（理宗嘉熙二年進士）之《鼠璞》則載有蜀中祭祀馬頭娘，以祈蠶之事。〔註151〕顯見，直至宋亡，西陵氏嫘祖不單未取得官方認可之正統蠶神的地位，於民間信仰上亦未獨尊。

又，在陳祥道的論述中，強調先蠶禮一定要皇后親享，並認為北齊使公卿祠之非古禮。惟宋代恢復先蠶禮以來，不但未曾皇后親享，甚至連三獻官亦由男性有司行事。由於陳祥道之《禮書》寫成於哲宗元祐四年（1089），晁公武（1105～1180）稱其書甚精博，〔註152〕朱熹亦認為陳祥道《禮書》

〔註145〕宋・王與之，《周禮訂義》，見《景印文淵閣四庫全書》（臺北：臺灣商務印書館，1983），經部，第94冊，卷77，頁513。

〔註146〕清・秦蕙田，《五禮通考》（桃園：聖環圖書公司，1994），卷126，頁3。

〔註147〕李玉潔，〈古代蠶神及祭祀考〉，《農業考古》2015年第3期，頁313。另劉楓，《中國古代蠶桑神話和先蠶禮的組織傳播功能分析》（重慶：西南大學碩士論文，2014年），亦持此種看法，頁7。

〔註148〕《蠶書》：「臥種之日。升香以禱天駟，先蠶也。割雞設醴，以禱苑窳婦人、寓氏公主。蓋蠶神也。毋治堰、毋誅草、毋沃灰、毋室入外人。四者神實惡之。」宋・秦觀，《蠶書》（北京：中華書局，1985），頁3。

〔註149〕宋・羅願，《爾雅翼》（北京：中華書局，1985），卷24，頁264：「古者后妃享先蠶，而後躬桑。先蠶，天駟也。《漢舊儀》曰：今蠶神曰，苑窳婦人、寓氏公主凡二神。」

〔註150〕宋・羅泌，《路史》，卷14〈後紀五〉：「西陵氏始養蠶，故淮南王《蠶經》云：『西陵氏勸蠶稼親蠶始』」，頁89；宋・張君房，《雲笈七籤》：「元妃西陵氏始養蠶為絲」，《景印文淵閣四庫全書》（臺北：臺灣商務印書館，1985），第1061冊，卷100，頁155。

〔註151〕宋・戴埴，《鼠璞》（北京：中華書局，1985），卷下，〈蠶馬同本〉，頁35～36。

〔註152〕清・永瑢，《四庫全書總目提要》（上海：商務印書館，1933），卷22，頁438。

考得亦穩，〔註153〕可見於彼時甚有影響力。雖無法得知徽宗宣和元年皇后
始先蠶，是否與之有關，但卻是宋代少數力主皇后親蠶的論述。

三、徽宗宣和年間：皇后宮內親蠶

宋代之先蠶禮，經歷神宗元豐四年禮制革新後，再次確認先蠶神為始蠶之
人，並將先蠶壇遷至北郊，規模逐漸形成。宋徽宗（1082～1135）即位後，為
「追述三代之意，適今之宜」〔註154〕，「成一代之典」〔註155〕，於大觀元年（1107）
設立議禮局。〔註156〕議禮局之禮官於政和年間對先蠶禮制，進一步提出建言：

> 《禮》：天子必有公桑蠶室，以興蠶事。歲既畢，則奉繭而繅，遂朱
> 綠之，玄黃之，以為郊廟之祭服。今既開籍田以供粢盛，而未有公桑
> 蠶室以供祭服，尚為闕禮。請倣古制，於先蠶壇側築蠶室，度地為宮，
> 四面為牆，高仞有三尺，上被棘，中起蠶室二十七，別構殿一區為親
> 蠶之所。倣漢制，置繭館，立織室於宮中，養蠶千薄以上。度所用之
> 數，為桑林。築採桑壇於先蠶壇南，相距二十步，方三丈，高五尺，
> 四陛。凡七事。置蠶官令、丞，以供郊廟之祭服。又《周官・內宰》：
> 『詔后帥內外命婦蠶於北郊。』鄭氏謂：『婦人以純陰為尊。』則蠶
> 為陰事可知。《開元禮》：享先蠶，幣以黑，蓋以陰祀之禮祀之也。請
> 用黑幣，以合至陰之義。」詔從其議，命親蠶殿以無斁為名。又詔：
> 「親蠶所供，不獨袞服，凡施於祭祀者皆用之。〔註157〕

> 政和元年（1111）四月，詔就先蠶壇之側，度地築公桑蠶室，歲養
> 蠶以供祭服，其親蠶殿可以無斁為名。〔註158〕（《文獻通考》）

經徽宗下詔同意後，北宋終於始建蠶室，並築採桑壇、親蠶之所，亦針對奠
幣儀式，提出使用黑幣，以合至陰之義，這已經是建國百年之後的事了。為
表重視，徽宗特以《詩經・周南・葛覃》：「服之無斁」為親蠶殿命名為無斁。
有鑑於〈葛覃〉一詩，於《毛詩・序》：認為是「后妃之本也。」主張后妃當

〔註153〕宋・黎靖德，王星賢點校，《朱子語類》，卷85〈士昏〉，頁2197。

〔註154〕汪聖鐸點校，《宋史全文》（北京：中華書局，2016），卷14，頁940。

〔註155〕清・徐松，《宋會要輯稿》（北京：中華書局，1957），〈職官五〉，頁2473。

〔註156〕《宋史・職官志》云：「議禮局：大觀元年，詔於尚書省置，以執政兼領；
詳議官二員，以兩制充。應凡禮制本末，皆議定取旨。政和三年，五禮儀注
成，罷局。」見元・脫脫，《宋史》，卷161〈職官志一〉，頁3793。

〔註157〕元・脫脫，《宋史》，卷102〈先蠶〉，頁2494。

〔註158〕元・馬端臨，《文獻通考》，卷87〈郊社考二十〉，頁797。

「志在於女功之事。」〔註159〕以此為親蠶殿之名，正足以彰顯桑蠶之事為后妃應具之本務。

　　宣和元年（1119）正月，依照《政和五禮新儀》舉行徽宗親耕藉田之禮。〔註160〕同年三月，宋代第一次實施與「皇帝籍田禮」相對應的「皇后先蠶禮」。由於《政和五禮新儀・皇后親蠶儀》禮文已佚，〔註161〕宋代皇后親蠶之相關資料，僅能《宋史・先蠶》所載，窺知一二，其云：

> 宣和元年三月，皇后親蠶，即延福宮行禮。其儀：季春之月，太史擇日，皇后親蠶，命有司享先蠶氏於本壇。前期，殿中監帥尚舍設坐殿上，南向；前楹施簾，設東西閤殿後之左右。又設內命婦妃嬪以下次於殿之左右，外命婦以下次於殿門內外之左右，隨地之宜，量施帷幄。於採桑壇外，四面開門，設皇后幄次於壇壝東門之內道北，南向。
>
> 前出宮一日，兵部率其屬陳小駕鹵簿於宣德門外，太僕陳厭翟車東偏門內，南向。其日未明，外命婦應採桑及從採桑者，先詣親蠶所幕次，以俟起居，各令其女侍者進鈎箱，載至親蠶所，授內謁者監以授執鈎箱者。前一刻，內命婦各服其服，內侍引內命婦妃嬪以下，俱詣殿庭起居訖，內侍奏請中嚴；少頃，又奏外辦。皇后首飾、鞠衣，乘肩輿，內侍前導至壇東門，華蓋、仗衛止於門外，近侍者從之入。內侍奏請降肩輿，至幄次內，下簾。又內侍至幄次，請行禮，導皇后詣壇，升自南陛，東向立。執鈎箱者自北陛以次升壇就位次，內侍引尚功詣採桑位前西向，奉鈎以進，皇后受鈎採桑，司製奉箱進以受桑，皇后採桑三條，止，以鈎授尚功，尚功受鈎，司製奉箱俱退，復位。
>
> 初，皇后採桑，典製各以鈎授內外命婦，皇后採桑訖，內外命婦以次採桑，女使執箱者受之，內外命婦一品各採五條，二品、三品各採九條，止，典製受鈎，與執箱者退，復位。內侍各引內外命婦退，復位。內侍詣皇后前奏禮畢，退，復位。內侍引皇后降自南陛，歸

〔註159〕《詩經》，卷1〈周南・葛覃〉，頁30。

〔註160〕宋代一朝只舉行過四次親耕藉田之禮，第一次是建國初期的太宗端拱元年（988）正月，第二次在仁宗明道二年（1033）二月，第三次是徽宗宣和元年（1119）正月，最後一次是在南宋前期，高宗紹興十六年（1146）正月。元・脫脫，《宋史》，卷102〈籍田〉，頁2489～2493。

〔註161〕宋・鄭居中，《政和五禮新儀》，《景印文淵閣四庫全書》（臺北：臺灣商務印書館，1983），史部，第647冊，卷129，〈皇后親蠶儀〉，頁639。

幄次。少頃，奏請乘肩輿如初。內侍前導，皇后歸殿後閣，內侍奏
解嚴。初，皇后降壇，內侍引內命婦詣蠶室，尚功帥執鉤箱者以次
從至蠶室，尚功以桑授蠶母，蠶母受桑縷切之，授內命婦食蠶，洒
一薄訖，內侍引內外命婦各還次，皇后還宮。〔註162〕

《宋史‧先蠶》所載之儀文出處為何？有鑑於有宋一代典章，如《太常因革
禮》、《中興禮書》均無皇后親蠶之禮文，僅《政和五禮新儀》明訂皇后親蠶之
禮儀、程序，惟今已不傳，無法得知其確切內容。不過，《政和五禮新儀》儀
式之形式，常有複製移植之情況。〔註163〕且「皇帝籍田禮」本與「皇后先蠶
禮」相對應，據〈皇帝耕籍儀〉所載：「孟春之月，太史擇日，皇帝親耕籍田，
命有司享帝神農氏……」等文字，〔註164〕可發現與《宋史‧先蠶》文句十分
雷同，僅行禮殿名、參與人員有所不同及部分字句有所刪減罷了！可推判《宋
史‧先蠶》於「皇后親蠶，即延福宮行禮」後所云「其儀」之文字，應本於
《政和五禮新儀‧皇后親蠶儀》而來。

宋代皇后親蠶儀式，僅見於《宋史‧先蠶》可說極為珍貴。再者，仔細觀
察徽宗年間之皇后親蠶禮文，尤自展現以下特點：

（一）只於延福宮行禮

按《宋史‧先蠶》所載「皇后親蠶之場地為延福宮」，後所云「其儀」又載
有施設皇后幄次於北郊先蠶壇南，相距二十步之遙的採桑壇外之記載，兩者明
顯有所矛盾。若按上文可知採桑壇位於先蠶壇南側，距先蠶壇二十步，蠶室則
於先蠶壇附近，四面設有高達三尺之牆，牆上覆蓋荊棘掩遮，而繭館、親蠶殿
（無斁殿）等建築及皇后幄次（供更衣休息用）亦於其中。又，鑑於延福宮位
於汴梁大內拱辰門外，若皇后於延福宮行禮，從其居處至延福宮僅須經由拱辰
門，並不須出內東門至左昇龍門，更不須由宣德東偏門出宮城。〔註165〕不過，

〔註162〕元‧脫脫，《宋史》，卷102〈先蠶〉，頁2495～2496。

〔註163〕如〈皇帝宗祀上帝儀〉、〈皇帝朝日儀〉、〈皇帝祀高禖儀〉與〈皇帝祀昊天上帝
儀〉除了祀神、地點、目的、祭器不同外，餘時日、齋戒、陳設、車駕自大慶
殿詣青城、省牲器、奠玉幣、進熟、望燎、端誠殿受賀、車駕還內等十個環節
幾近相同。見宋‧鄭居中，《政和五禮新儀》，卷25～28〈皇帝祀昊天上帝儀〉，
頁231～249；卷30～33〈皇帝宗祀上帝儀〉，頁261～272；卷51～53〈皇帝
祀高禖儀〉，頁353～365；卷55～57〈皇帝朝日儀〉，頁372～383。

〔註164〕宋‧鄭居中，《政和五禮新儀》，卷127，〈皇帝耕籍儀〉，頁633～638。

〔註165〕有關延福宮之位置圖，參見本章末附圖4-1。

若依《楓窗小牘》所記「延福宮內有親蠶宮」〔註166〕，及李長民〈廣汴賦〉所云：「至如后妃親蠶之所也，延福邃深，有嚴金鋪」〔註167〕，再配合《玉海》所載：「於（延福）宮築採桑壇、繭館、蠶室，服用鞠衣。」〔註168〕，或可確定本次皇后親蠶與《宋史・先蠶》所云「其儀」不同，皇后未出大內，僅於延福宮親蠶的方式行禮。而《宋史・先蠶》所載：「其儀：『季春之月，太史擇日，皇后親蠶，命有司享先蠶氏于本壇。……』」應本於已佚失之《政和五禮新儀・皇后親蠶儀》。

（二）僅行親蠶環節

皇后先蠶禮乃是以「親蠶」、「祭蠶神」、「先蠶壇」為配套的祀典。若比較《大唐開元禮》與《政和五禮新儀》的皇后先蠶禮，可發現唐代之皇后先蠶禮乃三者兼具，並由後宮之首皇后擔任初獻，四妃之一屬正一品的貴妃亞獻，九嬪之一屬正二品的昭儀終獻。〔註169〕透由皇后率領妃嬪親祭之舉動，顯現國家重視桑蠶的意義。惟徽宗年間之皇后先蠶禮，由於與其對應之皇帝籍田禮，皇帝僅行耕籍之禮。〔註170〕為符應著社會秩序與宇宙陰陽之和諧，先蠶禮亦仿效籍田禮之模式，將「祭蠶神」及執行「先蠶壇」儀式的工作，依中祀之等級，獻官「以太常卿少、禮部、祠部郎宮為初獻，禮部、祠部郎官為亞獻，太常博士為終獻」擔任。〔註171〕皇后及內外命婦僅實施象徵式的「親蠶」。

儀式中，皇后乘祭祀陰社之厭翟車，〔註172〕實因女子與蠶皆屬陰，先蠶禮被定義為陰禮，為符應親蠶禮之陰性特質之故。關於皇后所著之鞠衣，有別於鄭玄「象桑葉始生」（詳前文）之說，史浩（1106～1194）以其服色解為：「鞠衣，黃衣。黃者，中也。親蠶之服欲天下取中也。……夫天玄地黃，黃者，地道，妻道。」〔註173〕以黃色居五行之中，其為地之色，代表坤道、婦德。實

〔註166〕宋・百歲老人袁褧，《楓窗小牘》，見《全宋筆記》第四編（鄭州：大象出版社，2008），第 5 冊，頁 226。

〔註167〕宋・李長民，〈廣汴賦〉，見清・陳元龍，《歷代賦彙》（北京：北京圖書館出版社，1999），第 3 冊，卷 34〈都邑〉，頁 521。

〔註168〕宋・王應麟，《玉海》，卷 77〈宣和親蠶〉，頁 1419。

〔註169〕唐・蕭嵩，《大唐開元禮》，卷 48〈吉禮〉，頁 277～278。

〔註170〕元・脫脫，《宋史》，卷 102〈籍田〉，頁 2491。

〔註171〕宋・鄭居中，《政和五禮新儀》，卷 5〈序例五〉，頁 149。

〔註172〕唐・房玄齡，《隋書》，〈禮志五〉，頁 197。

〔註173〕宋・王與之，《周禮訂義》《景印文淵閣四庫全書》（臺北：臺灣商務印書館，1983），經部，第 93 冊，卷 14，頁 220。

乃以《周易》的天地陰陽詮釋服制，並以卦象方位申明鞠衣、展衣、緣衣之色，皆為婦人所用之正色，並以此服色而得「女正」，充分反映以「男女正位」為社會性別秩序之觀點，亦充分體現了宋人以闡發義理為主的解經方式。

另比對《宋史·先蠶》所載宣和元年皇后親蠶儀文與《大唐開元禮·皇后季春吉巳享先蠶親桑》之親桑環節，可發現宋代皇后親蠶之皇后服飾、車駕、儀式環節，全數依仿《大唐開元禮》之禮文，僅將「婕妤詣蠶室、食蠶」之環節改為「內命婦詣蠶室、食蠶」，餘無差別。此一調整，依唐代皇室的妃嬪等級而言，婕妤為二十七世婦之首，為第三等，正三品，位份中等。但宋代改以內命婦代之，讓範圍擴大，即第一等的「妃」，到第五等的才人、貴人之屬，甚至是女官、擁有封號者皆可詣蠶室、食蠶。〔註174〕

又，自真宗朝復行先蠶禮後，以「祀禮如中祠。」〔註175〕此後，歷經神宗元豐禮制改革、〔註176〕徽宗朝議禮，先蠶均列為中祀。〔註177〕《政和五禮新儀》規定：「中祀，散齋三日，致齋二日。」〔註178〕實利用齋戒來潔淨身心，戒除欲望，並利用其所具有之轉化身心功效，使之達通於神明。〔註179〕由於徽宗行籍田禮之意乃「本勸農以先天下，而禮不主于祀」。故而在「禮不專為祀事而設」〔註180〕的情況下，將交於神明之「享先農」與「享先蠶（祀蠶

〔註174〕 在宋代資料中，有關內命婦的含義並不統一。大致可以分為三種，一種是如《宋史·職官志》記載的「內命婦之品」，其所指內命婦是除皇后之外擁有位號的妃嬪。另一種是如《宋會要輯稿》后妃四之——中，則是將擔任尚書內省官職的宮官和擁有封號者包含在內。再一種是如佚名《趙朝事類》的「內命婦品」中所指內命婦，不但將前二者涵蓋其中，而且還有不少擁有其他稱號者。參見邵育欣，〈宋代內命婦封號問題研究〉，《歷史教學》2009年第14期，頁22～26。

〔註175〕 宋·歐陽修，《太常因革禮》，卷49，頁298。

〔註176〕 宋·龐元英，《文昌雜錄》，《全宋筆記》第二編（鄭州：大象出版社，2006），卷4，頁156。該書載神宗元豐年間祠部每歲祠祭之情況，云：「中祠十有四……季春享先蠶。」

〔註177〕 宋·鄭居中，《政和五禮新儀》，卷1〈序例〉，頁134。

〔註178〕 宋·鄭居中，《政和五禮新儀》，卷5〈序例〉，頁149。

〔註179〕 《禮記·祭統》云：「是故君子之齊也，專致其精明之德也。故散齊七日以定之。致齊三日以齊之，定之之謂齊。齊者精明之至也，然後可以交於神明也。」《禮記》，卷14〈祭統〉，頁286。另有關於齋戒之神聖性，參見林素娟，〈飲食禮儀的身心過渡意涵及文化象徵意義——以三《禮》齋戒、祭祖為核心進行探討〉，《中國文哲研究集刊》，第32期（2008.03），頁177～178。

〔註180〕 宋·鄭居中，《政和五禮新儀》，卷首〈御筆指揮〉，頁27～28。

神）」統由有司攝事，齋戒亦授有司履踐，帝后僅實施親耕、先蠶之禮，不需齋戒。至於有司攝事之時的齋戒情況，由於《政和五禮新儀》中〈享先農儀〉、〈享先蠶〉儀文已佚。〔註181〕無法得知確切之情況。惟從同列為中祀的〈祭五方嶽鎮海瀆儀〉可窺一二，即：「執事官散齋三日，治事如故，宿於正寢。不弔喪、問疾、作樂、判書刑殺文書、決罰罪人及與穢惡。致齋一日，一日於本司，無本司者於太常齋舍，質明至齋所。唯祭事得行，其餘悉禁。」〔註182〕

（三）以「東」為主的儀式規劃

宣和年間皇后雖僅於延福宮行禮，然禮官原規劃之皇后親蠶禮文中，描述皇后出宮路線所經過之門：從皇后所居住之宮殿，出內東門—左昇龍門—宣德東偏門—殿後西閣門—壇東門，可發現除殿後西閣門一處外，均遵行由東、由左之方位。此種以「東、左」為主的規劃，僅出現於宋代皇后出宮之儀文，如皇后先蠶禮、皇后朝謁景靈宮。〔註183〕然而，在唐代皇后先蠶路線或是宋代皇帝親享之儀式中均由正門出入（如皇帝出宣德門、入思文殿、歸殿後閣），〔註184〕其後明嘉靖年間之皇后親蠶亦直接由西華門出，未採取如斯路線。〔註185〕此外，從皇后親蠶的儀式過程中，「皇后詣壇，升自南陛，東向立」；「褥位壇上少東，東向」，亦可發現上述以「東」向為主的概念。〔註186〕

這種以「東、左」為主的方位思想根據，其實將「左」視為「東」，質言之，即是以「東」為主。由於在古人的方位觀念裡，慣於以「東」配「左」，以「西」配「右」。〔註187〕惟建築物之方位無定，故朱熹對此朝向有變通之表述，云：「以前為南，後為北，左為東，右為西。」〔註188〕不過，一般而言，

〔註181〕宋・鄭居中，《政和五禮新儀》，卷128〈享先農儀〉，頁638；卷130〈享先蠶〉，頁639。

〔註182〕宋・鄭居中，《政和五禮新儀》卷95〈祭五方嶽鎮海瀆儀〉，頁522。

〔註183〕宋・鄭居中，《政和五禮新儀》，卷170〈皇后朝謁景靈宮〉，頁748。

〔註184〕宋・鄭居中，《政和五禮新儀》，卷127〈皇帝耕籍儀〉，頁635～636。

〔註185〕明・郭正域，《皇明典禮志》，見《續修四庫全書》（上海：上海古籍出版社，2002），史部，第842冊，卷12〈親蠶〉，頁132。

〔註186〕不包含儀式之外，於採桑壇外所設之皇后幄次為南向。這種以東向為主的理念，亦與徽宗親耕籍田時，以南向為主，有所不同。元・脫脫，《宋史》，卷102，〈籍田〉，頁2491～2493。唐代《大唐開元禮》皇帝進行耕籍時，詣耕位亦南向立。唐・蕭嵩，《大唐開元禮》，卷46，〈享先農耕籍〉，頁268。

〔註187〕彭美玲，《古代禮俗左右之辨研究——以三禮為中心》，頁211～217。

〔註188〕宋・朱熹，《家禮》，見《朱子全書》（上海：上海古籍出版社，2002），第7冊，頁876。

基於婦女無外事，婦女主要生活空間在寢門之內的情況下，居內常以男居於左、女居於右為正位。〔註189〕並以最尊位之左、右分出尊卑，以符應宇宙、陰陽之概念，區分夫陽妻陰之象徵代表。〔註190〕而當婦女之生活空間需跨出寢門之外，除了要必擁蔽其面外，道路更分途而行，男子由右，女子由左。《禮記·王制》有「道路，男子由右，婦人由左，車從中央。」〔註191〕將男女異路，分道而行，避免接觸，視為落實了男女有別的禮制理想的說法。鄭玄於注《禮記·王制》時，特別解釋男右女左之因，乃是「地道尊右」使然。〔註192〕雖然，男女異路實現上有其窒礙，〔註193〕但從儀文所載皇后出於寢門之外的行禮路線以「東、左」為主，誠可反映徽宗希望透由制禮作樂，實現男女有別的禮制理想，以追「三代」之治的理念。〔註194〕

另一方面，宋代皇后親蠶之儀式空間的朝向以「東」為主，更是以《禮記·月令》：「后妃齊戒，親東鄉躬桑」為禮意之本。如孔穎達結合魏晉以來，解釋皇后東面躬桑的傳統，云：「今后惟東面採桑，明知不常留養蠶也，暫示法而已。」〔註195〕為符合東面躬桑的傳統，禮官將皇后出於寢門之外的行禮路線、儀式空間的朝向，規劃為由東、由左之方位，亦符合經典之禮意。

（四）儀式空間體現尊卑秩序

皇后親蠶時，由南陛升壇。南陛即午陛，神宗元豐議禮時，詳定禮文所禮官認為：「午陛者人主所升，答陽之位也」〔註196〕，乃是祭祀時供皇帝升壇降壇的使用的專用通道。徽宗於禮制改革時，亦繼承了此項制度。不過，讓皇后使用南陛升降，實為象徵皇后尊貴之地位。而執鈎箱者自北陛升壇就位，與宋代儀式中助祭官員由東階升降不同。方愨認為：「君以陽明為德，

〔註189〕彭美玲，《古代禮俗左右之辨研究——以三禮為中心》，頁161～210。

〔註190〕劉燕儷，《唐律中的夫妻關係》（臺北：五南圖書出版公司，2007），頁119。

〔註191〕《禮記》，卷13〈王制〉，頁267。

〔註192〕《禮記》，卷27〈內則〉，頁520。

〔註193〕林素娟，《空間、身體與禮教規訓：探討秦漢之際的婦女禮儀教育》（臺北：學生書局，2007），第2章，〈婦女行禮的儀式空間及生活場域的分配與限制——以內外、男女之別為核心進行探究〉，頁85～88。

〔註194〕宋·鄭居中，《政和五禮新儀》，〈原序〉，頁3。

〔註195〕《禮記》，卷15〈月令〉，頁304。

〔註196〕宋·李燾，《續資治通鑑長編》（北京：中華書局，1979），卷292，神宗元豐元年九月戊子條，頁7136～7137。

故南鄉而有荅陽之義，所以向明也。臣以陰順為德，故北面以荅君，所以示順也」〔註197〕此雖是說明南向、北向之意，但用來解釋升降壇由南或由北，亦可把握住此項禮意的根本，即透由不同的台階升降，予以體現出君臣辨分之禮、尊卑有別的制禮意圖。

　　又，從參與祭祀人員站位的安排上，如「內命婦位壇下東北，南向；設外命婦位壇下東南，北向，俱異位重行西上」，可發現乃以「貴者在北，賤者在南，尊者在前，卑者在後，主人在東，眾賓在西」為原則，〔註198〕而相位則以「君南向，臣北向」區分尊卑。〔註199〕即以內命婦位為東北，屬親貴者，其面向南為尊。另於親蠶殿的坐次上，亦以「內／尊（高）」、「外／卑（低）」的倫理尊卑秩序安置，如皇后為先蠶禮之主，最尊貴，故坐於殿上。內命婦與皇后關係較親近，最為鄰近皇后，坐於殿之左右。品階較高的外命婦居於中間，坐於殿門內；品階較低的外命婦則坐於最遠的殿門外，形成有條不紊的位次差序。透過位次的空間安排，在在呈現以皇后為中心、依階品高低、親疏關係與距離遠近之分殊井然的空間秩序。亦以此貞定人倫秩序，昭示理想化的尊卑等級，以建構出井然有序的君臣倫理秩序。〔註200〕

　　宣和元年皇后親蠶後，《宋史·先蠶》續言：「宣和重定親蠶禮，外命婦、宰執并一品夫人升壇侍立，餘品列於壇下。六年（1124）閏二月，皇后復行親蠶之禮焉。」〔註201〕由於未載確切時間，研判應在宣和二年至六年之間。此次修訂親蠶儀文將外命婦的站位從「壇外」提升至「升壇侍立」，似乎違背了依品階高低與距離遠近成正比的禮制法則。不過，此舉應是配合徽宗在家廟制度中提高執政等地位，「文臣執政官、武臣節度使以上祭五世，文武陞朝官祭三世，餘祭二世。」〔註202〕將「執政」比附古代「諸侯」有關。因之，為了昭顯天子對於臣子的恩寵，基於夫婦齊體的觀念於親蠶禮中提升宰執并一

〔註197〕宋·衛湜，《禮記集說》，《景印文淵閣四庫全書》（臺北：臺灣商務印書館，1983），經部，第118冊，卷64，頁366。

〔註198〕宋·李燾，《續資治通鑑長編》，卷317，神宗元豐四年十月己未條，頁7664。

〔註199〕葉國良，〈從名物制度之學看經典詮釋〉，《中央大學人文學報》，20、21期合刊（88.12～89.06），頁1～20。

〔註200〕據《宋史·先蠶》所載皇后親蠶儀，試繪製皇后親蠶行禮圖及親蠶殿之座次圖於本章末附圖4-2、4-3。

〔註201〕元·脫脫，《宋史》，卷102，〈先蠶〉，頁2496～2497。

〔註202〕清·徐松，《中興禮書》，見《續修四庫全書》（上海：上海古籍出版社，2002），第823冊，卷170〈羣臣家廟二〉，頁8。

品夫人的地位。從徽宗通過儀式提高執政等地位，足以說明在政治儀式中，權力的價值位階不僅是由皇帝充當，更且還具有分配其他價值位階的能力，從而對整個權力高度設計具有統攝性的話語權。〔註203〕

四、南宋時期：無壇之祭先蠶

時至南宋，立國之初，雖受制於局勢的動盪不安，未恢復先農、先蠶、風雨雷師等國家祭祀。不過，為了向民眾傳遞自己重視農桑的心意，宋高宗分別於紹興二年（1132）四月，聲稱「宮中亦自育蠶」。五年（1135）三月，又稱自己命令「宮中養蠶，庶知稼穡艱難」。六年（1136）六月復稱「宮中親種一方稻」〔註204〕，以表述自己透過親身種稻、養蠶，深知農夫織女工作之艱難，傳達出對於農桑的重視。惟先蠶、籍田之禮一直未恢復。〔註205〕直至紹興七年（1137）五月，太常博士黃積厚上言：「百神之祀，曠歲弗修。頃因議者有請，雖次第舉行，然大祀之未舉者如熒惑、大蜡，中祀如嶽、瀆、農、蠶，小祀如司中、司命之類是也。為國為民所禳，而神人相依之道，實不可廢，望條舉而行之。」〔註206〕是年，始以季春吉巳日享先蠶，視風師之儀。〔註207〕並律定「自壽星以下，皆用酒脯」祭祀。〔註208〕

紹興十二年（1142），高宗完成收兵權，改變了金對宋的基本方針，使得南北（宋金）均衡共存的形態得以出現。〔註209〕宋金兩國建立了正式的國家關係，作為北宋繼承政權的南宋朝廷也得以確立。十六年（1145）正月，高宗以天子身分，「親饗先農于東郊，牲用少牢，配以后稷」〔註210〕，「行籍田禮，

〔註203〕 王海洲，〈政治儀式中的權力結構及其動態分析〉，《南京社會科學》，2011第3期，頁78～82。

〔註204〕 宋・王應麟，《玉海》，卷77〈紹興宮中蠶〉，頁1419。

〔註205〕 南宋政府於紹興五年之前，已陸續昊天上帝、皇地祇、感生帝、神州地祇、社稷及高禖、大火星、日月、五帝的日常祭祀。詳參朱溢，〈臨安與南宋的國家祭祀禮儀——著重於空間因素的探討〉，《中央研究院歷史語言研究所集刊》，第88本第1分（2017.3），頁149～154。

〔註206〕 清・徐松，《宋會要輯稿》，〈禮一四〉，頁626。

〔註207〕 元・脫脫，《宋史》，卷102，〈先蠶〉，頁2497。

〔註208〕 宋・李心傳，《建炎以來繫年要錄》卷111，高宗紹興七年五月壬申條，頁1793。

〔註209〕 日・寺地遵著，劉靜貞、李今芸譯，《南宋初期政治史研究》（臺北：稻鄉出版社，1995），頁32～33。

〔註210〕 宋・李心傳，《建炎以來繫年要錄》，卷155，高宗紹興十六年正月辛卯條，頁160。

執耒耜九推，詔告郡縣。」〔註211〕紹興十五年（1145）閏十一月，在討論高宗來年親耕籍田之際，太常丞王湛亦奏請「皇后就禁中親蠶」最後不果行。〔註212〕迄宋亡為止，皇后親蠶禮未再實施。雖寧宗楊后（1162～1232）〈宮詞〉有云：「中宮閣裏催繅繭，要趁親蠶作五絲。」〔註213〕但就現存文獻而言，並未見有楊后親蠶之記載。

猶須補充說明的是，紹興七年，南宋政府恢復之享先蠶，囿於局勢動盪，祭祀時不用牲牢，只用酒脯。但到了南宋政權確立，此祭祀禮儀卻一直沿用下去。孝宗乾道三年（1167）李燾建言：「中興祭典未備，岳鎮、海瀆、先農、先蠶、風雨雷師，九祠以酒脯代牲牢，雨暘失節，郡國水災殆以此。」〔註214〕詔復舊。雖然恢復牲牢祭祀，但翻閱《輿地紀勝》、《（咸淳）臨安志》等方志均無先蠶壇之記載。可見南宋之先蠶禮，僅剩「享先蠶」，另「皇后親蠶」及「先蠶壇」於南宋始終未實施。如此一來，不禁要問宋代士大夫如何看待皇后「親蠶」的意義？

北宋中期，李覯（1009～1059）於〈周禮致太平論·內治〉聚焦於后妃主持國家祭祀之禮的重要意義，云：

> 夫普天王土，率土王臣。蠶者非一女也，將以為王服，有不足乎？而后且親蠶其夫，以事先舅先姑，敢不用力焉？不可以為婦道也。……
>
> 王后之尊而親蠶，天下之女子有不遵微行求柔桑者乎？〔註215〕

李覯專注於宣揚先蠶禮為關乎國計民生的國家祭祀，帶有表率性和象徵意義，目的在於促進天下百姓家庭男耕女織，盡力孝親，更認為以后妃做出表率，天下之女子如何能「不可以為婦道」、「不遵微行求柔桑者？」其強調后妃的道德示範，對於民間百姓上行下效的影響力。

張載（1020～1078）則將親耕、親蠶之舉，視作天子與后相互勉勵不忘

〔註211〕元·脫脫，《宋史》，卷30〈高宗本紀七〉，頁564。

〔註212〕宋·李心傳，《建炎以來繫年要錄》，卷154，高宗紹興十五年閏十一月己丑條，頁157。

〔註213〕明·郎瑛，《七修類稿》（上海：上海書局出版社，2001），卷32，〈楊太后宮詞〉，頁349。

〔註214〕宋·周必大，《盧陵周益國文忠公集》，見《宋集珍本叢刊》（北京：線裝書局，2004），第51冊，卷66〈敷文閣學士李文簡公燾神道碑〉，頁641。

〔註215〕宋·李覯，《直講李先生文集》，《宋集珍本叢刊》（北京：線裝書局，2004），第7冊，卷5〈周禮致太平論·內治五〉，頁66。

乎農事之艱難，更認為此王業之基。〔註216〕另外，曾預修《政和五禮新儀》
的慕容彥逢（1067～1117）則曰：

> 夫躬耕、親蠶，一則以教民致力於農桑，而豐衣食之原；一則以為
> 齊盛祭服，而盡事神之敬，故先王以所事者教民，故民之聽命也速，
> 以所率民者奉神，故神饗之也易。夫民，神之主也，成民，然後可
> 以致力於神，民和而神降之福，耕以足食，蠶以足衣，生民之道於
> 是乎在，所以成民而致其和，莫先於斯二者。〔註217〕

雖然亦將親耕、親蠶視為示範教民致力於農桑的國家祭祀，但更著重於豐衣
足食對於人民的重要性，「成民，然後可以致力於神，民和而神降之福」，並
將人民足食足衣視為國家首要之急。

輔廣（生卒年不詳，朱熹弟子）曰：

> 蠶，婦事也，猶不敢專，必待君之卜吉而後親之，則他可知矣！故
> 曰：地道代終而已，此所以為君服與其率用，此與皆記者述夫人之
> 意而為言也。〔註218〕

輔廣之論述異於前人之說，他不提及先蠶禮的象徵、表率作用，亦不論蠶事
對於國計民生之重要，而是借蠶事以喻婦道。主在藉由蠶事為婦人之事，用
以申論婦道應當順從承受，而不是自行專擅，當有所成時更應不居成功之名，
只應奉命終了份內之事。

上述四人對於為何宋代皇后未親蠶，皆隻字未提，僅專注於解釋經典，
並呈現解經者的關注重點，或象徵示範，或不忘王道艱難，或民生首要，或
婦道承順不自專。對於宋代皇后為何未親蠶？由於未在論述脈絡中，並非關
注重點，也就不予以探討。

南宋時期，葉適（1150～1223）對於籍田、親蠶禮為何不舉行、為何難以
舉行，於《習學記言》曾有一番檢討，他認為原始之禮「必卑約而後可行，必
簡質而後可久也」，而後世所行之籍田、親蠶過於奢侈鋪張，以致儀式進行時，
參與者失卻尊重、敬畏之心，變成了君臣相與為戲，故而提出「此禮須因儀改
定，示以反本，蓋原於人情，近而易知，非若其他禮文齟齬而難勤也。」〔註219〕

〔註216〕宋・王與之，《周禮訂義》，卷12，頁195。
〔註217〕宋・衛湜，《禮記集說》，卷112，頁430。
〔註218〕宋・衛湜，《禮記集說》，卷112，頁430。
〔註219〕宋・葉適，《習學記言序目》，《叢書集成續編》（臺北：新文豐出版公司，
1989），第16冊，卷39，頁591～592。

透由葉適的探討，或可發現籍田、先（親）蠶禮，這原屬於一種報本反始、崇德報功，不忘先人恩澤的感恩報答行為，經過後世的改造，成了極盡鋪張、繁瑣，導致敬畏感恩之心喪失，陷入形式之僵化，逐漸失去功能，終而成為一種儀式行為。於是，這種祈求穀物和蠶繭收成的禮儀，行與不行對朝廷或是人民已無太大的影響。

第三節　宋代皇后先蠶禮式微之因

在宋代之皇后先蠶禮，僅於徽宗宣和年間實施過完整之先蠶禮二次（由皇后「親蠶」，有司享先蠶）。宋代長達 319 年的國祚中，皇后不曾親「祀蠶神」，亦不曾踏足「先蠶壇」。倘考慮到宋代對絲織品的倚重情況，實讓人難以理解？轉而思之，宋代並非不行先蠶禮，自真宗朝起，朝廷便持續實行先蠶的祭祀，政權南渡後亦是如此。只不過，幾乎統由官員代理，於「先蠶壇」進行「享先蠶」罷了！而將原本屬於皇后親蠶的儀式下授官員執行，是否代表皇帝認為只要有人進行蠶神的祭拜即可？所謂的帝后躬行，以勸農桑是否只是一個代表名詞，或一個被簡化的概念？

白馥蘭從技術層面的改變，指出宋代由於絲織生產商業化，以及稅制改革，促使農家不再織絹而集中養蠶、繰絲。而精緻複雜的紡織品的製作，多由專業化的男性工匠承擔，絲織不再是女性的領域，只是輔助的成員。這些因素都侵蝕著統治者與養蠶的農村婦女之間相互佐賴的傳統關係。因此，皇后先蠶禮的廢止是政治象徵主義的實踐。〔註220〕細思其論述，可發現後天所賦予的男女社會性別，即男耕女織分工方式，已因為生產商業化而被破壞，

〔註220〕 白馥蘭又指出：「直到宋代，紡織品的生產主要有四種類型，一、農民家庭，主要依賴家庭勞動。二、鄉村或城市的大貴族家庭，主婦組織由家庭成員、僕人和雇傭的女工進行的生產。三、國家工場，由官員管理，使用終身或臨時招募的男女工匠。四、各種城市作坊。國家工廠和城市作坊擁有複雜的織機或花機，可以完成奇特的織法和圖案。他們在生產高價值的紡織品時：絕大多數是複雜的絲品時，實行專業分工，他們並不自己生產原料，而是從繳納賦朝中獲得或在市場上購買。」而「外族入侵的持續威脅和維持龐大軍隊的需要，使得宋代不斷增加賦稅。農家在勞動力有限的情況下，面對市場上對於簡樸織品需求的降低，低價布料無法獲得更高價值，促使農家不再織絹而集中養蠶、繰絲。」見氏著，《技術與性別：晚期帝制中國的權力經緯》，頁 197、150。

文獻中可常見一家齊祭拜蠶神的記載，〔註221〕在宋代男耕女織的分工方式已非絕對，由於絲織不再專屬於女性，因此，以男性有司代行祭祀，亦符合社會變遷？

此外，佐竹靖彥從國家與社會的距離擴大，認為從漢代開始，通過南北朝而不斷發展的國家和地方社會之間的分離，導致了皇帝與皇后作為農民本業的農耕和紡織之表率的作用逐漸減弱，尤其是皇后作為表率的作用則更為弱化。〔註222〕實際上，宋代皇后先蠶禮的式微，尚有多方面的原因。以下將概略討論之：

一、先蠶禮非國家祭祀之重心

宋朝建國之初，即面臨著邊疆民族環伺的威脅，〔註223〕在「天有二日」的情勢下，為了宣示趙宋王朝王朝的正統性，標榜統治天下的正當性。〔註224〕

〔註221〕陸遊〈春晚即事〉：「桑麻夾道蔽行人，桃李隨風旋作塵。煜煜紅燈迎婦擔，冬冬畫鼓祭蠶神。」〈春晚村居雜賦絕句〉：「朝書牛券拈枯筆，暮祭蠶神酹凍醪。」姚寅〈養蠶行〉描述一家養蠶之辛勞：「又聞野祟能相侵，典衣買紙燒蠶神。一家心在陰雨裡，只恐葉濕繰難勻」。

〔註222〕日‧佐竹靖彥，〈《清明上河圖》為何千男一女〉，頁808。

〔註223〕西嶋定生指出：「宋代雖然出現了統一國家，但是，燕雲十六州被契丹所佔有，西北方的西夏建國與宋對抗，契丹與西夏都對等地與宋同稱皇帝，而且宋王朝對遼每歲納幣，與西夏保持戰爭狀態，這時候，東亞的國際關係，已經與唐代只有唐稱君主、冊封周邊諸國成為藩國的時代大不一樣了，從這一狀況來看，東亞從此開始了不承認中國王朝為中心的國際秩序。」見氏著，《中國古代國家と東アジア世界》（東京：東京大學出版會，1983），第6章〈東アジア世界と日本史〉，頁616。

〔註224〕王健文認為：「一個政權要能夠有效而穩定的持續，不能沒有其正當性（按：即合法性）的建構。而正當性的建構又必須有實際的強力作為後盾，以便能制裁那些不能在意理上有效說服，或是可以說服，卻為其他緣由挺而走險的人。」見氏著，〈西漢律令與國家正當性：以律令中的「不道」為中心〉，《新史學》3卷3期（1992.09），頁34。另楊晉龍則云：「此種政權『合法性』的需要，也就是中國所以會產生『天命終始說』等相關的政權移轉的理論根據的原因。王位的存亡是由上天作主，所以稱為『天命』，從權力的角度說，所謂『王權神授』之意。這種『王權神授』的觀點，其所以產生的背景，主要是在人類不能理解自然現象的種種變異和神諧的力量的情況之下，遂以為冥冥之中必有一個主宰的上帝，支配一切，這支配包括自然現象，也包括社會現象，所以又認為統治人民的權力是來自『人格神』上帝的授給。」見氏著，〈神統與聖統──鄭玄王肅「感生說」異解探義〉，《中國文哲研究集刊》第3期（1993.03），頁496～497。

有宋一朝的皇帝們頻繁地透由郊祀與天地溝通之象徵性儀式，製造皇權的神聖性，以增進人民的信仰與擁護，而確立「天命在宋」的信念，使得政權越趨鞏固與充實。〔註225〕《宋史·禮志》稱：「故事，三歲一親郊，不郊輒代以他禮」。〔註226〕雖未徹底落實，但也大致不差。〔註227〕我們可從神宗〈熙寧十年南郊赦天下制〉云：「國莫重於祭，所以作民恭之先。禮無大於郊，所以報物生之始。」哲宗〈北郊前詣景靈宮朝獻太廟朝饗詔〉云：「致明察者，莫重於郊丘之祀。」〔註228〕見其重視祭天的心態。

通觀，歷代統治者多倡言「民貴君輕」，施政強調以民為本，發展農業，關注民生經濟問題。但在祭祀方面，囿於傳統中國宗法乃以天神崇拜和祖先崇拜為核心。加以，對於國家而言，皇帝親郊所擁有的昭示「天子」身份、塑造國家秩序、以及拉近國家禮儀與民眾的距離等功能更形重要，〔註229〕肇致以社稷、日月、山川等自然崇拜為羽翼所形成的籍田、先蠶之祭祀，僅能視為一種國家祭祀的補充。〔註230〕雖有教民致力於農桑，又有齊盛祭服，而盡事神之敬，但終究著重於象徵與表率作用（詳上文）。更且皇后親蠶於禁中，能參與的人畢竟少數，更且禮儀隊伍不出城，民眾亦無法感受禮儀的氣氛，若想透由皇后親蠶以勸農桑，實質效益著實有限。因此，需要有與之配合的推廣措施，才能將勸農桑的政策真正落實到民間。

〔註225〕朱溢認為：「縱觀整個中華帝國的禮儀制度，郊祀禮儀與太廟禮儀堪稱兩大柱石，就表徵統治合法性的意義而言，郊祀禮儀居首，太廟禮儀次之。不過，在北宋，太廟地位不如景靈宮重要。如沈括於《夢溪筆談》云：『上親郊廟，冊文皆曰恭薦。歲事，先景靈宮謂之朝獻，次太廟謂之朝享，末乃有事於南郊。予集郊式時，曾預討論，常疑其次序。若先為尊，則郊不應在廟後；若後為尊，則景靈宮不應在太廟之先。』可見景靈宮的重要性在太廟之上應該是事實。由此可見，唐宋時期太廟禮儀表述王朝統治合法性的意義有所削弱。另一方面，以南郊親祭為中心的三大禮又極大地強化了皇權的神聖性。」見氏著，〈唐至北宋時期的皇帝親郊〉，《國立政治大學歷史學報》，第 34 期（2010.11），頁 6，註 18。

〔註226〕元·脫脫，《宋史》，卷 98〈禮一〉，頁 2427。

〔註227〕關於北宋皇帝歷次親郊的時間，參見梅原郁，〈皇帝·祭祀·國都〉，收入中村賢二郎編，《歷史のなかの都市——續都市の社會史》（京都：ミネルヴァ書房，1986），頁 285～292。

〔註228〕《宋大詔令集》（北京：中華書局，1962），卷 121〈南郊四〉，頁 415；卷 123〈北郊〉，頁 422。

〔註229〕朱溢，〈唐至北宋時期的皇帝親郊〉，頁 1～52。

〔註230〕牟鐘鑒，《走近中國精神》（北京：華文出版社，1999），頁 243。

二、勸農桑制度的下授

　　從宋代開始，勸農桑之責為官員的日常工作項目，〔註231〕以提點刑獄兼勸農使，〔註232〕每歲考校地方官員勸農之勤惰。〔註233〕又以知州、通判並兼管勾勸農事。〔註234〕從蘇轍（1039～1112）於〈和文與可洋州園亭三十詠・南園〉稱文同所任洋洲知州：「官是勸農官，種桑亦其所。」〔註235〕樓鑰（1137～1213）知婺州時，有〈勸農〉詩云：「一番好雨潤桑麻，和氣歡聲十萬家，太守勸農纔出郭，老農含哺競隨車」〔註236〕，可為知州督勸農桑之證。由於「勸課農桑，太守當務也」〔註237〕，地方官員常以書寫「勸農文」，來介紹農業生產技術。如程珌（1164～1242）向富陽縣農民介紹太平州的種桑經驗，〔註238〕朱熹則向南康軍農民介紹兩浙地區的剪枝技術以及施肥方式等。〔註239〕雖然官員透過書寫「勸農文」是否真能基層百姓了解生產技術、提升農作生產，相關成效仍有待查驗。不過，從劉克莊（1187～1269）〈次韻三首〉：「田父扶攜問雞卜，村姑呼喚祭蠶神」〔註240〕，亦可知地方上有祭祀蠶神的儀式。再從陸游（1125～1210）任嚴州知州時，所作〈嚴州戊申謝蠶麥祝文〉云：「乃者蠶老而未繭，麥秋而未穫，天作霪雨，將害于成。惟神降康，陰沴消弭。牲登于俎，酒湛于觴，維以薦誠，匪敢言報。」〔註241〕更可發現不僅朝廷祭祀

〔註231〕宋希庠，《中國歷代勸農考》（太原：山西人民出版社，2015），頁43～47。
〔註232〕宋・王闢之，《澠水燕談錄》（北京：中華書局，2006），卷5，頁62。
〔註233〕宋・謝深甫，《慶元條法事類》（臺北：新文豐出版公司1976），卷5〈職制門二〉，頁51；卷7，〈職制門四〉，頁82。
〔註234〕宋・陳耆卿，《嘉定赤城志》（臺北：成文出版社，1983），卷10〈秩官門三〉，頁7145。
〔註235〕宋・蘇轍，曾棗莊，馬德富校點，《欒城集》（上海：上海古籍出版社，1987），卷6，頁135。
〔註236〕宋・樓鑰，《攻媿集》，《景印文淵閣四庫全書》（臺北：臺灣商務印書館，1985），第1152冊，集部，卷8〈勸農〉，頁366。
〔註237〕宋・陽枋，《字溪集》，《景印文淵閣四庫全書》（臺北：臺灣商務印書館，1985），第1183冊，集部，卷9〈紹慶府勸農文〉，頁393。
〔註238〕宋・程珌，《程端明公洺水集》，《宋集珍本叢刊》（北京：線裝書局，2004），第71冊，卷19〈壬申富陽勸農〉，頁194～195。
〔註239〕宋・朱熹，《晦庵先生朱文公文集》，《朱子全書》（上海：上海古籍出版社，2002），第25冊，卷99〈勸農文〉，頁4586～4588；卷100〈勸農文〉，頁4624～4627。
〔註240〕宋・劉克莊，《後村先生大全集》，《宋集珍本叢刊》（北京：線裝書局，2004），第81冊，卷21，頁86。
〔註241〕宋・陸游，《陸游集》（北京：中華書局，1976），頁2212。

先蠶，地方官員亦代表人民祭祀蠶神，祈求神靈的幫助，有效地控制了災害。
要言之，宋廷將勸農桑，落實到地方基層的日常政務，透過官員分層負責，
達到勸農桑的實效。

三、唐代皇后先蠶引發的警覺

　　按《唐會要》所載，有唐一朝皇后所舉行之先蠶禮，為太宗長孫后二次，
高宗武后四次，玄宗王后一次，肅宗張后一次。〔註242〕其中武后與張后兩人
皆企圖通過先蠶禮昭示其政治地位，樹立自己威望，進而取得與皇帝對等的
地位或是達到干預政事的目的。〔註243〕呂夏卿（1018～1070）於《唐書直筆》
評論武后四次之先蠶禮，云：

　　　　親蠶之禮不書本紀，譏后德之不建也。〈肅宗紀〉書曰：「乾元二年
　　　　三月皇后禮先蠶于苑中。」高宗之世，武后四親蠶不書，其德不足
　　　　以率天下，故載之本傳。〔註244〕

《唐書直筆》一書為呂夏卿對《新唐書》編修之建議，〔註245〕於此他秉持《春
秋》書法之「書與不書」、「一字褒貶」原則，主張武后四次親蠶，不當書於
〈高宗本紀〉，並提出其考量，乃是武后不具后德，不足以作為天下之表率。
這當中自有呂夏卿之價值判斷，即對於武后「自高宗時挾天子威福，脅制四

〔註242〕宋・王溥，《唐會要》（北京：中華書局，1955），卷10〈皇后親蠶〉，頁260
　　　　～261。

〔註243〕陳弱水認為武則天多行先蠶的一個主要意圖是要昭示臣民，她是一位政治領
　　　　導者，一個公共人物，而不只是宮闈中的母妻。而張后則利用親祀先蠶的機
　　　　會，於光順院門接受命婦朝拜。見氏著，〈初唐政治中的女性意識〉，頁96。
　　　　新城理惠指出：「武則天在郊祀的場所，進行皇后先蠶禮，百官和朝集使共
　　　　同參與，試圖贏得與高宗平等的地位，並取得獨自的權威。」「由於張皇后
　　　　與皇太子（代宗）之間的對立不斷深化。為了向皇太子展現其政治優勢，她
　　　　在光順門接受外命婦的朝賀。同樣的，透過皇后先蠶禮的實施也具有強化皇
　　　　后自己的政治地位的目的。」見氏著，〈絹と皇后——中国の国家儀礼と養
　　　　蚕〉，收入網野善彥主編，《岩波講座　天皇と王権を考える３生産と流通》
　　　　（東京：岩波書店，2002），頁150～155。

〔註244〕宋・呂夏卿，《唐書直筆》，《叢書集成新編》（臺北：新文豐出版公司，1985），
　　　　第114冊，卷2〈親蠶〉，頁502。

〔註245〕按，呂夏卿曾參編《新唐書》，並對《新唐書》的〈本紀〉書法提出諸多建
　　　　議，然除〈列傳〉部分外，並未獲得歐陽修採納，故而遂將其建議輯為《唐
　　　　書直筆》一書。關於《唐書直筆》與《新唐書》的關係，參見劉麗，張劍光，
　　　　〈《唐書直筆》與《新唐書》的書法探究〉，《鄭州大學學報（哲學社會科學
　　　　版）》，2008年第1期，頁99～104。

海」，「遂篡弒而喪王室」〔註246〕的貶斥，故其運用《春秋》書法寄寓褒貶於其中。又，關於武后四次親蠶，司馬光《資治通鑑》僅載高宗上元二年（675）之事，云：

三月丁巳，天后祀先蠶，于邙山之陽，百官及朝集使皆陪位。〔註247〕

武后祀先蠶於于邙山之陽。邙山位於洛陽城北（今河南省洛陽市北）似乎不違背婦人禮以西方、北方為主之原則。但邙山之陽，據《爾雅》云：「山南曰陽，山北曰陰」〔註248〕即位於南麓。若以男女陰陽屬性觀之，東方、南方，屬陽，不符合先蠶禮屬於婦人事的陰禮性質；〔註249〕另外以文武百官等陪位，幾同天子郊天，亦與先蠶禮參與者應為女性不符，實為不依禮典。武后四次親蠶，除了表示對蠶織的重視，並以身作則成為天下婦女的表率外，應有其強烈的政治目的，即利用禮儀提高其政治地位，並取得獨自的權威。〔註250〕惟《資治通鑑》僅書上元二年武后祀先蠶之事，如斯敘事必有其深意。查考《資治通鑑》所載唐代皇后先蠶禮，僅載貞觀元年（627）三月癸巳長孫后親蠶乙次、〔註251〕武后一次及玄宗開元二年（714）王后親蠶一次。倘據《資治通鑑考異》所載玄宗王后親蠶，云：「自嗣聖（睿宗）光宅（684）以來，廢闕此禮，至是重行。」〔註252〕可發現所載唐代皇后親蠶，以始行、重行親蠶為所記。而針對該書所記載之武后祀先蠶一事，有鑑於《資治通鑑》具有對《春秋》書法之繼承，竊以為運用了「所書者必非常之事」，「非常之事必以非禮

〔註246〕 宋・歐陽修，宋祁，《新唐書》（臺北：鼎文書局，1981），卷76〈楊貴妃〉，頁3496。卷76〈后妃上〉，頁3468。

〔註247〕 宋・司馬光，《資治通鑑》，《景印文淵閣四庫全書》（臺北：臺灣商務印書館，1984），第308冊，史部，卷202〈唐紀十八〉，頁489。

〔註248〕 《周禮》，卷22〈春官・大司樂〉，頁344。賈公彥疏引《爾雅》。

〔註249〕 《禮記》，卷49〈祭統〉云：「王后蠶於北郊」，鄭玄注：「夫人不蠶於西郊，婦人禮少變也。」頁831。

〔註250〕 有關武后行先蠶禮之論述，除前引陳弱水，〈初唐政治中的女性意識〉，頁96。日・新城理惠，〈絹と皇后──中国の国家儀礼と養蚕〉，頁150～155。亦可參考羅永生，〈唐高宗政治權謀的再認識──兼論高宗朝的武則天〉，《臺灣師大歷史學報》第47期（2012.06），頁51。不過該文稱：「唐朝過去的三個皇后似乎從沒有行過先蠶禮記錄」顯然與史書記載不符，武后之前太宗長孫后亦行過二次。見宋・王溥，《唐會要》，卷10〈皇后親蠶〉，頁260～261。

〔註251〕 宋・司馬光，《資治通鑑》，卷192〈唐紀八〉，頁293。

〔註252〕 宋・司馬光，《資治通鑑考異》，《景印文淵閣四庫全書》（臺北：臺灣商務印書館，1984），第311冊，史部，卷12，頁134。

也、非法也，非禮、非法必皆譏、皆貶也」〔註253〕，故書此武后祀先蠶事，不僅貶其非禮、非法外，其後更云：「上苦風眩甚，議使天后攝知國政。」遭中書侍郎郝處俊諫止，武后培養北門學士分散宰相之權。〔註254〕更是以武后利用祀先蠶而乘時得勢，並逐漸掌握朝政，最終稱帝執政，危及宗社的歷程，予以警示來者防範后妃干政，並以為治道之鑑戒。

　　可發現，先蠶禮等國家祭祀為唐代皇后取得自身之政治地位，並達到干預政事的方法之一。由於，宋人認為后妃干政，乃是導致唐代國家衰亂的因素之一。如石介（1005～1045）認為「女后亂之於前，姦臣壞之於中，宦官覆之於後」為唐覆亡之因；〔註255〕歐陽脩（1007～1072）亦認為唐之滅亡與女性有十足的關係，於《新唐書・玄宗本紀贊》：「嗚呼，女子之禍於人者甚矣！自高祖至于中宗，數十年間，再罹女禍，唐祚既絕而復續，中宗不免其身，韋氏遂以滅族。玄宗親平其亂，可以鑒矣，而又敗以女子。」〔註256〕李綱（1083～1140）則指出：「有天下而多女禍，未有若李唐之甚者也。」〔註257〕。呂中（理宗淳祐七年進士）亦認為「使唐非有艷婦濁亂於內，則漁陽鼙鼓必不啟。」〔註258〕李唐之敗家喪邦，原因錯綜複雜，自不待言。宋代士大夫基於高度歷史警覺，將唐朝的覆車之鑒歸罪於女禍，亦屬於女禍觀之運用。〔註259〕

　　真宗時王欽若建請恢復先蠶之祀，因郭皇后新喪，中宮虛位，故引《周禮・大宗伯》主張，「后不祭，則攝；而薦豆籩徹王后之事，而宗伯得攝之。」

〔註253〕清・姚際恆，《春秋通論》，《續修四庫全書》（上海：上海古籍出版社，2002），經部，第139冊，〈序〉，頁294。

〔註254〕宋・司馬光，《資治通鑑》，卷202〈唐紀十八〉，頁489

〔註255〕宋・石介，《石徂徠集》（北京：中華書局，1985），下卷〈唐鑑序〉，頁56～57。

〔註256〕宋・歐陽脩，宋祁，《新唐書》，卷5〈玄宗皇帝〉，頁154。

〔註257〕宋・李綱，《梁溪先生文集》，《宋集珍本叢刊》（北京：線裝書局，2004），第37冊，卷151〈論女禍〉，頁570。

〔註258〕宋・呂中，《大事記講義》，《景印文淵閣四庫全書》（臺北：臺灣商務印書館，1983），第686冊，史部，卷2〈太祖皇帝〉，頁199。

〔註259〕劉詠聰指出，所謂「女禍」，即「女性帶來的禍害」。在古代中國，「女禍」的內容主要有兩個層面：「色惑」與「弄權」。古人對妃妾以色事君，導帝淫嬉以及后妃恃寵或借機干政用事，皆稱之為「女禍」。又稱：「漢人常將災異產生之因由附會到女性若干行為，並用來警誡當代弄權作亂之后妃。……後世談災異起婦人者，舉凡日食、月食、地震、星孛、大水、雷電、雌雞化雄……等等，均可與女主專政、后妃淫亂等扯上。」見氏著，《德・才・色・權：論中國古代女性》（臺北：麥田出版公司，1998），頁44、72、112。

將先蠶禮設為「后不親祭」，採有司攝事的方式行之，實有其特殊時空背景。
〔註260〕但歷經仁宗、英宗，到神宗改革禮制時，皆無人提出先蠶禮應由皇后
主持。究其因或與唐代武后、張后分別利用先蠶禮，韋后親享南郊，從而扶
植自己勢力、破壞天子皇權，最終亂政禍國的歷史經驗有關。

因此，有宋三百年，僅陳祥道《禮書》力主皇后親蠶之必要，及高宗時王
湛奏請「皇后就禁中親蠶」。要之，從宋代士大夫對待皇后先蠶禮的態度視之，
或許防範皇后利用祭祀機會，得以干預朝政，才是宋代皇后先蠶禮式微的主因。

四、宋人居內的后妃觀

從上所述，可發現防範皇后利用祭祀機會，得以干預朝政，乃是宋代皇
后先蠶禮式微的原因之一。宋人基於「禮本夫婦，《詩》始后妃，治亂因之，
興亡係焉。」〔註261〕對於后妃德行十分重視，因此得到「家法最正，諸后最
賢」的讚譽，〔註262〕如宋孝宗（1127～1194）曾對宰相王淮（1126～1189）
言：「中宮躬儉誠信，太子溫恭儉薄，本朝后妃多賢，朕自以為幸。」〔註263〕
今人研究亦認為宋代對於女主、外戚及宦官勢力的抑制，才得以避免內庭之
患。〔註264〕那麼，宋人如何透過言說標舉后妃應有的美德？如何以此約制后
妃的干政？以下分就宋人之詔文、奏議以及經典詮釋等方面分述之：

首先，從立皇后制觀之，如英宗時，范鎮（1007～1088）所擬〈立皇后高
氏制〉云：

> 京兆郡君高氏。生閥閱之後而不自矜大。處富貴之習而能安素約。
> 頃在藩邸。宜於室家。肆朕纂承。嘉乃輔佐。惟長樂之奉養。左右
> 不可不虔。惟六合之表儀。晨夕不可不肅。爰正軒星之位。以為國
> 風之倡。〔註265〕

〔註260〕宋・歐陽修，《太常因革禮》，卷49，頁297～298。
〔註261〕宋・歐陽修，宋祁，《新唐書》，卷76〈后妃傳〉，頁3468。
〔註262〕宋・劉時舉，《續宋編年資治通鑑》，《叢書集成新編》（臺北：新文豐出版公
　　　　司，1986），第116冊，卷15〈寧宗四〉，頁682。
〔註263〕宋・樓鑰，《攻媿集》，《景印文淵閣四庫全書》（臺北：臺灣商務印書館，
　　　　1986），第1153冊，集部，卷87〈少師觀文殿大學士魯國公致仕贈太師王
　　　　公行狀〉，頁347～348。
〔註264〕張邦煒，《宋代皇親與政治》（成都：四川人民出版社，1993），頁334～336。
〔註265〕宋・呂祖謙，《宋文鑑》，《景印文淵閣四庫全書》（臺北：臺灣商務印書館，
　　　　1986），第1350冊，集部，卷34〈立皇后高氏制〉，頁353。

另淳熙十六年（1189）二月，宋光宗〈立李皇后制〉云：

> 纘女于莘，三代必資於內助；自家刑國，二《南》定首於正風。……
> 妃李氏柔嘉而莊栗，仁儉而靜專。箴規不待於姆師，言動率循於法
> 度。表應倪天之異，藹著令猷；慶鍾指李之祥，宣為名閫。……就
> 館早臨於甲觀，抱孫久副於慈懷。每娛侍於親庭，實佐予于子
> 職。……予治外而后治內，所以明人倫；予親耕而后親蠶，所以風
> 天下。予欲奉三宮之孝養，爾則助調於旨甘；予欲嚴九廟之蒸嘗，
> 爾宜躬視於滌濯。協宣陰教，訓迪闈彝，益昭不顯之光，長保無疆
> 之祿。〔註266〕

誠然，詔文多為溢美之詞與格式化套語，但從詔文中一再標示皇后出身名閥，
更透由言行的描述，顯示其德行；又從皇后盡心奉養翁姑，以彰顯其孝，〔註
267〕或可證實宋皇室擇選皇后的標準為「德閥並重」〔註268〕。此外，對於皇
后的職責，著重於內助之賢，如「嘉乃輔佐」、「三代必資於內助」、「予治外而
后治內」等句，凸顯出皇后之身分定位為「主內」，其以輔佐皇帝為存在價值。
另〈立李皇后制〉中有「予親耕后親蠶，所以風天下」之語，但南宋立國以

〔註266〕清・徐松，《宋會要輯稿》（北京：中華書局，1957），〈禮五三〉，頁1567。
〔註267〕自古以來，女子嫁為人婦後，要「先乎舅姑」，要「事舅姑，如事父母」，要
「冬溫夏清，昏定晨省」。清・孫希旦，沈嘯寰、王星賢點校，《禮記集解》，
〈內則〉，頁727。宋人亦繼承這種觀念，如李綱云：「為人女則事父母，為
人婦則事舅姑，為人妻則承夫，為人母則教子，此女子之職，天下之常道。」
宋・李綱，《梁溪先生文集》，《宋集珍本叢刊》（北京：線裝書局，2004），
卷170，〈宋故安人劉氏墓誌銘〉，頁688。
〔註268〕如宋仁宗於〈淨妃等外宅詔〉，云：「（中宮之選）必惟賢而是擇，當求德、
閥，以稱坤儀。」清・徐松，《宋會要輯稿》，卷20478，后妃四之五，頁267。
另宋哲宗時，呂希純亦上疏言：「自祖宗以來，每建中壼，皆採用德、閥。」
明・楊士奇，《歷代名臣奏議》，《景印文淵閣四庫全書》（臺北：臺灣商務印
書館，1984），第438冊，史部，卷75，頁155。其中挑選出身閥閱之女，
實因「閨門之德，不可著見，必是世族，觀其祖考，察其家風」，致《宋史・
后妃傳》27位皇后中，出身於官僚家庭計有20人，約占七成以上，出身「寒
微」計有7人，占總數二成左右。另宋真宗欲立章獻劉太后為后時，遭到大
臣以「劉德妃家世寒微，不如沈才人出於相門。」元祐中范祖禹論擇后標準：
「一曰族姓，二曰女德，三曰隆禮，四曰博議。」更被真德秀認為詳備，並
引以為法。可見，門第仍是宋代冊封后妃的一個重要標準。參見宋・李燾，
《續資治通鑑長編》，頁10825；方建新、徐吉軍，《中國婦女通史・宋代卷》
（杭州：杭州出版社，2011年），頁34。宋・真德秀，朱人求點校，《大學
衍義》（上海：華東師範大學出版社，2010），卷36〈重妃四〉，頁574。

來，僅於高宗朝施行籍田禮一次，親蠶之禮則從未舉行，可見帝后雖不親耕
（籍田）、親蠶，但兩者卻已成為代表帝后施行教化天下的一種象徵。

其次，從宋人奏議之論述，窺看其所期待的后妃之德，如朱熹於淳熙十
六年（1189）進呈〈己酉擬上封事〉，言：

> 人主之家不齊，則未有能治其天下者也。……蓋男正位乎外，女正
> 位乎內，而夫婦之別嚴者，家之齊也。妻齊體於上，妾接承於下，
> 而嫡庶之分定者，家之齊也。采有德、戒聲色、近嚴敬、遠技能者，
> 家之齊也。內言不出、外言不入，苞苴不達，請謁不行者，家之齊
> 也。〔註269〕

又如鄭湜（孝宗乾道二年進士）於轉對時云：

> 本朝歷世以來未有不賢之后，蓋祖宗家法最嚴，子孫持守最謹也。
> 后家待遇有節，故無恩寵盈溢之過，妃嬪進御有序，故無忌嫉專恣
> 之行。宮禁不與外事，故無斜封請謁之私。〔註270〕

兩者皆論述天子齊家之法，均強調后妃不與外事，杜絕私用親戚之心。朱熹
文中一再闡述「男女正位」、「夫婦之別」及「內外之分」的重要性；鄭湜則認
為后妃若獨享天子的專寵，將肇生忌嫉專恣之行，可謂防範後宮恃寵專權，
干預朝政而作。

又從宋人為帝王講解經史之論述，亦可發現此種認為后妃應當正位於內
的看法。如宋光宗紹熙年間，時任禮部侍郎的倪思（1147～1220）於進講《春
秋》「姜氏會齊侯於濼」之際，針對李后寖預政之事以為諫言，云：

> 人主治國必自齊家始，家之不能齊者，不能防其漸也。始於褻狎，
> 終於恣橫，卒至於陰陽易位，內外無別，甚則離間父子。漢之呂氏，
> 唐之武、韋，幾至亂亡，不但魯莊公也。〔註271〕

倪思藉進講的時機，發揮以史為鑑的功能，援引《春秋》魯桓公的夫人文姜
與齊襄公私通，造成了齊襄公謀害魯桓公的悲劇；以及桓公之子莊公娶齊國
哀姜為夫人，引發了慶父之亂為例，趁機規勸光宗治國之前必先齊家，並認
為若無法齊家，輕者離間骨肉，重者敗國亂家皆有可能。這種以修身齊家、

〔註269〕元·脫脫，《宋史》，卷243，〈后妃傳下〉，頁8654。
〔註270〕宋·劉時舉，《續宋編年資治通鑑》（北京：中華書局，1985），卷10〈宋孝
宗〉，頁132～133。
〔註271〕元·脫脫，《宋史》，卷398〈倪思傳〉，頁12114。

男女正位為著眼，對於《春秋》「公會齊侯于濼，公與夫人姜氏遂如齊」〔註272〕的解釋，並非止於倪思一人。較早的謝湜（？～？程頤弟子）即說：

> 濼之會夫人姜氏在焉，醜之，故獨稱公。公之始謀會於濼而已，既而夫人又欲至齊，公又從之，而不能禁止也。……則桓公不能御文姜可知矣！女子以幽靜為德，正位於內而已。故女子預外事，則專修外禮，則放馴致其欲，必為大患。文姜之弗率婦行也，既與之出會於濼，又與之出適於齊。人君正家之道，掃地盡矣！女子一失防閑，其亂有如此者，然則閨門袵席之間可不慎哉！〔註273〕

由於謝湜說解《春秋》的看法，多上承程頤（1033～1107）而作進一步的論述發展。〔註274〕不過，針對齊襄公謀害魯桓公的悲劇，謝湜的說法卻與程頤略有不同。程頤將此事歸責於文姜，他雖然認為「就桓之惡，文姜實不知」，「但緣文姜而啟爾」，故而「就桓」的罪魁禍首不是齊襄公，而是文姜。〔註275〕但謝湜則聚焦於修齊之道，認為這件悲劇的產生在於桓公不能正家，不能制婦，導致男女尊卑不得其正。最後文姜不僅預外事，更放馴致其欲，遭致為凶於國。雖是說解《春秋》，但顯然更重視論述自我修養工夫之要，並闡發男女正位，尤其是女不正位所導致嚴重後果，不僅影響家庭與社會的穩定，嚴重時更將弒篡而喪王室。其後，胡安國（1074～1138）綜合程頤、謝湜之說，認為「為亂者，文姜。而《春秋》罪桓公，治其本也。」更以《易經》之乾陽坤陰，強調夫強婦順，進一步強化了女性奉順和居內的地位。〔註276〕

理宗時，洪咨夔（1176～1236）則以女禍觀為論述核心，將修齊之道與家國興亡聯繫起來，云：

> 世之敗國亡家，大抵自婦人始，婦人陰類，陰柔易以入，入朝薰夕染，深錮肺肝，前遮後絢，密塗耳目，于是出入動息，一惟婦言是聽。父子以是而閒，兄弟以是而隙，家道日暌，而豺虎起于袵席，

〔註272〕唐‧孔穎達，《春秋左傳正義》（臺北：藝文印書館，2001），卷7〈桓公十八年〉，頁310。以下簡稱《左傳》。

〔註273〕宋‧李明復，《春秋集義》，《景印文淵閣四庫全書》（臺北：臺灣商務印書館，1983），第155冊，經部，卷10〈桓公〉，頁337～338。

〔註274〕劉德明，〈程頤學派對齊桓公的評價——以程頤、謝湜與胡安國為核心〉，《成大中文學報》第56期（2017.03），頁28。

〔註275〕宋‧程顥，程頤，《二程集》（北京：中華書局，1981），頁300。

〔註276〕宋‧李明復，《春秋集義》，卷10〈桓公〉，頁338。

身且不保矣！……故欲齊其家者，所以必先修其身。〔註277〕
洪咨夔解《春秋》顯然為「斷章取義」，是透過《春秋》而言君子修身齊家之
重要，並著重於惑聽婦言的嚴重性。他將婦人視為國亡家破的肇端，頗同於
歐陽脩所說：「凡家人之禍，未有不始於女子者也」〔註278〕。更且他認為一
旦聽信婦人挑撥，不僅傷了骨肉之情，更會家道中落，最後連性命亦將不保。
因此，提出只有先修養自身的品性，方能避免婦人所引起破壞家庭和諧、擾
亂倫理秩序，才能管理好自己的家庭。其說雖然充滿對女性的歧視，卻映照
出秩序的規範，不只約束女性，亦要求男子反求諸己，只有修其身，方能風
化天下。據此，更體現出宋人解經注重義理闡發，甚至別出心裁的情況。

以要言之，宋儒以男女正位、齊家正家之道予以重新詮釋《春秋・桓公
十八年》：「公與夫人姜氏遂如齊」，並闡發男女尊卑錯位、女攝外事，於家於
國的危害的看法，實有別於前代之論述〔註279〕，具有鮮明的時代特色。究其
所持之立論依據，不單蘊含了《易經・家人》及《禮記・內則》的男外女內倫
常規範秩序，更有鑑於「王者之道，始於家，終於天下」，〔註280〕若君王自身
不能正，將何以教誨、教化婦人？何以由內而外推展倫理教化？故特意強調
君主修身齊家的重要性。從中可反映出宋儒對於建構、男外女內為主導的理
想社會性別秩序的努力，以及將性別秩序與政治秩序密切聯繫。

對於經典的詮釋，如真德秀（1178～1235）所著《大學衍義》一書，為其
上宋理宗（1205～1264）之讀書講義，更為南宋理宗以後經筵進讀之教材。該
書標舉人君一身實天下國家之本，身修而家齊，家齊而國治。而帝王為治之
序，首重齊家之要，並要重妃匹、嚴內治。他於書中批評東漢和熹鄧太后（81
～121）「以中壼而預國政，外家而擅朝權，非先王之令典故也」，並稱「可不
監哉！」〔註281〕另稱揚明德馬皇后（40～79）之賢德，其云：

臣按明德馬氏之所以賢於人者有五：肅宗非其所生，而盡心撫育，

〔註277〕宋・洪咨夔，《洪氏春秋說》，《景印文淵閣四庫全書》（臺北：臺灣商務印書
館，1983），第156冊，經部，卷4，頁494。

〔註278〕宋・歐陽脩，《歐陽脩全集》，卷76〈易童子問〉，頁1112。

〔註279〕唐代孔穎達為《左傳》正義，僅云：「杜無明解。《傳》載申繻之言，識公男
女相瀆，蓋以相褻瀆之故，果致大禍。時史識其男女無別，故不書及也。」
並無闡發男女內外義理之說。《左傳》，卷7〈桓公十八年〉，頁310。

〔註280〕宋・朱熹，《詩序辨說》，《朱子全書》（上海：上海古籍出版社，2002），頁356。

〔註281〕宋・真德秀，朱人求點校，《大學衍義》（上海：華東師範大學出版社，2010），
卷38〈嚴內治〉，頁608。

忘己私也；憂皇嗣未廣，而薦達左右如恐弗及，不妬忌也；帝每出
遊幸，輒以風邪霧露為戒，楚獄之冤，乘閒開陳，以致感悟，多所
原宥，能輔佐也；躬衣大練，崇節儉也；裁抑馬氏封爵，不私外家
也。有此五者，故為兩都賢后之最，後世未有及焉者，推本言之，
又以知問學，喜讀書之故，然則后之於學其可不講哉。〔註282〕

歸納真德秀所認為的后妃之德為忘己私，不妬忌，能輔佐，崇節儉，不私外
家，更對后妃干政，甚至大權獨攬，提出批評。值得注意的是，真德秀還提到
了學習、讀書，對於培養后妃之德的重要性。他身為朱熹的再傳弟子，除繼
承了朱熹的女子教育思想之外，〔註283〕更針對宋代太后多有臨朝秉政之情況
提出因應之道：即后妃若能讀書識字，習得儒家倫常的著作，將有助於培育
婦德、婦道之涵養。日後一旦需要臨朝當政時，不僅能知人善任，若能堅守
儒家禮教規範，更可有效抑制眷戀權位、外戚宦官為禍等因素。

　　以上所論，多為宋人對后妃品行之基本期許，以及對於男女正位及修齊
治平的重視，下則就宋人對后妃之評價論之。如呂中於《大事記講義》評述
北宋諸后云：

（昭憲杜太后）以皇太后而知社稷之至計，蓋有聖母必有聖子也，
高、曹、向、孟之賢始此。

母后臨朝，三代之所未有，高、曹、向、孟之賢，亦漢唐之所無也。

而宣仁聖烈皇后，又母后之聖者與太任、太姒匹休矣。〔註284〕

呂中於《大事記講義》大力稱頌昭憲杜太后及仁宗曹后、英宗高后、神宗向
后及哲宗孟后等五位太后之賢德。但宋人果真認同后妃臨朝秉政之事？如蘇
轍云：「然人主既壯，而母后聽政，自非國家令典。」〔註285〕英宗高后（1032
～1093）亦自稱：「昨止緣主上沖幼，權聽政事，蓋非得已。況母后臨朝，非

〔註282〕宋・真德秀，朱人求點校，《大學衍義》卷36〈重妃四〉，頁574。
〔註283〕朱熹已表明女子需要接受教育，在教育目標上，根據其未來角色的不同，
有「為賢女」、「為賢妻」及「為賢母」三者。參見陳俞志，《朱熹童蒙教育
思想及其影響之研究》（臺北：臺灣師範大學碩士論文，2007），頁133～
143。
〔註284〕宋・呂中，《大事記講義》，卷4〈太宗皇帝〉，頁221～222；卷18〈哲宗皇
帝〉，頁365。
〔註285〕宋・蘇轍，《龍川別志》，《龍川略志・龍川別志》（北京：中華書局，1982），
卷上，頁79。

國家盛事，文德殿天子正朝，豈女主所當御？」〔註286〕從中道出了母后臨朝聽政，實乃不得已而為之。理宗時，寧宗楊后（1162～1232）垂簾，身為外戚的楊石（生卒年不詳）曰：「事豈容概言？昔仁宗、英宗、哲宗嗣位，或尚在幼沖，或素由撫育，軍國重事有所未諳，則母后臨朝，宜也。」〔註287〕雖然，時人稱頌宋代臨朝母后之聖明，但楊石確表達了士大夫的看法，母后臨朝秉政乃是帝位傳承發生問題，乃是皇帝年幼或因病無法視事，不得已而所採取的權宜之法。對於后妃臨朝聽政，他們認為「母后臨朝，有不壞紀綱者乎？」〔註288〕「母后臨朝，倖門易開，則其抑內降也難。」〔註289〕「母后臨朝，據人君之地，而私其親。」〔註290〕在在道出對后妃臨朝的不信任感。他們所稱譽的后妃垂簾之賢，乃是在既定事實下，予以肯定部分后妃聽政之舉，並非為了己身之權力欲望，而是處於非常時刻，為了穩定家國內外秩序，挺身而出。更甚者，可以做到不私其親、不自利的境界。

　　總此，朱熹等人所論述的后妃之德，其實與《毛詩序》所營構的勤儉慈愛、思賢進賢、子孫眾多，貞淑無妒、夫婦有義，妻妾有序，唯君是念的經典論述差異不大。只是在宋代重建社會人倫秩序觀念的影響下，基於推治家之法以治天下，「正家而天下定」的自內向外推展倫理教化的必由途徑，加入了「婦人無外事」、「女正位乎內」等男女正位的理念，以求達成化成天下的目標。〔註291〕

　　因此，有必要討論在這個把經學的研究投向社會現實生活，以實現「內聖外王之道」的最高理想，〔註292〕並強調「女正」、「無外事」的時代，宋儒對於《詩・卷耳・序》所云：「〈卷耳〉，后妃之志也，又當輔佐君子，求賢審官，知臣下之勤勞。內有進賢之志，而無險詖私謁之心，朝夕思念，至

〔註286〕宋・李燾，《續資治通鑑長編》，卷396，哲宗元祐二年三月丁巳條，頁9647～9648。
〔註287〕元・脫脫，《宋史》，卷465，〈楊石傳〉，頁13596。
〔註288〕宋・程顥，程頤，《二程集》，頁550。
〔註289〕宋・呂中，《大事記講義》，卷8〈仁宗皇帝〉，頁265。
〔註290〕宋・佚名，《歷代名賢確論》，《景印文淵閣四庫全書》（臺北：臺灣商務印書館，1983），第687冊，經部，卷73，引蘇軾論，頁617。
〔註291〕鄧小南，〈『內外』之際與『秩序』格局：宋代婦女〉，《中國歷史中的婦女與性別》（天津：天津人民出版社，2004），頁254～296。
〔註292〕漆俠，《宋學的發展和演變》（石家莊：河北人民出版社，2002），頁 8～16。

於憂勤也。」〔註293〕認為后妃應常存輔佐國君的心志，為國君求得賢德之人，又能加以賞勞臣下之辛勞的論述會如何看待？是否會因價值觀的不同而產生質疑？並企圖對於《詩・卷耳・序》作出不同的詮釋、闡明？甚至是改造呢？

　　北宋中期李覯引《詩經》論述《周禮》內治職官，僅云：「〈卷耳〉之輔佐求賢」〔註294〕，仍是依照〈卷耳・序〉的說辭。稍晚於李覯的劉敞（1019～1068）於其《七經小傳》便批評〈卷耳・序〉所說為誤，其云：「后妃但主內事，所職陰教，善不出閨壼之中，業不過籩饋之事，何得知天下之賢而思進之乎？……若謂后妃賢，當並治其國者，是開後世母后之亂，若呂武所以亂天下也。若爾又何以號為正風教化萬世乎？……驗大姒、大任等亦但治內事，無求賢審官之美，審知此詩序之誤也。」並認為此詩乃是后妃警戒人君，使其求賢審官，而不是后妃自己行求賢審官之事。〔註295〕其後，王安石的《詩經新義》亦云：「〈卷耳〉言后妃之志，后妃不得預閫外之事，而其所以輔佐君子思相與濟大業者，乃其志也。惟有是心，則其於險詖私謁、敗德亂政之事，遠矣！」〔註296〕改以后妃居內應有求賢之心，不可有其事，予以解釋〈卷耳・序〉的后妃之志。而蘇轍《詩集傳》亦針對〈卷耳〉言：「婦人知勉其君子求賢以自助，有其志可耳。若夫求賢審官，則君子之事也。」〔註297〕不僅刪除〈卷耳・序〉「后妃之憂」之語，並直言后妃不宜搜求賢者，審查官職。兩人雖於政治上對立，但對於后妃可否參與政事的看法，顯然看法一致，即都不認同后妃參政之行為，並否定了后妃可參與國家政治的解釋，而將后妃的工作轉變為勉勵丈夫的內助之責。

〔註293〕《詩經》，卷1〈周南・卷耳〉，頁33。

〔註294〕宋・李覯，《直講李先生文集》，卷5〈周禮致太平論・內治五〉，頁66。

〔註295〕宋・劉敞，《公是先生七經小傳》，《叢書集成續編》（臺北：新文豐出版公司，1989），第12冊，卷上，頁479。

〔註296〕宋・王安石，李壁注，《王荊文公詩箋注》，《北京圖書館古籍珍本叢刊》（北京：書目文獻出版社，1988），集部，第87冊，卷49〈太皇太后挽詞二首〉，頁645。李壁於此處引《詩經新義》為注。

〔註297〕宋・蘇轍，《蘇氏詩集傳》《景印文淵閣四庫全書》（臺北：臺灣商務印書館，1983），經部，第70冊，卷1〈卷耳〉，頁317。按，蘇轍此說顯然踵承歐陽修《詩本義》之說，即「婦人無外事，求賢審官，非后妃之職。」認為后妃參政乃是越權之舉，而以男外女內的性別秩序觀念，予以重新解釋此詩。宋・歐陽修，《詩本義》，《景印文淵閣四庫全書》（臺北：臺灣商務印書館，1983），經部，第70冊，卷1〈卷耳〉，頁184。

南宋初期，張綱（1083～1166）為高宗侍讀，其所陳《詩經》講稿，〔註298〕提出后妃之職乃求淑女，以協內治，更云：「然求賢審官，文王之政，后妃唯當輔佐之，而不敢與其事焉！」認為后妃雖憂念國事，惟非其本分，不敢亦不當置喙。〔註299〕李樗（約1111年以前出生，生卒年不詳）的《毛詩詳解》亦與張綱說法雷同，其以內外區分后妃與天子之事，並云：「后妃之職，惟在於求眾妾，以助內治。」更稱「求賢審官，知臣下之勤勞，此乃天子之職，后妃特輔佐之而已。」〔註300〕兩者明顯繼承北宋諸儒之說，以「內助」為後宮后妃所應當行，更援引當代性別秩序，將后妃之志加以合理解釋，窄化成求訪賢妾，輔佐內治。

降至呂祖謙（1137～1181）的《呂氏家塾讀詩記》則將歐陽脩《詩本義》云：「婦人無外事，求賢審官，非后妃之職。」置於諸說的最前方，顯見其認為此說最適切亦最重要，〔註301〕次引劉敞曰：「后妃本不與外事，假令思念進賢為社稷計，亦何至朝夕憂勤乎？」最後以己意云：「夫婦一體也，位雖不同，而志不可不同。求師取友，婦人固無與乎，此而好善之志，則不可不同也。崇德報功，后妃固無與乎此，而體羣臣之志，則不可不同也。」〔註302〕諸說的取捨，是一種主觀的展現，在一定程度上可表現出呂祖謙的意見，即否定后妃可以求賢審官的行為，而「以己說足之」的部分，〔註303〕則由內在涵養修身談起，側重於后妃該如何將好善之志與體羣臣之志，內化成自己的

〔註298〕 姜鵬指出，講讀官往往借詮經釋史的機會，在道德修為與時事處理、政策制定等各方面，對君主進行較為明確的方向性引導，甚至直接發表政見，以圖影響最高決策。姜鵬，〈經筵進讀與史學義理化〉，《復旦學報（社會科學版）》2009年第3期，頁117～118。

〔註299〕 宋·張綱，《華陽集》，《景印文淵閣四庫全書》（臺北：臺灣商務印書館，1985），第1131冊，卷25〈經筵詩講義〉，頁151～152。

〔註300〕 宋·李樗，黃櫄，《毛詩李黃集解》，《景印文淵閣四庫全書》（臺北：臺灣商務印書館，1983），第71冊，卷2〈卷耳〉，頁40。補充論述，條理出《詩序》之說的真實意涵，并用以鞏固《詩序》之存在價值。

〔註301〕 依呂祖謙於《呂氏家塾讀詩記》解〈周南·卷耳〉先引歐陽氏曰，再引劉氏曰，顯示其認同此一訓解比毛氏更為可信。有關呂祖謙於《呂氏家塾讀詩記》的編選方式，參見黃忠慎，〈經典的重構：論呂祖謙《呂氏家塾讀詩記》在《詩經》學史上的承衍與新變〉，《清華學報》新42卷第1期（2012.03），頁50。

〔註302〕 宋·呂祖謙，《呂氏家塾讀詩記》，《呂祖謙全集》（杭州：浙江古籍出版社，2008），第4冊，卷2，頁34～35。

〔註303〕 呂祖謙，《呂氏家塾讀詩記》，卷1，頁24。

內在想法，闡發后妃亦須具有心性修養之涵養。

　　而朱熹的《詩集傳》，由於其認為二〈南〉之詩，〔註304〕「雖主於后妃；然其實則皆所以著明文王身修家齊之效也。」又稱：「〈序〉者徒見其詞而不察其意，遂壹以后妃為主，而不復知有文王，是固已失之矣。至於化行中國，三分天下，亦皆以為后妃之所致，則是禮樂征伐皆出於婦人之手，而文王者徒擁虛器以為寄生之君，其失甚矣。」又批評〈桃夭・序〉「后妃之所致」之說，「非所以正男女之位」〔註305〕，不僅巧妙地將毛《傳》鄭《箋》闡揚的后妃禮教美德之說，轉化為文王身修家齊之效。而此種偏向《大學》八德目的君子成德過程的詩旨解釋，更以《易經・家人》卦所標舉的男主外、女主內的原則，標舉后妃之德必須表現在內庭之治。〔註306〕因此，認為〈卷耳・序〉除了首句「后妃之志也」，其餘皆傅會之鑿說。是以，所謂「求賢審官、知臣下之勤勞」之句皆非，並全數刪除，〔註307〕將其轉化詮解成「后妃以君子不在而思念之」、「后妃所自作，可以見其貞靜專一之至矣」的作品，〔註308〕擺脫了〈卷耳・序〉以詩附史的解詩方法，純從文學賞鑑角度出發。如斯解經，不僅展現出朱熹對《詩經》學經典詮釋的別樣風格外，其刪除「求賢審官」之

〔註304〕朱熹認為閱讀《詩經》的重點必須體察這些詩人寫作時的情性表現，再依照《大學》修齊治平之道，逐步完成《詩經》藉由顯露人情而開展義理，並能完成修身治世，內聖外王的理想。而這種理想更表現於朱子對二〈南〉詩篇的詮釋上，由於朱熹視二〈南〉皆為感文王之化的組詩，可以體現出文王德化的儀型及力量，故將二〈南〉視為《詩經》之綱領，而且更進一步把二〈南〉本來零散的詩篇，連繫成一內聖外王的組詩。參見林慶彰，〈朱子《詩集傳・二南》的教化觀〉，《朱子學的開展──學術篇》（臺北：漢學研究中心，2002），頁 66。陳志信，〈詩境想像、辭氣諷詠與性情涵濡──《詩集傳》展示的詩歌詮釋進路〉，《漢學研究》第 29 卷第 1 期（2011.03），頁 23。姜龍翔，〈論朱子《詩集傳》對二〈南〉修齊治平之道的開展〉，《清華中文學報》第 7 期（2012.06），頁 61～105。

〔註305〕宋・朱熹，《詩序辨說》，收入朱傑人、嚴佐之、劉永翔主編，《朱子全書》（上海：上海古籍出版社，2002），第 1 冊，〈小序〉，頁 355、358。

〔註306〕輔廣疏釋朱熹之說，指出：「『既非所以正男女之位』者，《易・家人》卦之〈象〉曰：『男正位乎外，女正位乎內，男女正，天地之大義也。』夫男主外，女主內，化理之不可易者，今乃以文王之化形於外者，為后妃之所致，則非所以正男女之位矣。」宋・輔廣，《詩童子問》《景印文淵閣四庫全書》（臺北：臺灣商務印書館，1983），第 74 冊，卷首，頁 279。

〔註307〕宋・朱熹，《詩序辨說》，〈小序〉，頁 357。

〔註308〕宋・朱熹，《詩集傳》（北京：中華書局，1958），卷 1〈周南・卷耳〉，頁 3～4。

句，更是對經典詮釋進行改造，亦對《詩‧周南‧卷耳》一詩的意義和內容更做出新的詮釋。〔註309〕

以要言之，兩宋詩經學雖是解經之作，但出發點與終極目標皆在政教上，故而可將經典之解釋，即「義」的部分，視為士大夫企圖重建儒家理想秩序的一環。〔註310〕從宋儒對於《詩‧卷耳‧序》「求賢審官」之批評，係以《易經‧家人》：「女正位乎內，男正位乎外，天地之大義也」作為檢視條件，其駁斥亦以此為立論依據。顯見《易經》於宋代之權威地位，及宋人對於女內男外、陽動陰順之說的信服。〔註311〕此外，每位作者的書寫，必然帶有該時代的后妃觀與價值判斷，其透過經典的重新詮釋，予以傳播男尊女卑、男外女內的觀念，在透由讀者閱讀之後，或多或少會受到一定程度的薰陶，倘再以相同認知來瞭解男女本分，必有助於道德倫常、性別秩序之建構與強化。更遑論在程朱理學定為一尊之後，讀書人皆要閱讀理學家的著作，接受理學家的思想的情況下，又會如何不自覺地把男女正位等倫理綱常，當作不可違逆的天理來信奉？又，經由宋代不同時期的論述，亦可清晰的反映出彼時社會對婦女德行要求的價值觀念，以及女性禮教規範儼然有逐漸轉強之趨勢。

綜上所述，在宋人理想的主內、輔佐的后妃觀之下，縱然行使皇后先蠶禮，其效益亦不同於前代，更甚者只是國家用以實行教化的方法之一。在經濟、社會秩序各種變遷之下，皇后先蠶禮流於形式僵化，亦失去本來性別分工、男女分祭的本意，而遭到廢棄，乃必然之事。

〔註309〕加達默爾（Hans-Georg Gadamer）指出，藝術、文學的文本是一個透過詮釋而不斷深化和豐富化其意義的「構成物」，文本的意義並不為作者所壟斷。詳參詳參漢斯～格奧爾格‧加達默爾（Hans-Georg Gadamer）著，洪漢鼎譯，《真理與方法——哲學詮釋學的基本特徵》（臺北：時報文化出版公司，1993），頁152、166。

〔註310〕余英時，《朱熹的歷史世界：宋代士大夫政治文化的研究》（北京：三聯書局，2004），頁63。又狄百瑞亦指出，宋儒藉重新詮釋經典，作為改革社會現狀目標的基礎。見氏著，《中國的自由傳統》（臺北：聯經出版公司，1983），頁2～4。另譚德興，《宋代《詩經》學研究》（貴陽：貴州人民出版社，2005），〈緒言〉，亦如此認為。

〔註311〕魏‧王弼，唐‧孔穎達疏，《易經注疏》（臺北：藝文印書館，2001），卷4〈家人〉，頁89。

附圖 4-1：東京皇城復原圖〔註 312〕

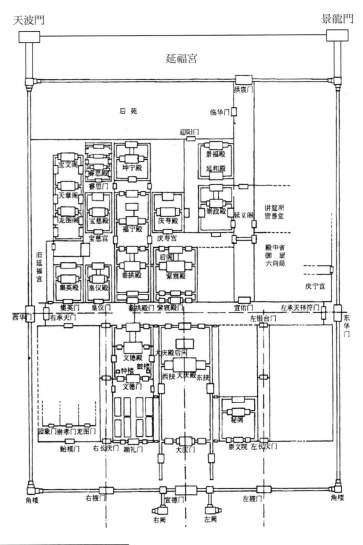

〔註 312〕東京皇城復原圖，主要以傅熹年，《中國古代建築十論》（上海：復旦大學出版社，2004），〈山西省繁峙縣岩山寺南殿金代壁畫所繪建築的初步分析〉，頁 266。惟該示意圖，未涉及延福宮範圍，故依今人研究之延福宮具體範圍與距離：「位於汴京宮城北方，其南北距離為宮城北至裏城北，而東西距離則與大內東西門（東華門、西華門）互為平行，西至天波門，東至景龍門。」於圖中加入延福宮之位置。參見周維權，《中國古典園林史》（臺北：明文書局，1991），頁 117；孟亞男，《中國園林史》（臺北：文津出版社，1993），頁 81；王鐸，〈略論北宋東京（今開封）園林及其園史地位（續）〉，《華中建築》1993 第 1 期，頁 64～65。張勁，《兩宋開封臨安皇城宮苑研究》，（廣州：暨南大學歷史學博士論文，2004），頁 149。

附圖 4-2：宣和皇后親蠶圖

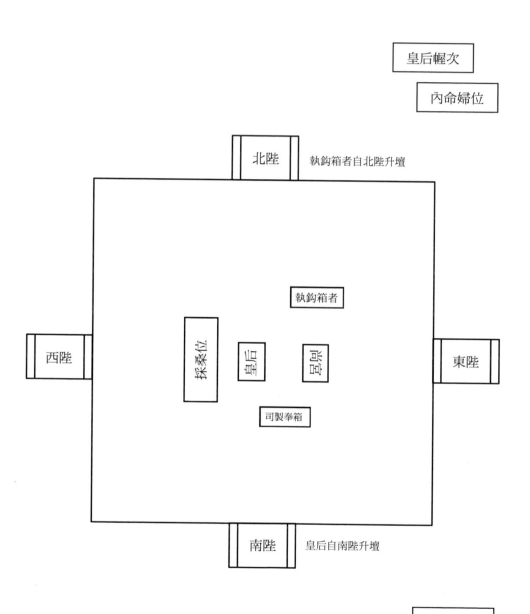

皇后幄次

內命婦位

北陛　執鉤箱者自北陛升壇

執鉤箱者

採桑位　皇后　皇帝

司製奉箱

西陛　　　　　東陛

南陛　皇后自南陛升壇

外命婦位

附圖 4-3：親蠶殿座次圖

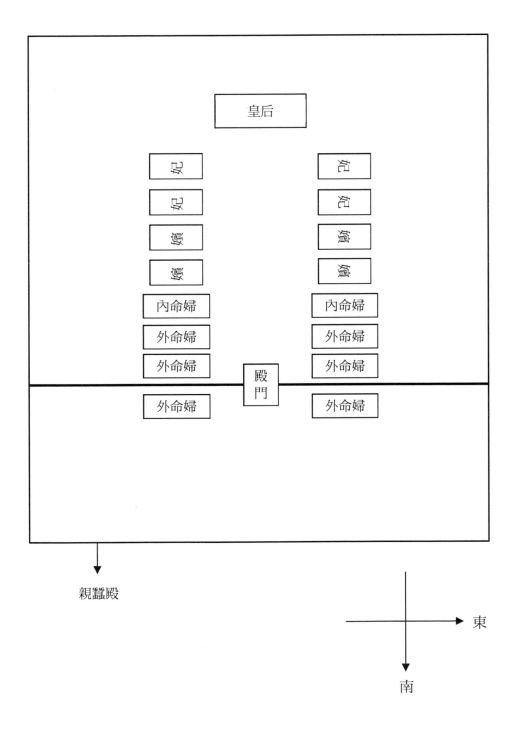

第五章　宋代皇后祔廟研究

　　古代之國家祭祀以郊、廟二祭，最為重要，象徵著君主權力來源，即受命於天和承繼於祖。〔註1〕自漢代以來，太廟中供奉歷代皇帝、皇后的神主，秉持著「禮，廟無兩祔，不並尊也」情況，〔註2〕採取一帝一后的原則為之，〔註3〕以展現不並尊、不二嫡的精神。

　　唐代於玄宗時，以其生母昭成皇后及元后肅明皇后配祔於睿宗室，出現了睿宗室一帝二后的情況。但基本上，還是堅持了一帝一后的形式。〔註4〕時至宋代，卻出現了太廟一帝數后配祔的情形，這個情況的產生與宋代皇帝除太祖、太宗兄弟，神宗、欽宗及寧宗為元后所出之外，餘皆為庶子即位有關。為了彰顯孝思，尊崇庶生母，宋真宗首先打破一帝一后的太廟配享原則，一舉將太宗兩位繼室和皇帝庶生母升祔太廟。到了神宗元豐六年（1083），更一舉將太祖賀后、宋后、太宗尹后以及真宗元妃潘后升祔於太廟，並以配繼先後為次。〔註5〕自此，不論嫡后、繼后，早亡而未被立后的元妃，或是皇帝庶生母皆具有升祔太廟的資格。此種情況，更與宋廷國祚共始終，成為中國歷

〔註1〕朱溢，〈唐至北宋時期太廟祭祀中私家因素的成長〉，《臺大歷史學報》第 46 期（2010.02），頁 37。

〔註2〕元・脫脫，《金史》（台北：鼎文書局，1981），卷 63〈后妃上〉，頁 1498。

〔註3〕日・新城理惠，〈唐宋期の皇后・皇太后——太廟制度と皇后〉，收入野口鐵郎先生古稀記念論集刊行委員會編，《中華世界の歴史的展開》（東京：汲古書院，2002），頁 133～155。

〔註4〕朱溢，〈唐至北宋時期太廟祭祀中私家因素的成長〉，頁 56。按，朱文指出晚唐的皇帝經常不立皇后，就助長了母以子貴的現象，最終祔廟的皇后大多是繼任皇帝的生母。不過，在這些追冊為后的祔廟皇后中亦有皇帝正妻，如懿安郭皇后於憲宗為廣陵王時，納后為妃，屬於唐憲宗嫡妻。

〔註5〕宋・李燾，《續資治通鑑長編》，卷 337，神宗元豐六年七月乙卯條，頁 8117。

史上一個特殊的景象。

　　本章討論的主題，即是宋代的皇后祔廟制度。近年來，唐宋時期皇后祔廟的問題，頗受學者重視，並陸續投入研究，如新城理惠於〈唐宋期の皇后‧皇太后──太廟制度と皇后〉以唐宋時期為中心，探討皇后祔廟的變遷，認為漢代以來所堅持的嫡后祔廟與太廟「一帝一后」之原則，在北宋時期完全崩壞。趙冬梅於〈先帝皇后與今上生母──試論皇太后在北宋政治文化中的含義〉指出，在北宋今上生母並不自動升格為皇太后，隱藏在今上生母尊崇問題背後的，是現實權勢與儒家禮法的角力。〔註6〕朱溢於〈唐至北宋時期太廟祭祀中私家因素的成長〉詳述了中晚唐和北宋太廟的皇后神主配祔爭論，並指出皇帝們欲使自己的生母進入作為國家象徵的太廟，以更尊貴、更榮耀的方式表達對生母的情感，結果是私的因素在太廟祭祀中進一步成長。〔註7〕上述諸家固然各有發明，然皆僅探討北宋，若干面向或仍有補苴空間。

　　故而，本章試圖結合經、史二層面來探究宋代后妃神主祔廟所具身份的認定等問題，並探討理學家們面對這種距離禮制傳統越來越遠的情勢，是如何秉持著倫理觀與秩序意識，針對事件做出評斷？其堅持與妥協者為何？彼此之間有何異同？如何詮釋經典？如元后、繼后之間應以何人祔廟？妾子為君的情況下，皇帝庶生母能否「母憑子貴」於死後享有升祔太廟的待遇？皇后被廢，逝世後再追冊為皇后，可否再入太廟祔祭？再者，屬於宋代之原廟（景靈宮）中陳設之帝后御容，是否同於太廟廟室？凡此種種，皆牽涉到禮制的理想、法規的制定，及現實上的政治角力，情況頗為複雜。

　　基此，本文以宋代之后妃神主祔廟之論述為核心，從宋代以前之經書及士人對前娶、後繼祔廟和子以母貴的討論出發，擬分兩條軸線來論述：一、探究宋代之前，各時代前娶、後繼何者得以祔廟之變遷，並著重於經生對於經文的討論。其次，聚焦於理學家對於祔祭的原則與彼此之異同。二、從《春秋》以「妾母為夫人」及《公羊傳》「母以子貴」之說為起點，分析宋代春秋學者於別開生面經學詮釋方式之下，對於以「妾母為夫人」及《公羊傳》「母以子貴」之說的論述，以及理學家對皇帝生母祔廟之主張，予以思考彼時社

<hr />

〔註6〕趙冬梅，〈先帝皇后與今上生母──試論皇太后在北宋政治文化中的含義〉，收入張希清、田浩、黃寬重、于建設編，《10～13世紀中國文化的碰撞與融合》（上海：上海人民出版社，2006），頁388～407。

〔註7〕朱溢，〈唐至北宋時期太廟祭祀中私家因素的成長〉，頁35～83。

會學術思潮與隱藏於後的性別觀。

第一節　前娶、後繼祔廟之討論

一、宋以前對前娶、後繼祔廟之討論

　　嫡庶之辨為宗法制度的重要基礎，禮制的核心亦在於辨明嫡庶。自秦、漢以來，由於一娶九女的媵婚制已遭廢置，故而男子於妻亡故之後多再娶。不過，基於禮無二嫡，並后為亂之本的角度，漢代經師多認為若皇后先皇帝而死，後又再行立后，繼立者只能算是攝位，不能具有正嫡的地位。如鄭玄（127～200）認為：

　　《禮・喪服》父為長子三年，以將傳重故也。眾子則為之周，明無

　　二嫡也。女君卒，貴妾繼室，攝其事耳，不得復立夫人。〔註8〕

鄭玄透過喪服制度，強調正嫡之位無可取代。《白虎通》亦載有此種說法：「嫡死不復更立，明嫡無二，防篡煞也。祭宗廟，攝而已。以禮不聘為妾，明不升。」繼立者只能算是攝位，不能等同於夫人。〔註9〕不過，經師所持之「禮不二嫡」、不再娶的原則，落在史實上並不相符。〔註10〕因此，《白虎通》尚存在另一種說法，即是「適夫人死，更立夫人者，不敢以卑賤承宗廟，自立其娣者，尊大國也。」〔註11〕以春秋時期小國紀國於大國魯伯姬亡故後，以娣媵叔姬繼為正室之事，認為基於尊重大國的情況下，可立其娣為夫人。

　　進入動盪不安的魏晉南北朝時代，由於戰亂造成的夫妻離散，產生出「雙妻」的現象，引發士人熱烈討論。如西晉荀顗（？～274）云：「春秋並后匹

〔註8〕唐・杜佑，王文錦等點校，《通典》（北京：中華書局，1988），卷72〈嘉禮・諸侯崇所生母議〉，頁394。

〔註9〕清・陳立，《白虎通疏證》（北京：中華書局，1994），卷10，〈嫁娶・人君嫡死媵攝〉，頁483。《禮記》，卷40〈雜記上〉，頁716，及孔疏。

〔註10〕林素娟指出：「從諸侯再娶現象的頻繁，以及再娶的后妃，其地位可以如同夫人，所生之子可順利繼位，甚至具有繼位的優勢，並沒有因此引起輿論批評，這可以看出，當時並不以再娶為禁令。經師所說不再娶的原則，落在史實上並不相符。雖然春秋時期再娶的情形很多，不過正妃死後，以其姪娣為繼室、正妃無子以姪娣之子為繼承人的情形，也不乏例子，繼室的作法對於兩國間婚姻關係的穩定有一定的幫助。應該與早期媵婚制的習慣有關，只是漢儒將此種習慣加以規格化、絕對化了。」見氏著，《神聖的教化：先秦兩漢婚姻禮俗中的宇宙觀、倫理觀與政教論述》（台北：台灣學生書局，2006），頁113～114、125。

〔註11〕清・陳立，《白虎通疏證》卷10，〈嫁娶・人君嫡死媵攝〉，頁481。

嫡，古之明典也。今不可以犯禮，並立二妻，不別尊卑而遂其失也。故當斷之以禮，先至為嫡，後至為庶。」即引據《春秋》、三《禮》作為依據，反對二妻並立，認為先娶之妻為嫡，繼娶之妻為庶。干寶（286～336）則持不同看法，其云：「今二妻之入，無貴賤之禮，則宜以先後為秩，順序義也。今生而同室者寡，死而同廟者眾，及其神位，固有上下也。故春秋賢趙姬遭禮之變而得禮情也。且夫吉凶哀樂，動乎情者也，五禮之制，所以敘情而即事也。」〔註12〕引用《春秋》趙姬身雖尊貴，卻讓叔隗為正室之事蹟，指出禮應顧及人情，而有變通、權變因應之道，同意兩妻並存，並以嫁娶之先後為順序。

　　需要指出的是，魏晉南北朝時期，二嫡並立的情況，實出於連年的戰亂，導致室家離析，夫妻離喪的歷史背景，而獲得部分士人的同情予以認同。雖是如此，各政權的太廟仍然維持一帝一后的格局。〔註13〕但，隨著和平時代的來臨，這種同意二妻並立觀念也隨之轉變，逐漸轉向反對二妻共存。到了隋唐時期，更於在法律上嚴禁二嫡並立。〔註14〕《唐律疏議》明訂「諸有妻更娶妻者，徒一年」，又言「有妻更娶，本不成妻」，將「一夫一婦」視為「不刊之制」。〔註15〕在嚴別嫡庶的狀況下，若女君已亡故，經師是否同意其地位被繼位者取代？以孔穎達疏《禮記・雜記上》解釋「主妾」為「女君死，攝女君」者，可發現，雖然「主妾」攝女君之位，但仍不能完全等同於正嫡，所以殯、祭皆不於正室舉行。〔註16〕

　　唐皇室三百年間不曾出現一帝與二后同時並立的情況，於太廟配祔的形式上，除睿宗一室二后外，〔註17〕其餘都恪守「一帝一后」的規範。但由於時代變遷下，使得婚姻制度亦有所改變，不僅士大夫階層中常有再娶的情況，

〔註12〕唐・房玄齡，《晉書》（臺北：鼎文書局，1980），卷19〈禮志〉，頁639～640。
〔註13〕日・新城理惠，〈唐宋期の皇后・皇太后——太廟制度と皇后〉，頁134～137。
〔註14〕劉燕儷，《唐律中的夫妻關係》（台北：五南圖書出版公司，2007），頁166。
〔註15〕錢大群，錢元凱，《唐律論析》（江蘇：南京大學出版社，1989），頁186。反對二妻的原因，在於若有二妻，則不能「辨上下、明貴賤」，從而打亂宗法制度，違反法律所規定的「立嫡」原則。
〔註16〕《禮記》，卷40〈雜記上〉，頁716。孔疏。
〔註17〕朱溢認為：由於唐玄宗對生母的情感和母族的情感紐帶，使得玄宗選擇了睿宗之次妃、玄宗之生母竇氏（昭成皇后）配享睿宗，此舉開啟了生前不具有皇后身分的後世皇帝生母配祔太廟的序幕。而開元二十一年，又升祔睿宗之元妃劉氏（肅明皇后）的神主於太廟，造成了睿宗一室出現了一帝二后的現象，此舉成為宋代太廟推行一帝數后制度的歷史依據。見氏著，〈唐至北宋時期太廟祭祀中私家因素的成長〉，頁52～54。

更且再娶之繼室亦以禮聘，與元配皆具有妻之身分，因而從唐人的墓誌銘中，可發現唐代官員於元配亡故後再娶嫡妻，並以前娶、後繼，二妻並祔的情況。如葛威德（634～698）以「前夫人王氏，後夫人郭氏祔焉！禮也。」〔註18〕董晉（724～799）「以前夫人南陽張氏，繼夫人京兆韋氏祔焉！從《周禮》也。」〔註19〕針對官員家廟二妻並祔的討論，以憲宗元和七年（812），韋公肅（？～？）對於鄭餘慶廟祔二夫人之見解，影響最深遠，其云：

> 古諸侯一娶九女，故廟無二嫡。自秦以來有再娶，前娶後繼，皆嫡
> 也，兩祔無嫌。……且嫡繼於古有殊制，於今無異等，祔配之典，
> 安得不同？卿士之寢祭二妻，廟享可異乎？古繼以媵妾，今以嫡妻，
> 不宜援一娶為比，使子孫榮享不逮也。〔註20〕

韋公肅從婚姻制度的變遷著眼，認為秦代起媵婚制已遭廢除，再娶的情況亦常見。繼室的名份並不同於妾，其身分之取得亦是經過「六禮」：納采、問名、納吉、納徵、請期、親迎之儀節，與元配一樣皆具有「妻」的身分。因此，他認為不論前娶或是後繼都是正妻，兩者同祔於廟，並無可質疑之處。為徵得認同，更列舉了晉代南昌府君、景帝、溫嶠、唐睿宗以及顏真卿之祖先顏勤禮皆有二妻並祔的事例，予以強調己說有所據。〔註21〕韋公肅此說，成為支持宋太宗懿德皇后符氏、明德皇后李氏二后並祔太廟的歷史依據。〔註22〕

二、理學家對前娶、後繼祔廟之討論

歷朝皇后祔廟源流略如上述。入宋以後，男子於元配亡故之後，再娶繼室成為常態，前娶元配、後娶繼室同具有妻之身分。洪邁（1123～1202）《夷堅志》所記載一則前娶、後繼的故事，便很值得玩味，云：

> 初，田有兄娶衡山廖氏女，女死又取其妹，兄亦亡，獨後嫂在，乃

〔註18〕唐・張說，〈元城府左果毅贈郎將葛公碑〉，《欽定全唐文》（北京：中華書局，1983），卷227，頁2293。

〔註19〕唐・權德輿，〈唐故宣武軍節度副大使知節度事管內支度營田汴宋亳潁等州觀察處置等使金紫光祿大夫檢校尚書左僕射同中書門下平章事隴西郡開國公贈太傅董公神道碑銘并序〉，《欽定全唐文》，卷499，頁5083。

〔註20〕宋・歐陽修，宋祁，《新唐書》（台北：鼎文書局，1981），卷200〈韋公肅〉，頁5721。

〔註21〕案：據朱溢考察韋公肅所援引之事例，發現並不可靠。見氏著，〈唐至北宋時期太廟祭祀中私家因素的成長〉，頁59。注110。

〔註22〕元・脫脫，《宋史》（台北：鼎文書局，1980），卷106〈宗廟之制〉，頁2569。

與敏中同往弔。寓于張故居漫山閣。時隆興甲申冬也。是夕，廖嫂
暴心痛，醫療小愈。過夜半，斂起坐，語言不倫。張往省饒，則其
姊逸焉，咄咄責妹曰：「何處無昏姻，必欲與我共一墳？死又不設位
祀我，使我歲時無所依，非相率同歸不可。」〔註23〕

此則雖是志怪，但故事中廖氏由於丈夫再娶，且於死後無人奉祀，積累成冤怨
之氣，導致作祟於人的情形，卻可反映出宋人面對婚姻制度變更，對於死後歸
依的某種想像，有助於推敲當時人的想法。對於古代為人妻的女性而言，死後
魂魄能憑依神主，享受香火祭拜，才算是穩定地納入秩序化的歸處。值得注意
的是，故事中廖氏亡後，其夫雖再娶其妹，卻未為其立牌祭祀。反映出就算是
手足至親的姊妹，亦未必注意到須為亡姊設牌祭祀，更何況若再娶之人是完全
陌生的外人？答案不言可喻。故事中，先亡之妻未設位的情況，應存在於宋代
社會中，才有相關的故事被收錄。此故事恰映襯出宋代社會對於禮儀未能順應
時代變化，肇生之人倫秩序混亂的焦慮；以及當時身為人妻的女性對於死後未
知世界的恐懼，擔心無有所歸，成為無所憑依、無所棲止的情況。

　　有鑑於重整禮樂教化，一直是理學家治學的根本目的。面對再娶之繼室
亦具有正室身分的情況下，理學家們如何論述前娶、後繼何者祔於廟？如何
整頓將面臨崩潰的秩序導回常軌，箇中意涵引人興味。

　　張載（1020～1077）作為北宋理學先驅。〔註24〕《宋史·張載傳》概括其
學術思想為「尊禮貴德……以《易》為宗，以《中庸》為體，以孔、孟為法。」
〔註25〕與張載同時期的司馬光（1019～1086）論其思想時，云「教人學雖博，
要以禮為先」、「竊惟子厚平生用心，欲率今世之人，復三代之禮者也。」〔註26〕
二程則說：「子厚以禮教學者最善，使學者先有所據守。」〔註27〕可見「以禮

〔註23〕宋·洪邁，《夷堅丁志》，《夷堅志》（北京：中華書局，1981），第二冊，卷15
　　　　〈田三姑〉，頁661。
〔註24〕本文係採取廣義的「理學」說法，視張載為「理學家」。唐君毅說：「宋明理
　　　　學中，我們通常分為程朱陸王二派，而實則張橫渠乃自成一派。程朱一派之
　　　　中心概念是理。陸王一派之中心概念是心。張橫渠之中心概念是氣。」見氏
　　　　著，〈張橫渠之心性論及其形上學之根據〉，《哲學論集》（臺北：臺灣學生書
　　　　局，1990），頁211。
〔註25〕元·脫脫，《宋史》，卷427〈張載傳〉，頁12724。
〔註26〕宋·張載，章錫琛點校，《張載集》（北京：中華書局，1985），頁387。
〔註27〕宋·張載，林樂昌編校，《張子語錄·後錄上》，《張子全書》（西安：西北大
　　　　學出版，2015），頁272。

立教」為張載之思想特徵。〔註28〕張載一生關注禮學，希望以禮重建社會秩序，最終達到移風易俗之效。於神宗熙寧年間兼知太常禮院時，〔註29〕本欲恢復古禮，以矯正皇家禮制的訛謬，卻因「議禮於有司不合」，〔註30〕同僚又莫之助，〔註31〕最後只好掛冠歸去。對於前娶、後繼以何者祔廟，其云：

> 今於祭祀，凡再娶者，其配並列，於人情未安。古者，人君自元妃而下，姪娣媵御不復再娶。元妃死，則繼室攝內事。自卿大夫以下，有再娶之文，亦必大不得已。〔註32〕

> 祔葬祔祭，極至理而論，只合祔一人。夫婦之道，當其初昏未嘗約再配，是夫只合一娶，婦只（是）合一嫁。今婦人夫死而不可再嫁，如天地之大義。然夫豈得而再娶！然以重者計之，養親承家，祭祀繼續，不可無也，故有再娶之理。然其葬其祔，雖為同穴同筵几，然譬之人情，一室中豈容二妻？以義斷之，須祔以首娶，繼室別為一所可也。〔註33〕

首先，可發現張載已發現到宋代婚姻狀況的變化，前娶、後繼都以禮聘之，皆具有「妻」的身分。只是，他觀察到宋代祭祀時，前娶、後繼皆一起配享，認為以人之常情視之，此舉並不妥當。其次，他以「極至理」論祔葬、祔祭之禮，再以《周易》所闡述之人倫之始，為一夫一妻之結合，認為「禮」既是人對天道的體現與取法，為天地秩序的展現，〔註34〕故當一夫有先後多位妻子時，只能以一人配享、合葬。正因為一嫁一娶為婚配之原則，婦人於夫死不得再嫁是天地之大義，與此相同的是，男子於妻亡亦不得再娶。惟因男子身

〔註28〕宋・楊時，《河南程氏粹言》，《二程集》（北京：中華書局，1981），卷 1〈論學篇〉，頁 1195。

〔註29〕太常禮院主要職能為掌五禮儀式、參與祭祀及大禮、為公以下官員擬諡。參見張志雲，湯勤福，〈北宋太常禮院及禮儀院探究〉，《求是學刊》第 3 期（2016），頁 148。

〔註30〕宋・李燾，《續資治通鑑長編》，卷 337，神宗熙寧十年七月甲寅條，頁 6933。

〔註31〕呂大臨云：「郊廟之禮，禮官預焉。先生見禮不致嚴，亟欲正之，而眾莫之助，先生亦不悅。會有疾，謁告以歸，知道之難行，欲與門人成其初志，不幸告終，不卒其願。」參見《張子全書》，〈橫渠先生行狀〉，頁 458。

〔註32〕宋・衛湜，《禮記集說》，見《景印文淵閣四庫全書》（臺北：臺灣商務印書館，1983），經部，第 118 冊，卷 67，頁 424。

〔註33〕宋・張載，章錫琛點校，《張載集》，頁 298。

〔註34〕張載云：「蓋禮者理也，須學窮理，禮則所以行其義，知理則能制禮。」見宋・張載，章錫琛點校，《張載集》，頁 326。

負養親、照顧家庭及廣繼子嗣以延續祭祀等責任，故可再娶。最後，他以人之常情作為考量推之，認為若於祔葬、祔祭將前娶、後繼並列，無異一個家庭中有地位相同之二妻，所謂：「一男一女，乃相感應；二女雖復同居，其志終不相得，則變必生矣。」〔註35〕勢必造成家庭禍亂之源。故以合於義做為裁量依據，認定應以元配做為祔祭，而將繼室另立於別處以祭祀之。

張載論禮，雖強調禮有「時措之宜」，要切合「時中」，而以變通的一面。〔註36〕但也認為有不須變者，如「天敘天秩」〔註37〕，而從他將祔葬、祔祭之禮以「極至理」論之，顯見此禮屬於不需要調整的「天敘天秩」，即如《禮記‧大傳》所言之「親親、尊尊、長長及男女有別」等人道之常。〔註38〕再者，他認為「禮所以持性，蓋本出於性」，禮是內在，出於人性的。〔註39〕因之，他所主張「合祔一人」、「祔以首娶」皆為彰顯天理人情之尊卑、大小之象，具有天理流行之普遍恆常性，展現出恆久不變的秩序性。張載以「人情」、「理」論祔葬、祔祭，且以「義」為裁量之依據，認為如斯「斟酌損益」，方能適中合宜，並將其提升至天道、天理的高度，明顯帶有理學的色彩。其對

〔註35〕魏‧王弼，唐‧孔穎達疏，《易經注疏》（臺北：藝文印書館，2001），卷5〈革卦〉，頁111。

〔註36〕宋‧張載，章錫琛點校，《張載集》，頁328。

〔註37〕關於禮之因革損益，張載云：「禮亦有不須變者，如天敘天秩，如何可變！禮不必皆出於人，至如無人，天地之禮自然而有，何假於人？天之生物便有尊卑大小之象，人順之而已，此所以為禮也。學者有專以禮出於人，而不知禮本天之自然，告子專以義為外，而不知所以行義由內也，皆非也，當合內外之道。」由於，張載將禮與宇宙秩序、天之本性聯繫起來，將人道歸結為天之道。禮非出於人，其來自天之自然，是對天地自然秩序的體現。故而，認為天敘天秩是禮是否得行的先決條件，如《正蒙‧動物篇》云：「生有先後，所以為天序；小大、高下相並而相形焉，是謂天秩。天之生物也有序，物之既形也有秩。知序然後經正，知秩然後禮行。」另外，就禮與理的關係而言，他云：「禮者理也，須是學窮理，禮則所以行其義，知理則能制禮，然則禮出於理之後。」明確指出禮乃出於理。因此，理與禮之間，存在著上下先後之秩序，禮是理的法則，窮理知理才能制禮。宋‧張載，章錫琛點校，《張載集》，頁264、19、326。不過，張載所強調「天秩」、「天序」具有不變、不假於人的特質，「天地之禮自然而有」、「人順之而已」的本體論義涵，與先秦儒者所主張之天秩與天序，並不外於人，但亦非人所創造，乃是人對天地、自然之運行理序的體會。關於先秦儒者所主張之天秩與天序，參見林素娟，〈天秩有禮、觀象制文——戰國儒家的德之體驗及禮文化成〉，《清華學報》47卷3期（2017.09），頁433～471。

〔註38〕《禮記》，卷34〈大傳〉，頁617，及鄭玄注。

〔註39〕宋‧張載，章錫琛點校，《張載集》，頁264。

於祔祭之說法，之後呂祖謙、汪應辰等均從此說（見下文）。

二程雖未有三《禮》著作流傳於後世，〔註40〕禮學亦不是他們的關注重點。但在他們的文集中記載著程頤（1033～1107）關於合葬、祔祭的論點，卻引發後世的討論，其云：

> 合葬須以元妃，配享須以宗子之嫡母，此不易之道。〔註41〕
>
> 凡配，止以正妻一人，如諸侯用元妃是也。或奉祀之人是再娶所生者，即以所生母配。〔註42〕

究其「合葬以元妃，配享以嫡母」的論述，與張載所論無二；但奉祀者若是再娶所生，以所生母配享，應與古人認為祭祀時，親生母子血脈相連，精氣感通的特殊性有關。不過，程頤此說，顯然忽略倫理綱常中的尊卑長幼秩序，因為若只配享生母，正妻將無由得配食。因此，在學者內部產生很大的影響。在南宋時期更成為士人討論祔祭時未能得釋的問題。如宋季金華朱學的代表人物王柏（1197～1274）回覆趙景緯（淳祐元年進士）之提問，云：

> 賜問伊川言奉祀之人是繼室所生，當以繼室配，為不易之禮，固為的確。所謂不易之理者，祭祀時母子一氣感通也，然於禮有所未盡。是或程子有為而言也，或有謂春秋之法以元妃配，而繼室不得配。故程子如前之云，未可知也。但今所謂繼室與古之繼室不同，古者諸侯一娶九女，若元妃薨，凡繼室皆其妾媵也，雖有子不得並配。今之所謂繼室亦皆禮聘，與元妃固等夷耳！但有先後長幼之分，所以不可不並配。〔註43〕

王柏回覆趙景緯之說法，乃據朱熹晚年之說，考量到時代變遷的因素，認為宋代之婚姻已不同於春秋時期諸侯媵婚制度，有「不得再娶」的規定，而將繼室視為妾媵的情況。〔註44〕故認為元妃、繼室應依先後長幼之分，並配於

〔註40〕程頤自稱：「某嘗舊修六禮，冠、婚、喪、祭、鄉、相見，將就後，被召遂罷，今更一二年可成。」可見也有修定禮書的計畫，但最終並未完成。見宋‧程顥，程頤，《二程集》（北京：中華書局，1981），頁240。

〔註41〕宋‧程顥，程頤，《二程集》，頁376。

〔註42〕宋‧程顥，程頤，《二程集》，頁240。

〔註43〕宋‧王柏，《魯齋集》，見《景印文淵閣四庫全書》（臺北：臺灣商務印書館，1985），集部，第1186冊，卷8，〈回趙星渚書〉，頁126～127。

〔註44〕按，漢代經師所說「禮不二嫡」、不再娶的原則，應該與早期媵婚制的習慣有關，落在史實上並不相符。參見林素娟，《神聖的教化：先秦兩漢婚姻禮俗中的宇宙觀、倫理觀與政教論述》（台北：台灣學生書局，2006），頁113～114、125。

廟。其中或可發現，截至南宋末年，對於元妃、繼室何者可配食於廟，仍有程子、朱熹兩派不同之詮釋，爭取成為後世詮釋之權威。

　　關於朱熹對祔祭制度的討論，遠比張載和二程都要複雜得多，而且前後也有許多變化。最初，他比較認同二程以所生母配之說，於孝宗乾道年間修定《祭儀》〔註 45〕即用此說，並寄給呂祖謙（1137～1181）等人詢問意見與評論。此間，呂祖謙覺得二程的說法有問題，於寫給汪應辰（1118～1176）的書信中便提到此點，認為：「然奉祀者或繼室所出，乃廢元妃之配，無乃以私而廢公、以卑而廢尊乎！不知嘗為裁處否？」〔註 46〕查考汪應辰之《文定集》並無相關書信，無從得知汪應辰之意見為何？有無去函與朱熹討論？然，今觀朱熹文集於乾道九年（1173）有〈答汪尚書〉一文，〔註 47〕云：

　　熹竊以為，正廟配食只合用初配一人，其再娶及庶母之屬，皆各為
　　別廟祠之，乃於情義兩盡，不審台意如何？〔註 48〕

此信顯然是回覆呂祖謙、汪應辰等人之提問。朱熹乃就倫理綱常秩序，以及嫡繼有別的禮法，改以首娶者配食，餘者別廟祠之，並認為如此方盡其人情義理，此乃以現實的人情常理來重訂禮樂，而予以體現社會訴求與倫理價值的因應對策。細而思之，此說其實與張載的論述一致。可說，大抵於乾道九年之後，朱熹多沿著張載之意，結合禮經、宋代婚姻狀況之先娶後繼論述祔祭制度。如〈答陳明仲〉云：「配祭，只用元妃，繼室則為別廟；或有庶母，又為別廟；或妻先亡，又為別廟……，須各以一室為之，不可雜也。」〔註 49〕

　　不過，到了朱熹晚年與弟子討論祭儀時，他的觀點又有所轉變。其於慶元元年（1195）〈答李晦叔〉一文中，就弟子（李晦叔）所提程子、張載對於祔廟之不同見解，提出個人看法：

　　横渠先生曰：「祔葬祔祭，極至理而論，只合祔一人。……以義斷
　　之，須祔以首娶，繼室別為一所可也。」輝頃看程氏《祭儀》謂：
　　「凡配，用正妻一人，或奉祀之人是再娶所生，即以所生配。」輝

〔註 45〕束景南，《朱子年譜長編》，「乾道 5 年己丑 40 歲條」，頁 422、423；「乾道 9
　　　　年癸巳 44 歲條」，頁 505、506。
〔註 46〕宋‧呂祖謙，《東萊呂太史全集》，《呂祖謙全集》（杭州：浙江古籍出版社，
　　　　2008），第 1 冊，別集，卷 7，〈與汪端明〉，頁 391。
〔註 47〕陳來，《朱子書信編年考證》（上海：上海人民出版社，1989），頁 100。
〔註 48〕宋‧朱熹，陳俊民校訂，《朱子文集》，卷 30〈答汪尚書十〉，頁 1153。
〔註 49〕宋‧朱熹，陳俊民校訂，《朱子文集》（臺北：德富文教基金會出版，1990），
　　　　卷 43〈答陳明仲十二〉，頁 1864。陳來，《朱子書信編年考證》，頁 108。

嘗疑之謂：「……若再娶者無子，或祔祭別位亦可也；若奉祀者是
再娶之子，乃許用所生配，而正妻無子，遂不得配享。可乎？」先
生答云：「程先生此說恐誤，《唐會要》中有論，凡是嫡母，無先後，
皆當並祔合祭，與古者諸侯之禮不同。」伏詳先生批誨，已自極合
人情，然橫渠所說又如此，尋常舍弟亦疑祔祭之義為未安，適與橫
渠所論暗合，煇竊疑橫渠乃是極至理而論，不得不然；若欲處之近
人情，只合從先生說。萬一從橫渠說，則前妻無子，而祀奉者却是
再娶之子，又將何以處之？

夫婦之義，如乾大坤至，自有等差。故方其生存，夫得有妻有妾，
而妻之所天，不容有二，況於死而配祔，又非生存之比。橫渠之說，
似亦推之有大過也，只合從唐人所議為允。況又有前妻無子、後妻
有子之礙，其勢將有甚杌隉而不安者。〔註50〕

李晦叔針對程氏《祭儀》及張載祔祭之論述，提出兩個疑問。第一，程氏所提
配享時，若奉祀者是再娶之子，以所生之繼室配食，如此一來，若正妻無子，
遂不得配享，認為不妥。第二，張載提出祔以首娶，雖以理而論之，但若前妻
無子，而祀奉者却是再娶之子，祭祀之時無法尊其親母，必難以處之。

　　針對第一個問題，朱熹以《唐會要》之事例，認為「後世繼室，乃是以禮
聘娶」皆屬正室。〔註51〕因此，只要是嫡母，無先後之分，皆當並祔合祭。
而關於第二個問題，朱熹前於光宗紹熙元年（1190）時，亦曾針對此問題說：
「如伊川云，奉祀之人是再娶所生，則以所生母配。如此，則是嫡母不得祭
矣。此尤恐未安。大抵伊川考禮文，却不似橫渠考得較仔細。」〔註52〕認為
張載的說法較仔細且合於理。然而，此時（即前說五年後），朱熹的想法却又
有改變，他考量若前妻無子，後妻有子，祭祀之人為後妻所出，以母子之間
的親密與連結觀之，張載之說法似乎壓抑了母子情感之天性，有不合乎人性
的基本問題存在。因此，他肯定祭祀者對所生母的情感，認為是合情之舉，
認為還是按照唐人的說法，不僅順應人情，更可以避免前、後妻之子嗣，於
造成祭祀時，祭祀者無法與祖先相聯繫，而產生杌隉不安的情事。從朱熹論
祔廟之禮的轉變，可發現其對「人情」、「時宜」的重視，其治禮之主張，亦誠

〔註50〕宋・朱熹，陳俊民校訂，《朱子文集》，卷62〈答李晦叔七〉，頁3101～3102。
〔註51〕宋・黎靖德，王星賢點校，《朱子語類》，卷90，〈禮七・祭〉，頁2319～2320。
〔註52〕宋・黎靖德，王星賢點校，《朱子語類》，卷90，〈禮七・祭〉，頁2319。

如錢穆以為「朱子考禮，一則注重當前實事，一則求之歷史因革，而探討求
證於古經籍之所記載。」〔註53〕

朱熹此說，隨著程朱理學取得正統官方地位，得到後世的遵從。如黃榦
（1152～1221）便引《禮記》為證，證明朱熹論祔廟之禮的見解，符合禮經，
云：

> 案〈喪服小記〉云：「婦祔於祖姑，祖姑有三人，則祔於親者。」祖
> 姑有三人皆得祔於廟，則其中必有再娶者，則再娶之妻自可祔廟。
> 程子、張子特考之不詳耳！朱先生所辨，正合禮經也。〔註54〕

黃榦援引《禮記‧喪服小記》所云：「婦祔於祖姑。祖姑有三人，則祔於親者。」
認為其中必有再娶之妻，以證明朱熹前娶後繼皆可配食於廟之說，實有經典
可據，成為定論。如清代秦蕙田便稱頌：「再娶之祔廟審矣！朱子以唐人之議
為允，豈非千古之定論哉！」〔註55〕實際上，鄭玄（127～200）作其注時，
便已解釋祖姑有三人為：「謂舅之母死，而又有繼母二人也。親者，謂舅所生。」
〔註56〕卻不見宋儒引而稱之，與許與宋人疑古，不信漢學有關。

要言之，晚年的朱熹強調因時制禮，不單申明「先王制禮，本緣人情」的
觀點。〔註57〕更「以時為大」，認為古禮須符合今世，酌古今之宜，有所損益，
隨時而裁損變通。〔註58〕雖也稱：「古人無再娶之禮，娶時便有一副當人了，
嫡庶之分定矣，故繼室於正室不可並配。」〔註59〕惟亦深知時代變遷造成婚姻
制度的改變。即自唐代起，法律所認定之「妻」已是：「既具六禮」。〔註60〕而

〔註53〕錢穆，《朱子新學案》第4冊，（臺北：三民書局，1982），頁120。
〔註54〕宋‧衛湜，《禮記集說》，卷83，頁745。
〔註55〕清‧秦蕙田，《五禮通考》（桃園：聖環圖書公司，1994），卷109〈吉禮〉，
頁22。
〔註56〕《禮記》，卷33〈喪服小記〉，頁608，及鄭玄注。
〔註57〕宋‧朱熹，陳俊民校訂，《朱子文集》（臺北：德富文教基金會出版，1990），
卷36〈答陸子壽二〉，頁1430。
〔註58〕宋‧黎靖德，王星賢點校，《朱子語類》（北京：中華書局，1986），卷84〈論
考禮綱領〉，頁2178。
〔註59〕宋‧黎靖德，王星賢點校，《朱子語類》，卷90，〈禮七‧祭〉，頁2319。
〔註60〕《禮記‧內則》載記的「聘則為妻，奔則為妾。」主要是辨明妻與妾的區別。
鄭玄的注解，特別著重聘問之禮的有無，是妻妾之別的關鍵。並非是說僅行聘
問之禮，就已具備「妻」的身分，而是強調只有經由聘問之禮者，才可以具「妻」
的身分，沒有經此禮者不得為妻。在禮制上，新婦未行廟見之禮，不視為夫家
的媳婦，但是唐律規定，若已行六禮的婚儀，應為夫妻關係中之「妻」。劉燕
儷，《唐律中的夫妻關係》（台北：五南圖書出版公司，2007），頁166。

宋代再娶「皆以禮聘」都是正室。於此情況下，基於人情考量，他同意「再正娶者亦可並配。」

　　論述至此，可發現理學家常以「人情」作為論「禮」是否合宜之考量，如張載強調「參酌古今，順人情而為之」〔註61〕，程顥亦曾言：「禮者，因人情者也，人情之所宜，則義也。」〔註62〕朱熹也申明「先王制禮，本緣人情」〔註63〕。但他們所言的「人情」，是否等同於人的「情感」和「情緒」和「欲求」？若仔細觀察理學家們所言之「人情」並不等同於人的「情感」和「情緒」和「欲求」。而更強調倫理道德觀的意義，「人情」須符合社會普遍事理情感以及共同認同的價值觀，非以個人的好惡需求反映。換言之，當他們認為「禮」可隨「人情」、「時宜」予以變化時，所改變是儀節禮文，並不礙於其背後的天理人倫。〔註64〕即所謂的「人情」是受到道德倫理等價值觀所約束，並合於天理之「人情」。要言之，宋明理學中的「情」並非出於私心的人欲之情，而是具有維護倫常的道德理念，故稱「天理、人情，元無二致」。〔註65〕

　　不過，若由保存朱熹晚年定論之《朱子語類》所載，〔註66〕這種基於人

〔註61〕宋・張載，章錫琛點校，《張載集》，頁292。

〔註62〕宋・程顥，程頤，《二程集》，頁127。

〔註63〕宋・朱熹，陳俊民校訂，《朱子文集》，卷36〈答陸子壽二〉，頁1430。

〔註64〕如李威寰研究指出：「朱熹衡量禮儀的三項準則中，輕重先後的順序應以『義理』為先為重，『人情』次之、『時宜』居後。當朱熹認為古禮可變時，他變的其實是儀節，這是應該隨人情、時宜改變的，且不害於義理；當朱熹認為應從古禮時，他遵循的其實是儀節背後支撐著的義理，而人情、時宜應在其次。」見氏著，〈論朱熹禮學實踐中的「經權觀」〉，《中國文學研究》第40期（2015.7），頁159。

〔註65〕關於宋明理學中的「情」，如徐公喜認為，有情感；案情、實情；社會普遍公認的習慣、習俗、民意與道德等四方面的內涵。見氏著，〈宋明理學法順人情論〉，《船山學刊》2014年第3期，頁96～102。另外，馮兵則認為人情即指人的基本情感、情緒和欲求，主要具備心理學的屬性。到了宋明理學，「情」在心理學屬性的基礎上，同時也被賦予了更為強烈的倫理屬性。見氏著，〈「義」、「人情」、「禮樂器數」──朱熹論「禮」的傳承與修訂〉，《哲學動態》2015年第2期，頁41～47。

〔註66〕關於《朱子語類》在研究朱熹思想中的作用，學者之說有所分歧，如編寫朱子年譜的王懋竑認為，其中不可信的部分頗多。而朱止泉則認為語類記載了朱熹晚年精要的見解，即使其中雜有不確之處，若善於分析運用，就是研究朱熹思想不可忽視的材料。另外，鄧艾民亦認為朱熹關於禮經的見解，語類也比他的文集有更具體的發揮。參見鄧艾民，〈朱熹與朱子語類〉，《朱子語類》，頁8～19。

情考量，以《唐會要》之事例，同意「並配」的情況，乃是針對民間祭儀。
〔註 67〕再以朱熹對於婦人改嫁的觀點予以探討，朱熹對於國家高層及百姓
之家的不同考量更可豁顯。南宋名相陳俊卿之女，其夫不幸過世，朱熹分別
去信陳俊卿、陳守（陳俊卿次子），建議他讓其女（妹）守節，為夫家養老
撫孤，以全柏舟之節。〔註 68〕可發現其秉持的原則乃是丞相之家為名教所
宗，對士人群體有示範作用。為了替名教立範，立下節婦的倫理典範，故以
人倫秩序、風俗教化為重。而建陽縣有婦人因夫貧而從父母之命改嫁，朱熹
反而認為「不可拘以大義」，應認同官府同因貧判離的作法。〔註 69〕可見其
以經濟現實層面為考量，顧及人情審時而行。是以，基於國家宗廟為國家的
象徵，不僅具有風教的示範作用，更是家國秩序的根本，因此舉錯自有不同。
參與國家禮制討論，朱熹發現皇家禮儀之難不在於行之難，而在於難以行得
正確、適當。〔註 70〕

　　對於宗廟祔祭的討論，朱熹於孝宗淳熙十至十二年（1183～1185）間曾
提出：「禮，宗廟只是一君一嫡后。」〔註 71〕並認為宋代皇后皆可祔廟的情況，
乃是亂禮，更提出批評云：

> 因言五禮，云：「今諸后位數多，至尊拜跪勞。古人一帝只以一后配，
> 其餘自別立廟，庶幾不亂嫡妾之分。今皆配，不是。唐人有言，人
> 家夫婦卻不同。蓋古者天子諸侯不再娶，故次后與正后有名分。若

〔註 67〕按，翻查《唐會要》可發現朱熹所據之《唐會要》事例，應為韋公肅議鄭餘
　　　　慶家廟祔二夫人之見解，屬於百官家廟之論述。宋・王溥，《唐會要》（北京：
　　　　中華書局，1995），卷 19〈百官家廟〉，頁 388～389。由於家廟屬於私廟，倘
　　　　依朱熹援引百官家廟討論嫡繼並配之情況，再據下文所載《朱子語類》朱熹
　　　　所稱：「若人家，則再娶亦妻也，故可同祭。」可發現朱熹實將帝后祔廟與民
　　　　間家庭祔廟分開論述，故可推斷，此乃針對民間（庶民）之祭祀禮儀而論之。
　　　　宋・黎靖德，王星賢點校，《朱子語類》，卷 90〈祭〉，頁 2302。
〔註 68〕宋・朱熹，陳俊民校訂，《朱子文集》，卷 26〈與陳丞相別紙一〉，頁 1003；
　　　　卷 26〈與陳師中書〉，頁 1002。
〔註 69〕宋・黎靖德，王星賢點校，《朱子語類》，卷 106〈朱子三〉，頁 2644。
〔註 70〕殷慧，肖永明，〈學術與政治糾結中的朱熹祧廟之議〉，《湖南大學學報（社會
　　　　科學版）》2009 年第 4 期，頁 24～26。從思想淵源來說，陳傅良無疑接受的
　　　　是唐代以來所強調以及在實際禮制中踐行的太祖功德論，也是在政治實踐中
　　　　試圖體現親親精神；而朱熹著重考察的則是宗廟制度中所應該堅守的尊尊精
　　　　神，主張跨越漢唐直奔三代制度精髓。
〔註 71〕宋・黎靖德，王星賢點校，《朱子語類》，卷 90〈祭〉，頁 2302。吳包揚記錄
　　　　之語錄，年代為癸卯至乙巳，頁 18。

人家，則再娶亦妻也，故可同祭。《伊川祭儀》祭繼室於別廟，恐未

穩。」璘〔註72〕

本則記載者為滕璘，據語錄之繫年為辛亥，即宋光宗紹熙二年（1191）。從朱
熹之論述可發現，他將帝后與普通人家分開討論。認為普通人家，若再娶也
是正妻，透過子孫的祭祀表現出家族生命的延續，為孝的象徵，前娶後繼一
同祭祀並無妨。但皇帝「宗廟」不僅是皇帝祭祀先君的地方，更是具有昭示
天下「皇權所出」重大意味的國家象徵，亦是古時以禮為核心所建構的人間
秩序中的關鍵核心。基於嫡繼有別的禮法上，將先帝的所有皇后通通祔廟祭
祀，並不合乎禮法。

這其中，他更認為皇帝之「嫡后」具有配食於廟的絕對資格，其云：

天子之元后，諸侯之元妃，雖曰無子，必當配食於廟；而其他或繼
室，或媵妾，雖曰有子，而即天子諸侯之位者，皆當為壇於廟而別
祭之，至大祫，則祔于正嫡而祭。所謂「諸侯不再娶，於禮無二嫡」
之說，可通於天子也，不審如何？〔註73〕

實際上，不單古代次后與正后有名分的差別。宋代的繼后亦與嫡后於名分上
有妻與妾之區分。雖然她們都是皇帝親冊為皇后，亦曾母儀天下，有些卻是
由嬪御進封至后位。如真宗章穆郭皇后在世時，繼后章獻明肅劉皇后僅為低
階嬪御；徽宗之顯恭王皇后與繼后顯肅鄭皇后的情況亦如是。通觀宋代之繼
后，除太祖孝章宋皇后、真宗章穆郭皇后及仁宗慈聖光獻曹皇后等三人，〔註
74〕乃屬於以「妻」之名義嫁入皇宮，並冊為皇后外。其餘繼后本為嬪妾之
身分，與「元妃」、「嫡后」於名分上仍存在著妻與妾之差異。所以，為重建
禮制秩序，朱熹才會提出太廟中皇后配祔應以「嫡后」為配，才為人倫秩序
之正，次后則應循政教秩序之尊卑長幼祭於別廟，以避免間接影響社會教化
與和諧。

從朱熹論述皇后祔廟觀之，可發現他雖認為即使聖賢用禮，必斟酌古今，
不須一切從古之禮，該有所損益裁減。但對於禮之大本大原，卻堅持須相因

〔註72〕宋・黎靖德，王星賢點校，《朱子語類》，卷128〈法制〉，頁3065。

〔註73〕宋・朱熹，陳俊民校訂，《朱子文集》，卷51〈答萬正淳六〉，頁2395。

〔註74〕按，太宗明德李皇后為太宗首冊之皇后，但在禮制上卻是他的第三任正妻。
　　　　元・脫脫，《宋史》，卷242〈后妃上〉，頁8610。

不變。〔註75〕其云：「三綱五常，禮之大體，三代相繼，皆因之而不能變。」
〔註76〕這種想法實與程頤所言：「上下之分，尊卑之義，理之當也，禮之本也」，
〔註77〕認為禮的根本，在於維持人間尊卑關係，具有社會秩序規範意涵，即
君臣、父子、兄弟、夫婦、朋友五倫之義差異不大。〔註78〕而這也是理學家
所說「天理」所彰顯的倫常關係之本質所在。所以，當涉及到倫常關係如嫡
庶之分等禮儀的具體踐行問題時，無論是程頤還是朱熹，始終都無法放棄「天
理」涵蓋下的倫常本位秩序原則。〔註79〕

　　在具有強烈的社會使命感的朱熹眼中，皇帝宗廟禮制，為家國秩序的根
本，自該反映出人間倫常秩序規律。故而，朱熹亦認為皇帝再立繼后時，應
避免皇子間「子以母貴」之匹嫡情況，導致皇位繼承之爭奪，其云：

　　道君嘗喜嘉王，王黼輩嘗搖東宮。道君作事亦有大思慮者。欲再立

〔註75〕在朱熹的觀念中，「禮樂者，皆天理之自然」，又稱「禮之出於自然，無一節
　　　　強人。須要知得此禮，則自然和。」即禮乃是對天理之展現，而天理本就是
　　　　反映自然之差序等級，萬物參差不齊，各得其所，人間秩序亦是如此。不過，
　　　　如此之禮又具備兩種屬性，一是理、大體，這種蘊含的三綱五常以及仁義禮
　　　　智信的禮，「是天做底，萬世不可易」，屬於不變的天理，是因襲而來不能輕
　　　　易變更的根本，也就是天敘、天秩的展現，他說：「天敘便是自然底次序……
　　　　秩，便是那天敘裡面物事。」具有恆久不變的穩定性和不可違抗的特殊性，
　　　　故他稱：「許多典禮，都是天敘天秩下了，聖人只是因而敕正之，因而用出去
　　　　而已」循天理、人性而來，為人量身定制的禮，反映了人性的自然發揚。人
　　　　依禮而行，自然和樂和諧；一是文、制度，屬於可損益更革之禮文制度，則
　　　　「是人做底，故隨時更變。」因此，可損益裁減。參見殷慧，〈天理與人文的
　　　　統一：朱熹論禮、理關係〉，《中國哲學史》2011 年第 4 期，頁 41～49。宋．
　　　　黎靖德，王星賢點校，《朱子語類》，卷 84〈禮一〉，頁 2179、2178、2185；
　　　　卷 87〈禮四〉，頁 2253；卷 22〈論語四〉，頁 513；卷 24〈論語六〉，頁 595；
　　　　卷 78〈尚書一〉，頁 2019、2020。
〔註76〕宋．朱熹，《論語集注》，《四書章句集注》（北京：中華書局，1983），卷 1，
　　　　頁 59。
〔註77〕宋．程頤，《周易程氏傳》，《二程集》，卷 1，頁 749。
〔註78〕陳來認為「理」，被二程昇華為一客觀實在的至上本體，統括「天道、物理、
　　　　性理、義理」等「自然的普遍法則」及「人類社會的當然原則」於其中。見
　　　　氏著，《宋明理學》（瀋陽：遼寧教育出版社，1991），頁 79～81。
〔註79〕殷慧認為：「理在朱熹的哲學體系中，早已成為一個涵蓋一切自然、社會、人
　　　　生、事物規律、法則的本體概念，它統攝仁、義、禮、智、信之五常，彰顯
　　　　君臣、父子、夫婦、兄弟、朋友之間的倫理關係。朱熹說「須知天理只是仁
　　　　義禮智之總名，仁義禮智便是天理之件數。」禮無疑就是天理、天道中的一
　　　　件，天理是禮文制度中的禮義精髓。」見氏著，《朱熹禮學思想研究》（長沙：
　　　　湖南大學博士論文，2009），頁 159。

后，前數人有寵者當次立。道君一日盡召語之曰：「汝輩當立，然皆有子，立之，恐東宮不安。」遂立鄭后。鄭無子。揚〔註80〕

徽宗大觀二年（1108），元配顯恭王皇后崩。此時，他所寵幸的鄭貴妃、王貴妃、劉貴妃及劉安妃等人之中，僅鄭貴妃無子嗣，餘皆有子嗣。〔註81〕政和元年（1111）十月，徽宗冊立鄭氏為后。朱熹稱徽宗不立有子之寵妃，乃為保全欽宗太子位，雖不知其據為何？但據《宋史·梁師成傳》謂：「鄆王楷寵盛，有動搖東宮意。」〔註82〕可知徽宗較偏愛鄆王楷（1101～1130），初封魏國公，進封高密郡王、嘉王、鄆王。〔註83〕朱熹也稱徽宗曾有廢立太子之意，〔註84〕一度令欽宗的儲君之位搖搖欲墜。不過，由於繼后鄭氏無子，亦非鄆王楷之母——王貴妃，最終未造成匹嫡而立的情況，並維持住諸皇子間的尊卑秩序。最終徽宗禪位，欽宗繼位。徽宗在朱熹眼中雖是失德之君，〔註85〕至少防止了一夫多妻下，皇位繼承之爭，帶給國家政治的混亂，讓政權的平穩過渡欽宗。

以要言之，對於宗法制度的討論和恢復，實為正在興起的理學中一個非常重要的課題。理學家們對於皇后祔祭之各種主張，雖然未被國家禮典所採納（直至宋亡，有宋一朝之嫡后、繼后，早亡而未被立后的元妃，或是庶子為君之皇帝生母皆具有升祔太廟的資格），然卻成為私禮編纂之參考依據。可以說，理學家討論宗廟祔祭的目的，不僅在於修身齊家，或僅行於民間社會，更大的目標是希望納入國家禮典的規範中，實出自其重整禮樂教化的根本目的。雖然，他們的意見未被宋廷所接受，但可體現出，理學家們試圖重整禮制秩序的努力，以及禮經與現實之間的差異。為醒眉目，茲將張載、程頤及

〔註80〕宋·黎靖德，王星賢點校，《朱子語類》，卷130〈本朝四〉，頁3127。

〔註81〕鄭后早年誕有一子趙桯，生而殞，不復有子。王貴妃生鄆王楷、莘王植、陳王機；劉貴妃生濟陽郡王棫、祁王模、信王榛；劉安妃生建安郡王楧、嘉國公椅、英國公橞、和福帝姬。元·脫脫，《宋史》，卷246〈宗室〉，頁8725；卷243〈后妃下〉，頁8640、8644～8645。

〔註82〕元·脫脫，《宋史》，卷468〈梁師成傳〉，頁13663。

〔註83〕清·徐松，《宋會要輯稿》（北京：中華書局，1957），〈帝系一〉，頁35。

〔註84〕宋·黎靖德，王星賢點校，《朱子語類》，卷130〈本朝四〉，頁3127。

〔註85〕朱熹於《朱子語類·徽宗朝》云：「今看著徽宗朝事，更無一著下得是。古之大國之君猶有一二著下得是，而大勢不可支吾。那時更無一小著下得是，使無虜人之猖獗，亦不能安。」宋·黎靖德，王星賢點校，《朱子語類》，卷127〈本朝一〉，頁3048。足見對於徽宗各項治國之政，甚不滿意，並認為若無金人靖康之禍，在徽宗治下，亦大廈將頹，無力回天。

朱熹等理學家對於到前娶、後繼祔廟之說法列表如下：

表 5-1：理學家對於前娶、後繼祔廟之主張

理學家	主　　張	備　　考
張載	祔以首娶，繼室別為一所。	
程頤	配享須以宗子之嫡母；以正妻一人。	
	奉祀之人是再娶所生者，即以所生母配	
朱熹	1. 乾道初年：以所生母配。	針對民間祭儀之說。
	2. 乾道 9 年以後：配祭只用元妃（初娶），再娶及庶母別廟祠之。	
	3. 慶元元年：凡是嫡母，無先後皆當並祔合祭。	
	宗廟只是一君一嫡后。元后，必當配食於廟。	《朱子語類》
黃榦	元配、再娶皆可祔廟。	針對民間祭儀。
王柏	元妃、繼室可並配，以先後長幼之分配享於廟。	針對民間祭儀。

三、宋代皇后祔廟之實況

　　宋代婚姻中前娶、後繼及皇后間，何者得以祔廟的討論，受到理學家關注的原因，除了夫婦為人倫之本外，更涉及到理學家所追求禮治秩序的重建以及教化與建立儒教國家的抱負有關。以下就宋代太廟中皇后祔廟的實際情況來看，理學家之說與宋代實際情況有何差距。

（一）前娶、後繼祔廟情況

　　宋代建國之初，太廟仍採一帝一后制度。以宋太祖為例，他前後有過三任正妻。首娶賀氏（孝惠皇后）於後周顯德五年亡。到了建隆三年，太祖追冊為皇后，止就陵所置祠殿奉安神主。繼聘王氏（孝明皇后），於太祖登基後立為皇后，崩於乾德元年（963）。最後，於開寶元年（968）再納宋氏（孝章皇后）為后。開寶八年（975），太祖去世，討論以何人為祔廟時，有司以「合奉一后配食」為由，並以後周世宗的正惠、宣懿兩位皇后為例，認為雖太祖先娶賀氏，但其生前無位號，而王氏曾居正位，遂以王氏配祔太廟。太宗至道元年（995），宋氏崩，諡為孝章。鑑於太祖室已以王氏為配，宋氏遂與賀氏一同供奉於別廟。由此觀之，宋初皇后配祔的標準，並非以張載所主張的祔以首娶，以元配配享，而是以首立之后配享為原則。

　　太祖廟室配享皇后，以首立之后配享的原則，卻無法適用於太宗室。原因是，太宗首娶尹氏（淑德皇后）、繼娶符氏（懿德皇后）均早逝，未嘗正位中宮，皇后名號皆為追封。真正母儀天下的是，開寶年間（968～975）太祖為其所聘的李氏（懿德皇后），惟此時仍然在世。至道三年（997）討論哪位皇后得以配享於太宗廟時，朝臣爭辯不休，有司認為當以符氏配祔；宗正少卿趙安易建言「若序以後先，當用淑德（尹氏）配食。」〔註86〕都官員外郎吳淑（947～1002）則認為配饗太宗廟室，應以正位中宮，母儀天下的皇后為配。但不論是尹氏或是符氏都不是實質的皇后，因此不具備配祔的資格。基於「禮緣人情」應仿效漢代「母以子貴」的事例，以真宗的生母李賢妃先行配祔太宗，等到李氏去世後，再將其神主祔於太廟。〔註87〕

　　最後，經尚書省集學士及禮官等商討後初步決議：「淑德皇后生無位號，沒始追崇，況在初潛，早已薨謝。懿德皇后饗封大國，作配先朝，雖不及臨御之期，但夙彰賢懿之美。若以二后之內，則升祔當歸懿德。」〔註88〕鑑於尹氏早薨，生前未有任何位號；而符氏於太宗為晉王時，受封為越國夫人，故建議以兩者具有命婦位號者入廟。最後，真宗裁奪以符氏（懿德皇后）祔祭於廟。這其中存在真宗尊崇庶生母的強烈心願，〔註89〕皇帝權力的運用及朝廷各方政治勢力的拔河。〔註90〕到了神宗時，不論嫡后、繼后或是早薨之元妃皆一併升

〔註86〕宋・李燾，《續資治通鑑長編》，卷43，真宗咸平元年三月癸酉條，頁911。

〔註87〕宋・李燾，《續資治通鑑長編》，卷81，真宗大中祥符六年七月庚子條，頁1840。

〔註88〕宋・李燾，《續資治通鑑長編》，卷43，真宗咸平元年三月癸酉條，頁911。

〔註89〕朱溢指出：「站在真宗的立場，無論淑德或懿德配祔太宗，對他都是有利的，因為兩人皆非太宗正后，而李太后去世後必然升祔太廟，如此一來，每個廟室一帝一后的格局就會被打破，真宗生母將來進入太廟就會容易許多。」見氏著，〈唐至北宋時期太廟祭祀中私家因素的成長〉，頁58。另趙冬梅則言：「真宗、仁宗的真實目的是要把身為先帝妃妾的今上生母奉入太廟。」見氏著，〈先帝皇后與今上生母——試論皇太后在北宋政治文化中的含義〉，頁399。

〔註90〕朱溢指出：「太廟祭祀的運作，自古以來都是以名分為準則，到了唐宋時期，特別是宋代，皇帝對生母的情感以及相關政治利益的考量越來越多地滲透進來，一帝一后的形式限制也就一而再、再而三地被突破。」另外，新城理惠則認為這當中包含著江南系官僚與華北系官僚之間的政治角力，及皇帝能否穩固地運用最高權力的結果。日・新城理惠，〈唐宋期的皇后・皇太后——太廟制度と皇后〉，頁146；趙冬梅，〈先帝皇后與今上生母——試論皇太后在北宋政治文化中的含義〉，頁397。

祔太廟，故依照生前之命婦位號來決定何者入廟，成為唯一的特例。

在這段皇后祔廟的討論中，有一點是爭論雙方皆認同的，即是皇帝首位冊立的皇后具有配祔太廟的資格。因此，當真宗祔廟時，他的三任正妻中，即以第二任妻子，首位冊后的郭氏（章穆皇后）為配。禮儀院所持之依據，亦是依循宋初皇后配祔以首立之后之例，稱：「莊穆皇后郭氏曾母儀天下，欲請依周世宗宣懿皇后、太祖孝明皇后例，遷祔廟配食。」〔註91〕。

可知真、仁宗時的禮官所持的主張是，若元配早亡，未曾冊立為皇后，其皇后之名分為追封而來，不得遷祔太廟，應祭饗於后廟。〔註92〕因此，終仁宗之世，太祖之元妃孝惠皇后賀氏、繼后孝章皇后宋氏、太宗之元妃淑德皇后尹氏及真宗之元妃章懷皇后潘氏，皆未得入於太廟配享。〔註93〕很明顯的，這與理學家所言配以正妻或是宗子之嫡母皆不相同。首先，理學家如張載、朱熹等人僅言以「元配」祔祭，顯然不認同禮官「未嘗正位中宮，而不許其配」的主張，亦不認為後繼者若曾「正位中宮」就較追封為皇后的嫡妻身分更加尊貴。對他們而言，更看重的是嫡繼之分所顯現的倫常秩序，如前文所述，對朱熹而言，嫡繼之間本有名分及先後次序的差異性存在。因此，不論是嫡或是繼都必須符合於社會秩序所安排的位置，才能避免亂了禮制秩序和倫理綱常。顯然，這屬於理學家對於合理人間秩序的終極關懷，及強烈區別嫡繼的情況下所作之理想式闡述。

趙冬梅認為自古以來的祔廟原則為一帝一后，其他皇后別廟祔享，如此一來，別廟皇后不能享受後世子孫的全面祭祀，其正室身份等於沒有得到宗廟的完全承認。因此，宋代的官僚集團、特別是禮官，對於繼室祔廟的問題多採取同情理解態度，主張通達人情。〔註94〕不過，理學家並非不通達人情，只是他們更看重作為國家象徵的太廟所應展現的長幼尊卑秩序，以及社會道德的名分。因此，在論述宗廟制度中的親親、尊尊精神時，往往基於對禮義的追求，以嚴別嫡繼的態度，傾向了尊尊，認為這是天理人心之使然。

再以宋代「濮議」中爭議的焦點，即所後父、所生父孰尊的風波作為類

〔註91〕清·徐松，《宋會要輯稿》，〈禮一五〉，頁665。
〔註92〕宋·李燾，《續資治通鑑長編》，卷334，神宗元豐六年三月庚子條，頁8040。
〔註93〕宋·陳均，《九朝編年備要》，《景印文淵閣四庫全書》（臺北：臺灣商務印書館，1984），史部，第328冊，卷21，頁556。
〔註94〕趙冬梅，〈先帝皇后與今上生母——試論皇太后在北宋政治文化中的含義〉，頁397。

比，或可更清晰明瞭理學家們的倫理秩序觀念。程頤於英宗朝濮議之時，為中丞彭思永代筆〈上英宗皇帝論濮王稱親疏〉云：「為人後者不得顧私親」。主張英宗當以仁宗為父，與本生父的關係則改為伯侄，並認為這是「天地大義，生人大倫」，「苟亂大倫，人理滅矣。」若英宗還執意尊本生父母，只是私孝，不合天理，身為一國之君須以國為重。〔註95〕朱熹贊成程頤之言，其云：「且如今有為人後者，一日所後之父與所生之父相對坐，其子來喚所後父為父，終不成又喚所生父為父！這自是道理不可……為人後為之子，其義甚詳。」〔註96〕可見，理學家認為禮固然是緣情而作，是出於人情，但當私情有礙公義之時，還是要以大義為重。父子親情雖然重要，但天下之公義更重於此，不能以私情害公義。因此，他們主張尊尊重於親親，將君臣關係絕對化，此雖符合儒家禮學思想的精神，也與北宋時期儒學重建社會秩序的主張一致，卻忽略了帝王的私情，忽視宗廟禮制在現實政治中演變的歷史軌跡。

　　宋代初期以首立之后升祔太廟，雖有別於理學家之論述，但仍維持一帝一后的模式。但到了真宗景德元年（1004），太宗首立的正宮皇后李氏去世，禮官以唐代韋公肅針對官員家廟二妻並祔的論述，作為符氏（懿德皇后）、李氏（明德皇后）二后並祔太廟的合理性。雖然，仁宗統治初期的明道年間，禮官仍堅持「每室一帝一后，禮之正儀」、「自協一帝一后之文」〔註97〕，降至慶曆年間，太常禮院、中書門下之輿論已倒向認同太廟廟室中一帝數后的模式，並認為「或稱古者祔止一后，而語無經見之明。」〔註98〕此間雖有呂公著（1018～1089）上奏反對，云：「苟非正嫡，雖以子貴立廟，即無配祔之禮。」〔註99〕但他的論說並沒有獲得採納。

　　最終，神宗元豐六年（1083）三月，詳定禮文所以「始、微、終、顯，皆嫡也；前娶、後繼，皆嫡也」為由，〔註100〕奏請神宗同意，將太祖之妻孝惠、孝章、太宗之妻淑德和真宗之妻章懷升祔太廟。自此之後，有宋一朝

〔註95〕宋‧程顥，程頤，《二程集》，頁515～518。

〔註96〕宋‧黎靖德，王星賢點校，《朱子語類》，卷127〈英宗朝〉，頁3045。

〔註97〕宋‧李燾，《續資治通鑑長編》，卷112，仁宗明道二年六月戊午條，頁2620。

〔註98〕宋‧李燾，《續資治通鑑長編》，卷156，仁宗慶曆五年七月壬寅條，頁3790。

〔註99〕宋‧趙汝愚，《宋朝諸臣奏議》（上海：上海古籍出版社，1999），卷88，〈上仁宗議四后廟饗〉，頁950。

〔註100〕宋‧李燾，《續資治通鑑長編》，卷334，神宗元豐六年三月庚子條，頁8040。

的嫡后、繼后，早亡未立后的元妃，以及未具有皇后名位之後世皇帝庶生母皆可配祔太廟。不過，若是廢后追復其位號後，其身份、祔廟情況將如何認定？以下進行說明。

（二）廢后祔廟情況

宋代共有二名廢后。第一位為仁宗郭后（1012～1035）因「驕妒」、「爭寵」被廢。〔註101〕景祐二年（1035）十一月，廢后郭氏逝世，仁宗深悼之。三年（1036）春正月詔追復其號，以后禮葬。〔註102〕時至仁宗嘉祐四年（1037）禮官倡議，欲祔郭氏於廟，劉敞援引《春秋》事例來駁之，云：

> 昔《春秋》之義：「夫人不薨於寢，不赴於同，不反哭於廟，則不
> 言夫人，不稱小君。」徒以禮不足，故名號闕然。然則名號與禮非
> 同物也，名號存而禮不足，因不敢正其稱，況敢正其儀者乎！郭后
> 之廢，雖云無大罪，然亦既廢矣。及其追復也，許其號而不許其禮
> 且二十餘年，今一旦欲治以嫡后之儀，致之於廟，然則郭后之殂
> 也，為薨於寢乎，赴於同乎，反哭於廟乎，群臣百姓亦嘗以母之義
> 為之齊衰乎？恐其未安於春秋也。《春秋》夫人於彼三者一不備，
> 則不正其稱，而郭氏於三者無一焉，而欲正其禮，恐其未安於義
> 也。〔註103〕

〔註101〕 楊果及劉廣豐認為：宋仁宗郭皇后被廢事件，是北宋朝廷各種矛盾交織的結
果，也是宋仁宗長期被壓抑的情感的一次爆發，是他為了張顯權力所作的決
定。仁宗廢郭后，不單與其夫妻感情的變化有關，但更是緣於對母后主政的
不滿，對「一人尊疆」的渴望。仁宗力圖擺脫劉太后的陰影，使自己的權力
得以張顯，這本是政治的需要，但卻以皇帝家事的形式反映出來，而皇帝的
家事又不單純只是家事，於是士大夫們交相論列，引發了一場宰執集團與台
諫集團的政治鬥爭。見氏著，〈宋仁宗郭皇后被廢案探議〉，《史學集刊》2008
年第 1 期，頁 56～60。另可參見鄧小南，《祖宗之法：北宋前期政治述略》
（北京：三聯書店，2006），從祖宗之法的角度，對郭后被廢一案作了簡要
討論；張其凡、白效詠，〈乾興元年至明道二年政局初探：兼論仁宗與劉太
后關係之演變〉，《中州學刊》，2005 年第 3 期，頁 190～193。對廢后事件亦
有分析；劉靜貞，《皇帝和他們的權力：北宋前期》（臺北：國立編譯館，1996），
〈范仲淹的政治理念與實踐〉，頁 239～260，則藉仁宗廢后事件為論，探討
以范仲淹為代表的宋代士大夫的政治理念與實踐。
〔註102〕 宋・李燾，《續資治通鑑長編》，卷 117，仁宗景祐二年十一月戊子條，頁；
元・脫脫，《宋史》，卷 10〈仁宗本紀二〉，頁 201。
〔註103〕 宋・李燾，《續資治通鑑長編》，卷 190，嘉祐四年八月甲戌條，頁 4582。

劉敞引《左傳》之凡例，云：「凡夫人，不薨于寢，不殯于廟，不赴于同，不祔于姑，則弗致也」〔註104〕之說，認為郭后之殂，未薨於寢，未赴於同，未反哭於廟，且群臣百姓未嘗以母之義為之齊衰，為死不得其所，非以禮終，故不當致其主於太廟而祔，更認為「古者不二嫡」，主張「當許其號，不許其禮」。最終，郭后祔廟諡冊之事終不行。〔註105〕

宋代第二位廢后，為哲宗孟后（1073～1131）因牽連厭魅巫術被廢。〔註106〕元符三年五月徽宗即位之初，詔復廢后孟氏為元祐皇后。〔註107〕崇寧初，御史中丞錢遹（1050～1121）以「元祐皇后，於名為不正」及「並后匹嫡，《春秋》譏之」等理由，反對追復元祐皇后名號……后由是復廢。〔註108〕降至欽宗靖康二年（1127）夏四月，金人以帝及皇后、皇太子北歸。六宮有位號者，皆從二帝北徙，僅孟后以被廢獨存。於粘罕退師三日後，張邦昌稱孟后為元祐皇后，又尊為宋太后，迎入禁中，垂簾聽政。孟后聽聞康王（高宗）在濟，遣尚書左右丞馮澥、李回及兄子忠厚持手書遺帝（高宗），俾帝嗣統。建炎元年（1127）五月一日，康王即位於南京應天府（河南商丘），年號建炎，尊孟后為元祐太后。後因「元」字犯孟后祖諱，以所居宮名，遂稱隆祐太后。〔註109〕

紹興元年（1131）四月，隆祐太后崩於行宮之西殿。高宗感念「遭時艱危，兩宮北狩，實賴隆祐皇太后母儀天下，保佑朕躬」，又稱「靖康垂簾，授位於沖眇，中更苗劉之變，尤高社稷之功。」即下詔：「隆祐皇太后應干典禮，

〔註104〕晉・杜預注，唐・孔穎達疏，《春秋左傳正義》（臺北：藝文印書館，2001），影印阮元校刻《十三經注疏附校勘記本》，卷13〈僖公八年〉，頁217。以下簡稱《左傳》。卷1，〈春秋序〉：「其發凡以言例，皆經國之常制，周公之垂法，史書之舊章，仲尼從而修之，以成一經之通體。」頁11。杜預曰。惟唐代啖助已對《左傳》凡例大事攻擊，劉敞亦對凡例有所反思，云：「凡國君夫人於四者一不備，則不致于廟也。設令夫人歸寧而死，亦將不致乎？」顯然對於不致于廟的條件有所質疑。惟於此處卻引凡例為駁。宋・劉敞，《春秋權衡》，《景印文淵閣四庫全書》（臺北：臺灣商務印書館，1983），經部，第147冊，卷4，頁207。

〔註105〕元・脫脫，《宋史》，卷299〈張洞傳〉，頁9934。

〔註106〕元・脫脫，《宋史》，卷243〈哲宗昭慈聖獻孟皇后傳〉，頁8633。

〔註107〕元・脫脫，《宋史》，卷19〈徽宗本紀一〉，頁359。

〔註108〕元・脫脫，《宋史》，卷356〈張洞傳〉，頁11201～11202。

〔註109〕元・脫脫，《宋史》，卷23〈欽宗本紀〉，頁436；卷24〈高宗本紀一〉，頁441～442；卷243〈哲宗昭慈聖獻孟皇后傳〉，頁8634～8635。

並比擬欽聖憲肅皇后故事，討論以聞。」〔註110〕更上尊號為昭慈獻烈皇太后，並將孟后之神主祔於哲宗室，位在昭懷皇后（哲宗繼后劉氏）之上。〔註111〕

　　有鑑於南宋初期，高宗繼統、苗劉之變等事件都繫於孟后。更者，孟后名分不正，將牽涉高宗繼統之正當性。〔註112〕基於國家法統的延續、高宗的皇權運作等政治因素。南宋初年，對於孟后復位、祔廟及諡冊等事，均不似徽宗崇寧初有大臣、士人提出反對。不過，若以仁宗時劉敞對於郭后祔廟的條件來檢驗其資格，孟后之崩，乃薨於寢，赴於同，反哭於廟，祔于姑者，且群臣百姓嘗以母之義為之齊衰，就《春秋》之義而言，是具有以禘致太廟之資格。

　　綜言之，宋代二名廢后追復其號之後，一者僅追復后位，卻無諡冊祔廟之禮；一者名號、身分、諡冊及祔廟皆備。這當中與政治局勢、政治位置與多種政治力量角力有著千絲萬縷的關係。不過，若以劉敞所舉之《左傳》凡例予以檢視兩人可否祔廟的資格，郭后之姐（未薨於寢，未赴於同，未反哭於廟，且群臣、百姓未嘗以母之義為之齊衰）誠然不具有祔廟的資格；孟后之崩（薨於寢，赴於同，反哭於廟，且群臣百姓嘗以母之義為之齊衰）實具有祔廟之資格，可發現所得之結果與宋廷之處置一致。

　　另，關於理學家如何論述庶子為帝，生母祔廟的禮法問題以及宋代之春秋學如何看待援引《公羊傳》「母以子貴」於禮法上的正當性，則留待下節予以討論。

　　最後，宋代皇后升祔太廟之禮，其儀式情況，據《宋史‧禮志》云：

　　　二月，慈聖光獻皇后祔廟，前二日，告天地、社稷、太廟、皇后廟如故事。至日，奉神主先詣僖祖室，次翼祖室，次宣祖室，次太祖室，次太宗室。次太宗與懿德皇后、明德皇后同一祝，次享元德皇后。慈聖光獻皇后，異饌位、異祝，行祔謁禮。次真宗室，次仁宗室，次英宗室。禮畢，奉神主歸仁宗室。〔註113〕

《宋會要》所載之禮文更加詳細。第一，祔廟日，於虞主前奏請神靈上神主。

〔註110〕宋‧張守，《毘陵集》，《景印文淵閣四庫全書》（臺北：臺灣商務印書館，1985），
　　　　　集部，第1127冊，卷9〈賜門下詔‧又〉，頁676。
〔註111〕元‧脫脫，《宋史》，卷243〈哲宗昭慈聖獻孟皇后傳〉，頁8637。
〔註112〕孟后的身份問題、高宗帝位的正當性，劉靜貞已有詳細解釋，見氏著，〈唯
　　　　　家之索──隆祐孟后在南宋初期政局中的位置〉，頁41～51。
〔註113〕元‧脫脫，《宋史》，卷106〈禮九〉，頁2575。

第二，讀冊文，祔謁。第三，行三獻禮，詣室。〔註 114〕次序雖有差別，但基於祖先崇拜的信仰基礎下，由鬼（亡靈）轉變成祖先的關鍵，在於透過陽間後嗣的「祭祀」行為，使亡者得以不滅。而要使亡者不滅，則要透由祔祭之儀式，讓亡故的先靈經由「通過儀式」，讓死者歸向祖先，並轉變身分成為祖先，以接受子孫持續定期祭拜。〔註 115〕下引林素娟就喪禮儀式與通過儀式之配合，予以解釋此種過程：〔註 116〕

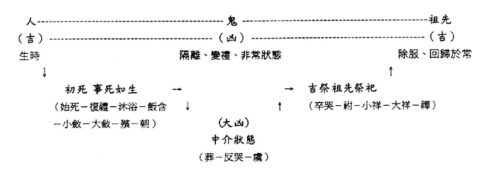

最後，茲將宋代祔廟皇后依娶繼順序及名分列表如下，〔註 117〕以醒眉目並作為小結：

表5-2：宋代祔廟皇后之名分與順序

皇帝	姓	號	名　分	升祔太廟時間	所生皇帝	備　註
太祖	賀氏	孝惠皇后	元妃，追冊皇后。	元豐六年（1083）		
	王氏	孝明皇后	繼室，首冊皇后。	太平興國 2 年（977）		太祖廟室最初配祔皇后
	宋氏	孝章皇后	繼室，繼后。	元豐六年（1083）		

〔註 114〕清・徐松，《宋會要輯稿》，〈禮七〉，頁 503。
〔註 115〕在儀式過程中，身份是再生神話展演的道具：在分離階段，自我與身份儀式性地脫落，儀式主體在所生存的結構世界中消失，這樣就儀式性地展示出自我的死亡；在聚合階段，新的身份與自我聚合，自我復活再生。詳參特納（Victor Turner），黃劍波、柳博贇譯，《儀式過程——結構與反結構》（北京：中國人民大學出版社，2006），頁 94～131。
〔註 116〕林素娟，〈喪禮飲食的象徵、通過意涵及教化功能——以禮書及漢代為論述核心〉，《漢學研究》，第 27 卷第 4 期（2009.12），頁 3～4。
〔註 117〕案，理宗、度宗之皇后於夫亡之後仍在世，且未及祔廟，南宋已亡，故表中未列。

太宗	尹氏	淑德皇后	元妃，追冊皇后。	元豐六年（1083）		
	符氏	懿德皇后	繼室，追冊皇后。	至道 3 年（997）		太宗廟室最初配祔皇后
	李氏	明德皇后	繼室，首冊皇后。	景德 3 年（1006）		二后並祔先例
	李氏	元德皇后	太宗時為夫人，追冊皇太后	大中祥符 6 年（1013）	真宗	
真宗	潘氏	章懷皇后	元妃，追冊皇后。	元豐六年（1083）		
	郭氏	章穆皇后	繼室，首冊皇后。	乾興元年（1022）		真宗廟室最初配祔皇后
	劉氏	章獻明肅皇后	嬪御出身，繼后。	慶曆 5 年（1045）		
	李氏	章懿皇后	生母，本為順容，追冊皇太后	慶曆 5 年（1045）	仁宗	
仁宗	郭氏		元配，嫡后。於景祐元年被廢，於死後再追冊皇后。			雖追復后位，卻無諡冊祔廟之禮。
	曹氏	慈聖光獻皇后	繼室，繼后。	元豐 3 年（1080）		
英宗	高氏	宣仁聖烈皇后	元妃，嫡后。	元祐 9 年（1094）	神宗	
神宗	向氏	欽聖獻肅皇后	元妃，嫡后。	建中靖國元年（1101）		
	朱氏	欽成皇后	生母，本為德妃，追冊皇后。	崇寧元年（1102）	哲宗	
	陳氏	欽慈皇后	生母，本為美人，追冊皇后。	建中靖國元年（1101）	徽宗	
哲宗	孟氏	昭慈聖獻皇后	嫡后，於紹聖三年（1096）被廢。元符三年（1100）復位，崇寧元年（1102）二度被廢。靖康二年（1127），再恢復元祐皇后的尊號，建炎元年（1127）尊為隆祐太后。	紹興 5 年（1135）		
	劉氏	昭懷皇后	嬪御出身，繼后。	政和三年（1113）		

徽宗	王氏	顯恭皇后	元妃，嫡后。	紹興中	欽宗	
	鄭氏	顯肅皇后	嬪御出身，繼后。	紹興7年（1137）		
	韋氏	顯仁皇后	徽宗時賢妃，遙冊皇太后	紹興29年（1159）	高宗	
欽宗	朱氏	仁懷皇后	元妃，嫡后。	慶元3年（1197）		
高宗	邢氏	憲節皇后	元妃，遙冊皇后。	淳熙十五年（1188）		
	吳氏	憲聖慈烈皇后	嬪御出身，繼后。	慶元五年（1199）		
孝宗	郭氏	成穆皇后	元妃，追冊皇后。	紹熙五年（1194）	光宗	
	夏氏	成恭皇后	嬪御出身，繼后。	紹熙五年（1194）		
	謝氏	成肅皇后	嬪御出身，繼后。	開禧三年（1207）		
光宗	李氏	慈懿皇后	元妃，嫡后。	慶元六年（1200）	寧宗	
寧宗	韓氏	恭淑皇后	元妃，嫡后。	慶元六年（1200）		
	楊氏	恭聖仁烈皇后	嬪御出身，繼后。	紹定六年（1233）		

四、景靈宮皇后祔廟之實況

　　宋代太廟內每室採「一帝多后」的形式，那被視為「原廟」﹝註118﹞以象內朝的景靈宮祔祭原則與祭祀的神御是否與太廟一致？景靈宮以供奉天神及皇帝列祖列宗為主。在宋代前、中期，由於出自祭祀考慮因素，帝后御容多奉安於佛、道寺廟中。程大昌（1123～1195）即針對明道二年（1032），奉安莊獻明肅神御於廣孝寺彰德殿，莊懿太后於景靈宮廣孝殿，提出疑問云：「然則莊獻不入景靈耶？」﹝註119﹞仁宗慶曆五年（1045）仁宗生母李氏與劉太后同於升祔太廟，惟明道二年時，僅李氏之神御先入景靈宮。不得讓人懷疑，景靈宮所祭祀的神御並不同於太廟？雖依《宋會要輯稿》所載，神宗熙寧二年（1069）時，諸后神御僅李氏之神御於景靈宮，其餘仍寓道、釋之館。﹝註120﹞但實際上，景靈宮祀奉之神御情況如何？猶值得關注。

　　神宗元豐年間（1078～1085），有鑑於「祖宗以來，帝后神御皆寓道、釋

〔註118〕宋・劉摯，《劉忠肅集》，《宋集珍本叢刊》（北京：線裝書局，2004），第15冊，卷4，頁766。

〔註119〕宋・程大昌，《演繁露續集》，《全宋筆記》第四編（鄭州：大象出版社，2008），第9冊，卷1〈制度〉，頁174。

〔註120〕清・徐松，《宋會要輯稿》，〈禮一三〉，頁575。

之館」，以致「獻饗先後失序，地偏且遠，有曠世不及親祠者」〔註121〕，遂「仿效漢原廟之制，即景靈宮之東西為六殿，每殿皆有館御。前殿以奉宣祖以下御容，而後殿以奉母后，各揭以美名」。〔註122〕自此，汴京城內寺觀之神御全部迎奉入景靈宮，景靈宮亦確立為皇帝之原廟。劉摯（1030～1098）曾建議景靈宮應仿效宗廟之制，將帝后同御一殿，〔註123〕惟未獲採納。自神宗元豐五年（1082）起，更規定了以時祭之禮奉祀祖先。〔註124〕徽宗崇寧時期，由於「景靈無隙地，乃以馳道之西立西宮，以神宗為館御首，哲宗次之，號舊宮為景靈東宮。」〔註125〕將景靈宮擴建成為東、西二宮。

南宋立國早期，動盪不已，兵燹連年。但隨著宋金戰事的緩和，紹興十三年（1143）二月，高宗始於新莊橋之西，劉光武賜第處，重建景靈宮，並迎奉神御於此，但僅為三殿，「聖祖居前，宣祖至徽宗居中，元天大聖后與祖宗諸后居後」。紹興二十一年（1151），韓世忠死後，再以其賜第增築景靈宮，此後「天興殿五楹，中殿七楹，後殿十七楹，齋殿、進食殿皆備焉！」〔註126〕

從《宋會要輯稿》所載高宗紹興年間〈四孟朝獻景靈宮儀注〉：

> 詣元天大聖后，次詣昭憲皇后、孝明皇后、懿德皇后、明德皇后、元德皇后、章穆皇后、章獻明肅皇后、慈聖光獻皇后、宣仁聖烈皇后、欽聖憲肅皇后、欽成皇后、欽慈皇后、昭慈聖獻皇后、昭懷皇后、顯恭皇后、顯肅皇后、顯仁皇后神御香案前行禮，並如（前）殿、中殿之儀。〔註127〕

孝宗淳熙十五年（1188）之後，再加入憲節皇后、憲聖慈烈皇后、仁懷皇后、成穆皇后、成恭皇后、成肅皇后、慈懿皇后、恭淑皇后之神御。〔註128〕經比較宋代太廟、景靈宮祭祀的神主、神御可知兩者並不一致。如太祖的孝章皇

〔註121〕宋·佚名，《錦繡萬花谷》，《北京圖書館古籍珍本叢刊》（北京：書目文獻出版社，1988），子部，第73冊，卷40，頁529。

〔註122〕宋·李心傳，《建炎以來朝野雜記》（北京：中華書局，2006），甲集，卷2〈景靈東西宮〉，頁76。

〔註123〕宋·劉摯，《劉忠肅集》，卷4，頁766。

〔註124〕元·脫脫，《宋史》，卷109〈景靈宮〉，頁2622～2624。

〔註125〕宋·李心傳，《建炎以來朝野雜記》甲集，卷2〈景靈東西宮〉，頁76。

〔註126〕宋·李心傳，《建炎以來朝野雜記》（北京：中華書局，2006年），甲集，卷2〈今景靈宮〉，頁77。

〔註127〕清·徐松，《宋會要輯稿》，〈禮一七〉，頁725～727。

〔註128〕清·徐松，《宋會要輯稿》，〈禮一三〉，頁580～585。

后、孝惠皇后；太宗的淑德皇后；真宗的章懷皇后、章懿皇后之神御皆未於景靈宮祭祀。這些未入景靈宮的皇后有一共通點，即是皆為神宗元豐六年升祔太廟之皇后。趙冬梅認為同為繼室皇后的太祖孝章卻未能配享太廟，顯示真宗、仁宗的真實目的是要把身為先帝妃妾的今上生母進入太廟，本身越禮非法，哪裡還有精力理順皇后祔廟制度？〔註129〕但在神宗力圖全面整理禮儀制度之下，這些無後嗣之皇后，雖可進入太廟祭祀，卻未進入原廟（景靈宮）接受祭拜，是否可顯示子孫之力的重要性？另按《宋會要輯稿》所載，雖章懿皇后之神御未列於其間，惟按〈溫州景靈宮奉安昭慈聖獻皇后神御奏告帝后祝文〉可知紹興三年（1133）章懿皇后之神御尚列於其間。〔註130〕而《宋會要輯稿》中無章懿皇后之名，應為漏抄之故。

第二節　「母以子貴」庶生母祔廟之討論

　　從漢代以來，皇帝生母得以尊為皇太后，多依《公羊傳》於隱公元年開篇所揭示之「母以子貴」原則為由，作為合於禮法的解釋。唐代自肅宗之後，皇帝經常不立皇后，繼任皇帝為表孝思，援引《春秋》之義「母以子貴」的《公羊》立場，為庶生母爭取祔廟的正當性。以下分就宋代春秋學對於「母以子貴」是否合禮及理學家對於庶母祔廟之主張分而述之。

一、經學上有關「母以子貴」是否合禮之論述

　　「母以子貴，子以母貴」語出《公羊傳》為其開篇所揭示之原則。《春秋》隱公元年，記曰：「元年，春，王正月。」《左傳》記曰：「元年，春，王周正月，不書即位，攝也。」〔註131〕《左傳》以為隱公只是暫代攝政，因此《春秋》才不書即位。但《公羊傳》解釋魯隱公即位，云：「隱長又賢，何以不宜立？立適以長不以賢，立子以貴不以長。桓何以貴？母貴也。母貴則子何以貴？子以母貴，母以子貴。」〔註132〕由於魯惠公正妻孟子無嫡子，在沒有嫡

〔註129〕趙冬梅，〈先帝皇后與今上生母——試論皇太后在北宋政治文化中的含義〉，頁399。
〔註130〕宋‧綦崇禮，《北海集》，《宋集珍本叢刊》（北京：線裝書局，2004），第38冊，卷19，頁211。
〔註131〕《左傳》，卷2〈隱公元年〉，頁34。
〔註132〕《公羊傳》，卷1〈隱公元年〉，頁11。惟依「其為尊卑也微」之句，可知隱、桓皆非嫡子，兩人之母地位雖有尊卑之分，但皆為妾子。

子的情況下選立庶子，庶子中桓公雖然年紀小，但母親身份較高；隱公雖然年長，但母親身份卑微。因此，在「子以母貴」、「立子以貴」的原則下，隱公暫攝君位，以便日後讓位給桓公。

「母以子貴，子以母貴」雖出自《公羊傳》隱公元年開篇，但真正以「妾母為夫人」肇致嫡妾不分，母憑子貴的事例卻出於《春秋・文公五年》：「三月，辛亥，葬我小君成風。」由於夫人之葬為常事，「常事不書」乃孔子作《春秋》時材料取捨的原則，故而凡書者，皆非常也。〔註 133〕因此，《公羊傳》云：「成風者何？僖公之母也。」〔註 134〕莊公之正妻為哀姜，僖公為庶子，以僖公之母表示成風為妾之身分，稱其夫人，實乃母以子貴。自成風以後，妾母皆葬，蓋祔也。魯禮之變自此始矣。〔註 135〕

關於「母以子貴」是否合禮，春秋三《傳》各有主張。其中《左傳》與《公羊傳》抱持肯定的態度。《穀梁傳》則在嚴別嫡庶的情況下，期期以為不可。〔註 136〕漢代士人間看法亦不一，如何休（129～182）注《公羊傳》僅言：「禮，妾子立，則母得為夫人。夫人成風是也。」〔註 137〕全然未考量到是否

〔註 133〕 張高評指出：孔子作《春秋》，大抵依魯史春秋進行筆削修纂。所謂筆削，或為史實之取捨，或為史文之修飾。國史不容改易，但為體現《春秋》特識之「義」，故可作或詳或略，或去或取之別擇，此即《史記・十二諸侯年表序》所謂「去其煩重」。而所謂「約其辭文」者，指《春秋》辭文有孔子簡擇、修飾、潤色之工夫，此即「屬辭」之《春秋》教，要皆緣「義」而發。蓋《春秋》一書，載事必寓義旨，見義必有書法，有書法必有是非，蓋事外無理，理在事中；而所謂書法，蓋表現「如何書」，且體現「何以書」。因之，比事與屬辭，為《春秋》「如何書」之要領，涉及事實之編比，文辭之修飾。必須精心安排措置，方能體現「何以書」之「義」。見氏著，〈《春秋》曲筆直書與《左傳》屬辭比事──以史傳經與《春秋》書法〉，《成大中文學報》45（2014.6），頁 6。及〈《春秋》書法與「義」在言外──比事件義與《春秋》學史研究〉，《文與哲》25（2014.12），頁 77～130。

〔註 134〕 漢・公羊壽傳，漢・何休解詁，唐・徐彥疏，《春秋公羊傳注疏》（台北：藝文印書館，2001），卷 13〈文公五年〉，頁 167。以下簡稱《公羊傳》。

〔註 135〕 宋・呂本中，《呂氏春秋集解》，《景印文淵閣四庫全書》（臺北：臺灣商務印書館，1983），經部，第 150 冊，卷 13，頁 244。引蘇轍說法。

〔註 136〕 以僖公之母成風薨時，周王室以夫人之禮來行含、贈、會葬等事宜，《左傳》認為合禮。《公羊傳》則於隱公元年開篇即揭示「子以母貴，母以子貴」的原則。《穀梁傳》主張妾子雖立為君，母在嚴別嫡庶的情況下，仍不可等同於夫人，更批評《公羊》「妾母稱夫人為合正」等主張，將導致「嫡庶可得而齊」、「傷教害義」的嚴重後果。

〔註 137〕 《公羊傳》，卷 1〈隱公元年〉，頁 11。

違背了禮法秩序所注重的「嫡庶之辨」、「以妾為妻」等相關問題。許慎（約58～約147）《五經異義》也贊成「母以子貴」合於禮，其說顧及到禮法問題，較何休更為縝密，云：

> 妾母之子為君，子得尊其母為夫人。按《春秋公羊》說，妾子立為君，母得稱夫人。故上堂稱妾，屈於嫡；下堂稱夫人，尊行國家。則士庶起為人君，母亦不得稱夫人。士庶起為人君，母亦不得稱夫人。父母者，子之天也，子不得爵命父母。至於妾子為君爵其母者，以妾本接事尊者，有所因也。穀梁說，魯僖公立妾母成風為夫人，入宗廟，是子而爵母也，以妾為妻，非禮也。故《春秋左氏》說，成風得立為夫人，母以子貴。謹按《尚書》，舜為天子，瞽瞍為士，明起於匹庶者，子不得爵父母也。至於魯僖公本妾子，尊母成風為小君，經無譏文，《公羊》、《左氏》義是也。〔註138〕

許慎分別論述妾子為君及士庶為君可否尊崇其母。首先，他以父母尊於子的人倫秩序，認為士庶為君，由於父母為子之天。子為卑者無法尊崇尊者，因此，父母不得接受子之爵命，如大舜與瞽瞍是也。其次，他認為妾子為君，妾得稱夫人，雖是非禮。但這是因為妾的身分卑微，本屬接事尊者的身分，故在「母以子貴」的情況下，妾母可受子之爵命。不過，為避免妾母之地位僭於嫡母之上，後宮秩序遭受破壞，於上堂時，仍應稱妾表示屈居嫡母之下，只有下堂時才可尊為夫人。

鄭玄（127～200）《駁五經異義》則不同意「母以子貴」合於禮之說，云：

> 《禮·喪服》父為長子三年，以將傳重故也。眾子則為之期，明無二嫡也。女君卒，貴妾繼室，攝其事耳，不得復立夫人。魯僖公妾母為夫人者，乃緣莊夫人哀姜有殺子般、閔公之罪，應貶故也。近漢呂后殺戚夫人及庶子趙王，不仁，廢不得配食。文帝更尊其母薄后，非其比耶？妾子立者得尊其母，禮未之有也。〔註139〕

鄭玄以「禮無二嫡」的禮法觀念為原則，駁斥許慎之說。他直接否定「母以子貴」於禮法上的正當性，並認為妾子尊崇生母之事，實出於嫡夫人有罪遭貶

〔註138〕清·陳壽祺，《五經異義疏證》，《續修四庫全書》（上海：上海古籍出版社，2002），第171冊，卷下，頁117。

〔註139〕清·皮錫瑞，《駁五經異義》，《續修四庫全書》（上海：上海古籍出版社，2002），第171冊，〈駁八〉，頁226。

的特殊情況所致。如成風得為夫人，乃因莊公之嫡夫人哀姜有殺子之罪，貶之不得為嫡。因此，僖公才得以尊己妾母為夫人，並非庶子被立為君之故；又如西漢呂后身為嫡后卻不得配食高祖，亦因其有不仁之行，才會貶之不得配食高祖，方有文帝之母薄后配享之事。最後，做出結論「妾子立者得尊其母，禮未之有也」。

晉代袁準（？～？）亦反對「母以子貴」之說，他從人情的角度指出母為妾庶，私稱夫人於國中，雖是「人子之情，國人之私」，卻也因私情，而喪卻了「禮法之正也」。〔註140〕杜預（222～285）則與許慎看法相近，認為「凡妾子為君，其母猶為夫人，雖先君不命其母，母以子貴。」不過，為了約束國君因個人私情，使其生母地位僭越嫡母，增加國君生母雖因子而貴，地位「猶為夫人」，但仍必須等到嫡夫人薨，才能「內外之禮皆如夫人」〔註141〕的條件。

唐代孔穎達（574～648）疏「母以子貴」時，遵循「疏不破注」的原則，嚴守註疏傳統，僅過錄杜預《釋例》之說不做增補。雖說杜預集解見解最高，體例最善。然則，在注疏編纂過程中，於眾學中取捨定奪，實已隱含編纂者之觀點。更且不論「引用」或是「剪裁」的動作，都是一種主觀的展現，在一定程度上可以發現孔穎達的認同與觀點，比較傾向許慎、杜預一派之意見。時至中唐，趙匡（生卒年不詳，主要活動約在大曆年間（766～779））在求經捨傳，直探經旨的解經新道上，對《公羊傳》「母以子貴」之說提出批評：

> 按妾母不得為夫人，若得以子貴，即成風之賵葬不應有譏，而《公
> 羊》經外妄生此文，遂令漢朝引以為證，首亂大法。〔註142〕

趙匡此說不似前人聚焦討論「母以子貴」是否合禮，而是抨擊《公羊傳》偏離《春秋》本旨，妄生「母以子貴」之文，不僅導致漢哀帝在位時，宮中四太后並立，更成為後世皇帝為其生母上尊號的前例，影響深遠。綜言之，對於「母以子貴」是否合禮，從漢到唐各有支持與反對者。

時間拉到了宋代，該時期為「經學變古時代」〔註143〕，其《春秋》學踵

〔註140〕唐・杜佑，王文錦等點校，《通典》，卷72〈諸侯崇所生母議〉，頁1976。

〔註141〕《左傳》，卷18〈文公四年〉，頁306。孔疏引《釋例》。

〔註142〕唐・陸淳，《春秋集傳辨疑》，《景印文淵閣四庫全書》（臺北：臺灣商務印書館，1983），經部，第146冊，卷1〈隱公元年〉，頁598。

〔註143〕楊世文指出：宋代經學變古包括三個方面的內容：一是經學觀念的轉變。首先，在宗經與重道的問題上，重視對經典中蘊含的「聖人之道」的發掘和闡

承中唐啖助（724～770）、趙匡等提出廢棄《三傳》，回歸《春秋》原典之解讀方式，如北宋孫復（992～1057）、崔子方（生卒年不詳，與蘇軾、黃庭堅遊）等皆主張「尊經排傳」、以經明經。〔註144〕其詮釋進路在尊奉《春秋》經，以「獨抱遺經」，敘事見義為主軸，並藉史事之對比類比、辭文之連屬損益，以求得《春秋》之微辭隱義。〔註145〕清代皮錫瑞於〈論啖趙陸不守家法未嘗無扶微學之功宋儒治春秋者皆此一派〉云：

（陸）淳本啖助、趙匡之說，雜采三《傳》，以意去取，合為一書，變專門為通學，是《春秋》經學一大變。宋儒治《春秋》者，皆此一派，如孫復、孫覺、劉敞、崔子方、葉夢得、呂本中、胡安國、高閌、呂祖謙、張洽、程公說、呂大圭、家鉉翁，皆其著者。以劉

發。在處理經典文本與聖人之道關係的問題上，一方面強調文本的重要性，另一方面又主張「以心明經」，在「典冊」之外去尋求「聖人之心」。其次，在通經與致用的問題上，宋儒將二者更加緊密地結合在一起。二是經學解釋方法的革命。在儒學革新運動中，宋代學者建立了一套捨傳求經、義理至上、六經注我、我注六經的經學解釋方法。三是疑經改經學風的興起。見氏著，《走出漢學：宋代經典辨疑思潮研究》（成都：四川大學出版社，2008年）。

〔註144〕宋初並非全盤肯定啖助之治經方法，歐陽修（1007～1072）即對啖助能否求得孔子之意，有所質疑，並於《新唐書·儒學傳》之贊語，稱：「啖助在唐，名治春秋，摭訕三家，不本所承，自用名學，憑私臆決，尊之曰『孔子意也』，趙、陸從而唱之，遂顯于時。嗚呼！孔子沒乃數千年，助所推著果其意乎？其未可必也。以未可必而必之，則固；持一己之固而倡茲世，則誣。誣與固，君子所不取。助果謂可乎？徒令後生穿鑿詭辨，詬前人，捨成說，而自為紛紛，助所階已。」見宋·歐陽修、宋祁，《新唐書》（臺北：鼎文書局，1976），卷200〈啖助傳〉，頁5708。

〔註145〕張高評提出考求《春秋》之義之法門有三：其一，據比次史事以見義；其二，因連屬辭文而顯義；其三，緣探究終始而示義，所謂「求聖人之意於聖人手筆之書」者是。三者相互為用，可以捨傳求經，足以考求《春秋》之微辭隱義。並指出屬辭比事所以為《春秋》之教者，緣因有五：其一，《春秋》為編年體，屬辭比事之法，可以整合分散，救濟編年體之窮。其二，歷史有漸無頓，事件有本末始終；運用比事屬辭之法，可以會通參伍、統整散漫。其三，屬辭比事之教，無異「原始要終，本末悉昭」之古春秋記事成法，以此詮釋《春秋》，故多怡然理順。其四，屬辭比事之法，經由比較、統計、歸納、類推，而求考《春秋》之義，系統而宏觀，可以發微闡幽，有功聖《經》。其五，《春秋》記事，「一事為一事者常少，一事而前後相聯者常多」，其事自微而至著，自輕而至重。其積漸之勢，誠如孔廣森（1752～1877）所言：「辭不屬不明，事不比不章」。見氏著，〈《春秋》書法與「義」在言外——比事見義與《春秋》學史研究〉，《文與哲》第25期（2014.12），頁77、91～92、124。

　　敞為最優，胡安國為最顯。〔註146〕

今存的宋人《春秋》著述，多達 64 種，〔註147〕為了使論述的焦點集中，本節僅針對所關注的「母以子貴」、「妾母為夫人」予以探查各家之評說，〔註148〕希望透由點的面化掌握概貌。總的來看，基於「信經不信傳」的態度，宋代《春秋》學者針對《公羊傳》「母以子貴」之說，並不似漢、唐經生信《傳》之說，僅針對不合禮法之處予以詮釋、申論，使之趨於禮。而是看法一致的反對《公羊》之說，或以禮法秩序，抨擊《公羊傳》敗亂倫理秩序，或以《春秋》經，批判《公羊傳》之說為邪說，下分述之：

（一）以禮法秩序斥之

　　首先是「宋初三先生」的孫復於《春秋尊王發微》云：「成風僭夫人，襄王不能正，又使榮叔含之賵之，此非禮可知也！」又稱「妾母稱夫人，僭之大者」，可知孫復認為「母以子貴」僭越禮制，破壞名分秩序，肇致嫡妾不分，基於維護名分的原則，斥之「非禮」。〔註149〕其後，仁宗慶曆時期《春秋》學

〔註146〕清‧皮錫瑞，《經學通論》，《續修四庫全書》（上海：上海古籍出版社，2002），經部，第 180 冊，〈春秋通論〉，頁 168。

〔註147〕李建軍，《宋代《春秋》學與宋型文化》（成都，四川大學博士論文，2007），附錄〈宋代《春秋》著述目錄〉，頁 420。

〔註148〕按，針對校勘之作，如魏了翁《春秋左傳要義》，還有未見論述此事之作，如章沖《春秋左傳事類始末》、戴溪《春秋講義》及著重於討論成風為僖公之母，亦或僖公之妾之著作均暫不論述。

〔註149〕所謂「名分」，簡單來說就是指一個人在不同的名位上，所應扮演的角色與應盡的責任、義務。而禮樂制度就是一種名分制度。司馬光於《資治通鑑》開篇即稱：「天子之職莫大於禮，禮莫大於分，分莫大於名。」可說，對具體的個人而言，禮即是名分制度，包括血緣名分與社會身份。禮之「分」要求體制內的每一個人都應自覺地遵守並維護名分規則，各負其責，各安其分，才能讓政治體制順利運轉，從而實現整個社會秩序的穩固與和諧，形成貴賤有等、尊卑有度、等級儼然卻又井然有序的禮制秩序。這種奠基於名分原則的禮制既是一種行為規範，亦是一種意識形態。在此種禮制秩序之下，個人的行為只有符合名分原則才被視為合理、合法的。即如周何所指出：「禮」的內涵又兼有名分和秩序的觀念，一方面憑藉著親疏遠近差異性的強調，來倡導人們對祖先應有的尊敬崇拜，以及對子孫晚輩應有的慈愛撫育，同時也激勵自身對於承先啟後、歷史責任的體認，進而促使每一個人對整個家族產生強烈的向心力，由此建立根深蒂固的家族觀念和倫理思想。另一方面由於對差異性的強調，首先必須細察區分這些錯綜複雜的人際關係，以及彼此相互對待程度上的差異。見氏著，《禮記：儒家的理想國》（臺北：萬卷樓圖書有限公司，1998），頁 1。

之代表——劉敞（1019～1068）亦於《春秋權衡》云：

> 所謂母以子貴者也，必謂僖公、成風二人也者，則是母序子下，亂
> 上下之次，豈《春秋》之情邪！〔註150〕

> 子以母貴，母以子貴。何休因曰：「妾母得稱夫人」，所以使漢室多
> 母后之亂者，由此言也，嗚呼！可不慎乎？〔註151〕

劉敞以尊卑禮法秩序及歷史經驗的角度，批評「母以子貴」之說，非但不符
合《春秋》定名分、勸懲教化之情，更使得倫理秩序失序，國本動搖亦由此
起。再者，「子以母貴，母以子貴」之說，更會誘發妃妾產生覬覦之心，庶母
子結合謀取繼承權，導致嫡庶之爭不斷重演。而漢代多母后之亂亦由此言而
起，故而認為不可不慎。

　　程頤（1033～1107）《春秋傳》雖未成專著，然以天理規範《春秋》世事
之說帶有濃厚的理學色彩，其針對《春秋・文公五年》：「春王正月，王使榮叔
歸含，且賵」云：

> 天子成妾母為夫人，亂倫之甚，失天理矣。不稱天，義已明。稱叔，
> 存禮也。「王使召伯來會葬」，天子以妾母同嫡，亂天理，故不稱天。
> 聖人于此，尤謹其戒。〔註152〕

程頤治《春秋》，以義理說經，揚棄名物訓詁者尤多，頗盡心於「微辭隱義」
之推求，書與不書，互顯其義，〔註153〕於此其說可分為三點：一、他上承啖
助，而祖述何休，透過《春秋》經文中「王不書天」的字句損益作為解經路
徑，〔註154〕認為不書「天」，寓有一字褒貶，是孔子對於周天子以諸侯夫人

〔註150〕宋・劉敞，《春秋權衡》，見《景印文淵閣四庫全書》（臺北：臺灣商務印書
　　　　館，1983），經部，第147冊，卷5，頁221。

〔註151〕宋・劉敞，《春秋權衡》，卷8，頁257。

〔註152〕宋・程顥，程頤，《二程集・河南程氏經說》，卷4〈春秋傳〉，頁1114。

〔註153〕張高評認為：程頤著有《春秋傳》，亦視為「明體達用」之書，「經世致用」
　　　　之作。其宣稱《春秋》為「窮理之要」，「學者只觀《春秋》，亦可以盡道矣！」
　　　　以天理、人理、天性，為是非善惡之行事標準，逐漸蔚為學派之專稱。程頤
　　　　治《春秋》，以義理說經，揚棄名物訓詁者尤多，頗盡心於「微辭陪義」之
　　　　推求，其極致在「得乎義理之安」，亦無非「體用一源」、一分為二，相須相
　　　　發之道。於孔子作《春秋》之其事、其文，曾云「《春秋》因舊史，有可損
　　　　而不能益也」，領略可謂真確。見氏著，〈北宋《春秋》學之創造性詮釋：從
　　　　章句訓詁到義理闡發〉，《中國典籍典文化論叢》第18輯（北京：鳳凰出版
　　　　社，2017），頁94～129。

〔註154〕宋鼎宗，《春秋宋學發微》（臺北：萬卷樓圖書有限公司，2000），頁153。

之禮來助葬，使得「成妾母為夫人」，破壞了尊卑上下之分，「亂倫之甚，失天理矣」的貶義。二、在程頤的認知中，倫理綱常是天理的體現，妾與夫人的身分尊卑亦天理所制定，是不容混淆、破壞。而以妾母同嫡母，實際上是亂了天理，故孔子不稱周天子為「天王」，可見孔子於此之褒貶予奪。對於春秋時期，「母以子貴」導致妾母成為夫人之情況，他亦於《春秋・文公四年》：「冬，十有一月，壬寅，夫人風氏薨。」云：「自成風以後，妾母稱夫人，嫡妾亂矣！仲子始僭，尚未敢同嫡也。」〔註155〕批評妻妾不分的亂象，始於成風。此外，蘇轍的看法也與程頤相近。〔註156〕三、他將屬於倫理綱常、禮法提升到天理的範疇，並以「天理」作為最終評判的依據，〔註157〕讓他的見解出現了新意，更把《春秋》學納入了理學的範圍。〔註158〕

程頤的說法，為其後學所承續，如高閌（1097～1153）的《春秋集註》「專以程氏為本，又博采諸儒之說，為之集注」，其立足於程頤對經文的詮釋，加以增補潤飾，使其解說更加完整，云：「以天王之尊而成人臣之妾，以為夫人，又加厚禮焉！亂天倫，失天理矣！故去天，以示無天道也。」〔註159〕此外，又進一步闡發自己對《春秋》的理解，並云：

> 再娶不得稱夫人，而況妾乎？故庶子為君則為其母無服，不敢貳尊者也。自惠公仲子以再娶始僭，然尚未敢同嫡也。今風氏乃莊公之妾，雖于僖公為母，而直以夫人之禮薨之者，以天王成之為夫人故也。魯禮之變自此始，而妾嫡之分遂亂矣！後世不知此，乃有母以子貴之說，

〔註155〕宋・程顥，程頤，《二程集・河南程氏經說》，卷4〈春秋傳〉，頁1114。

〔註156〕成風稱夫人為魯禮敗壞之始，為多數春秋學者之共同看法，如蘇轍之《春秋集解》云：「自成風以來，妾母皆葬，蓋祔也。魯禮之變自此始矣！」

〔註157〕「天理」屬於二程創新的一個概念，雖然「天理」一詞最早見於《禮記・樂記》：「不能反躬，天理滅矣。……人化物也者，滅天理而窮人欲者也。」鄭玄釋「理」為「性」，孔穎達進而解釋「天理」為「天之所生本性」、「天生清靜之性」。但二程則將其上升為宇宙本體，故程頤云：「吾學雖有所受，天理二字卻是自家體貼出來。」而在經學的範疇中，大概有兩種解釋，一是姜廣輝認為「天理」為「天地人物公共的法則」；一是齋木哲郎依據程頤在《春秋》解經中，對「天理」一詞的使用，認為大體針對著自然界的秩序和天王的悖倫行為。姜廣輝，〈「道學思潮與經學革新：二程的經學思想與《伊川易傳》再認識〉，《中國哲學》第25輯〈經學今詮四編〉，頁286；日・齋木哲郎，〈程伊川的春秋學〉，《中國哲學》第25輯〈經學今詮四編〉，頁358。

〔註158〕趙伯雄，《春秋學史》（濟南：山東教育出版社，2004），頁481～483。

〔註159〕宋・高閌，《春秋集註》，《叢書集成新編》（臺北：新文豐出版公司，1985），第108冊，卷17，頁593。

甚至于妾死而加以皇后之諡，此皆不知《春秋》之旨者也。〔註160〕
既以夫人之禮，薨之復以小君之禮葬之，又別為之諡焉，實書以示
譏也。天以妾敵父，則卑君父之體；以妾並配，則黷嫡母之尊，《禮》
曰：「妾不得體君」，又曰：「妾之事女君，與婦之事舅姑等，《禮》
有君之母非夫人者，又庶子為父後者，為其母緦，蓋與尊者為一體，
不敢服其私親也。」然則母以子貴，非禮明甚，大失《春秋》之旨
矣！〔註161〕

高閌以「禮制」解釋經文，並作為判斷經文褒貶的標準。他以《儀禮・喪服》
申論妾者之身分卑賤，與父親之地位相差懸殊，亦與嫡妻有上下尊卑之別，
妾事嫡妻，如嫡妻事舅姑，由於不敢貳尊者，使得庶子必須降殺為生母之服。
而在庶子「為父後」者的情況下，其身分與尊者為一體，為生母服喪僅服緦
麻三月。〔註162〕成風為莊公之妾，僖公為尊其母，加以夫人之名，以小君之
禮葬之，更別為之諡。不僅是不顧及先君的餘尊，更是不敬嫡母之尊。因此
經文詳書成風之薨、葬，實譏諷以妾為妻，違禮之甚。又高閌於倡言「《春秋》
之法莫大於正名」〔註163〕，足見特重妾嫡之分，故其反覆論說母以子貴之說，
以及妾死加以皇后之諡之事例，不僅非禮，更不知《春秋》之旨，認為此等失
嫡妾之分，造成人倫紊亂的論述，實失孔子立教之本意。

又如胡安國（1074～1138）的《胡氏春秋傳》云：

夫婦，人倫之本，王法所尤謹者。今成風以妾僭嫡，王不能正，又
使大夫歸含賵焉，而成之為夫人，則王法廢，人倫亂矣。是謂弗克
若天而悖其道，非小失耳，故特不稱「天」，以謹之也。

至是成風書葬，乃有二夫人祔廟，而亂倫易紀，無復辨矣！故禮之
失，自成風始也。〔註164〕

胡安國繼承了程頤之論述，並進一步提出成風以妾僭嫡，周天子不但不能撥

〔註160〕宋・高閌，《春秋集註》，卷17，頁593。
〔註161〕宋・高閌，《春秋集註》，卷17，頁593。
〔註162〕漢・鄭玄注，唐・賈公彥疏，《儀禮注疏》（臺北：藝文印書館，2001），卷
　　　　33，頁388。
〔註163〕《建炎以來繫年要錄》載有：「秘書省校書郎兼史館校勘高閌面對，言《春
　　　　秋》之法莫大於正名。」見宋・李心傳，《建炎以來繫年要錄》，卷112，高
　　　　宗紹興七年七月甲子條，頁523。
〔註164〕宋・胡安國，錢偉疆點校，《胡氏春秋傳》（杭州：浙江古籍出版社，2010），
　　　　卷14〈文公上〉，頁219～220。

亂反正，反而助其成，自是二夫人祔廟、禮之失，皆由此始。其後家鉉翁（1213
～？）的《春秋集傳詳說》、陳深（1260～1344）的《讀春秋編》皆附和之。
〔註165〕足見，這種以書不書，約文示義的看法，已獲得後人的認同。（胡安
國之《春秋》相關論述，詳後文）

　　葉夢得（1077～1148）之《春秋公羊傳讞》以禮法嫡妾之分及稽核史事論
之，云：

> 子以母貴，母以子貴之論，何休因謂：禮，適夫人無子，則媵與姪
> 娣更以左右為貴賤，以次立其子，且以妾子立，則母得為夫人，此
> 皆禮未之有聞。是亦傳誤以仲子為桓母，求其義不得，而臆決之，
> 以為桓幼而貴，隱長而賤，所以從而附會為之說也。〔註166〕

葉夢得信《經》不信《傳》，闡揚中唐啖助、趙匡以《經》明《經》之理念。
其視《春秋》為史，認為《春秋》有孔子之筆削，於是寓存大義微言，不可以
書見。更以為《三傳》互有得失：《左氏》詳於史而不知經，《公》、《穀》詳於
經而不知史，故乃斟酌《三傳》，而求其史與經。〔註167〕《春秋讞》側重「破」，
〔註168〕故而先批評《公羊傳》「子以母貴，母以子貴」之論，並認為何休所
言，在嫡夫人沒有嫡子的情況下，擇立庶子為君，庶子為君，生母可以為夫
人，明顯違背禮之明尊卑、辨嫡庶的原則。他更指出《公羊傳》認為仲子為桓
公之母，乃因桓公年幼而生母身份較尊貴，隱公年長而生母身份較卑賤，據
此所作之臆測，實為牽強附會。

　　而仲子是否為桓公之生母？若據《左傳・隱公元年》載：「宋武公生仲子，
仲子生而有文在其手，曰為魯夫人，故仲子歸于我，生桓公而惠公薨。」〔註169〕
另《公羊傳》亦認為仲子為桓公之生母；《穀梁・隱公元年》則有新解稱：「仲

〔註165〕宋・家鉉翁，《春秋集傳詳說》云：「成風之含賵，會成風之葬，則王皆不稱
　　　　天，此《春秋》所以垂法於後，著義甚明也」，見《景印文淵閣四庫全書》
　　　　（臺北：臺灣商務印書館，1983），經部，第158冊，卷13，頁247；宋・
　　　　陳深，《讀春秋編》云：「王使榮叔歸含賵，又使卿會葬，施於諸侯妾母，恩
　　　　數有加，非禮也，故王再不稱天，以示貶。」見《景印文淵閣四庫全書》（臺
　　　　北：臺灣商務印書館，1983），經部，第158冊，卷6，576～577。
〔註166〕宋・葉夢得，《春秋三傳讞》，《景印文淵閣四庫全書》（臺北：臺灣商務印書
　　　　館，1983），經部，第149冊，〈公羊傳讞〉，卷1〈隱公元年〉，頁647。
〔註167〕張高評，〈《春秋》書法與「義」在言外──比事見義與《春秋》學史研究〉，
　　　　頁96～97。
〔註168〕趙伯雄，《春秋學史》，頁538～541。
〔註169〕《左傳》，卷2〈隱公元年〉，頁29。

子者何？惠公之母，孝公之妾也。」〔註170〕葉夢得所認為「傳誤以仲子為桓母」，雖無法證實此判斷是否正確，但可見宋人解經，不惑於傳注，自出新意的情形。

（二）以《春秋》之旨駁之

孟子、司馬遷皆認為孔子以「史事」寄託「大義」，但聖人之「大義」為何？歷代以來，各有所述，如唐代陸淳（？～806）認為《春秋》之宗旨，在於「尊王室、正陵僭、舉三綱、提五常、彰善癉惡」〔註171〕；孫覺（1028～1090）則認為《春秋》具備修身、正家、理國、治天下之道以及君臣、父子、兄弟、夫婦之法。〔註172〕陳傅良（1137～1203）的《春秋後傳》則云：「《春秋》之大義，夷夏之辨、君臣之分而已。」〔註173〕不可否認的是，《春秋》乃孔子付諸正名思想，予以建立百王之法度，萬世之繩準，包含了修身治國與綱常禮政等等諸事。

宋代《春秋》學者於《經》、《傳》關係問題上，認為「《傳》者出於《經》者也，而《傳》非《經》之本」，勿輕信三《傳》，當信《春秋》而已。〔註174〕因此，《公羊傳》所提出之「母以子貴，子以母貴」、「妾母為夫人」等立言，是否切合聖人之意，成為宋代《春秋》學者討論之重點。如田腴（建中靖國

〔註170〕晉・范寧注，唐・楊士勛疏，《春秋穀梁傳注疏》，影印阮元校刻《十三經注疏附校勘記本》，卷1〈隱公元年〉，頁11。以下簡稱《穀梁傳》。

〔註171〕唐・陸淳，《春秋集傳纂例》，《景印文淵閣四庫全書》（臺北：臺灣商務印書館，1983），經部，第146冊，卷1〈趙氏損益義第五〉，頁383。

〔註172〕宋・孫覺，《春秋經解》，《景印文淵閣四庫全書》（臺北：臺灣商務印書館，1983），經部，第147冊，〈春秋經解自序〉，頁555。

〔註173〕宋・陳傅良，《春秋後傳》，《景印文淵閣四庫全書》（臺北：臺灣商務印書館，1983），經部，第151冊，卷9，頁686。

〔註174〕宋代春秋學者，如劉敞在經、傳關係問題上，自覺明確地提出「《傳》者出於經者也，而《傳》非經之本，並說：「學者莫如信《春秋》，則外物不能惑矣。《春秋》云甲，《傳》云乙。《傳》雖可信，勿信也。孰信哉？信《春秋》而已矣。」或是崔子方，他基於對學者研讀三《傳》過程的反思，質疑學者治經非得透過三《傳》，不經三《傳》即無法明白義理。如此一來，既然經義為三《傳》所述，為三《傳》所賦予，《春秋》經無異等同虛文。故他堅決地提出「雖無《傳》者一言之辯，而《春秋》了可知」此一命題，並在理論上徹底否定三《傳》對經義的參考性。崔氏極力想突破必須經由三《傳》解經的既定格局，故他提出擺脫三《傳》、「舍《傳》求經」之治經路徑，反映出崔氏「尊經抑傳」的深刻用心。參見姜義泰，《北宋《春秋》學的詮釋進路》（臺北，臺灣大學博士論文，2013）。

間，除太學正），云：

> 《公羊》不知聖人之意也。故其立言多傷教害義，至如母以子貴，
> 子以母貴，及人臣無將，將則必誅。此二者尤甚。至今西漢時，尊
> 崇丁、傅，及誅大臣以為將謀惡者，蓋用《公羊》之說也，其為天
> 下後世害甚矣！〔註175〕

田腴批評《公羊傳》不僅不知聖人之意，其立言亦多傷教害義，尤以「母以子
貴，子以母貴」、「人臣無將，將則必誅」〔註176〕為甚。更指出此說之倡，令
得以外藩入繼的西漢哀帝（前27～前1）可以援引「《春秋》母以子貴」為由，
尊崇祖母傅氏為恭皇太后、母丁姬為恭皇后，〔註177〕開啟違禮尊崇之先。更
不用說「人臣無將，將則必誅」，為酷吏隨意安人罪名，打開了方便之門，讓
西漢皇帝得以牢牢地掌握大臣的刑殺大權。故而，直斥《公羊》之說，造成後
世嫡庶不辨、原心定罪，〔註178〕禍害天下後世為甚。

　　因之，如蕭楚（1064～1130）便申明學《春秋》者，當以經為據，直探經
旨，云：

> 大率三子得于《傳》，不能盡究聖人之旨，而皆有奇麗可喜之辭，學
> 者嗜焉或不暇博覽詳攷，或遂引據其說，至于為害、為亂，蓋多有
> 之……信其母以子貴，致妾嬖並后，僭亂宮闈，後世又比比而是，
> 此皆其大者。其他據其偏言、綺語，飾為雄辨，背道逆理，以惑亂
> 人主之聽，又頗有焉！故學《春秋》者，欲稽仲尼之心，當以經為
> 據，于二家不得不辨也！〔註179〕

蕭楚之《春秋辨疑》有二大特點，其一以專題例法詮釋《春秋》，其二，透由
《春秋》經義以致用於世。〔註180〕他認為《春秋》乃孔子據魯史所載亂敗之

〔註175〕宋・呂本中，《童蒙訓》，《叢書集成續編》（臺北：新文豐出版公司，1989），
　　　　卷下，頁184。

〔註176〕按，此語從《春秋公羊傳》的「君親無將，將而誅焉」引申而來。《公羊傳》，
　　　　卷9〈莊公三十二年〉，頁112。

〔註177〕漢・班固，唐・顏師古注，《漢書》（臺北：鼎文書局，1986），卷11〈哀帝
　　　　本紀〉，頁335。

〔註178〕張永鋐，〈漢代春秋折獄之法律思想及方法論探微——以政治案件之誅心論
　　　　及權變思想為核心〉，《國立政治大學歷史學報》19期（2002.05），頁15～
　　　　70。

〔註179〕宋・蕭楚，《春秋辨疑》，《叢書集成新編》（臺北：新文豐出版公司，1985），
　　　　第108冊，卷1〈弒殺辨〉，頁364。

〔註180〕侯步雲，〈蕭楚《春秋》學考略〉，《蘭臺世界》2015年第3期，頁12～13。

由，裁成其義，垂訓于世，冀後之君子前知而反之正也，並「非魯史之舊章」。
〔註181〕推求孔子取義之所以然，應以筆削論書法，即從《春秋》或書或不書，
或稱或不稱，彼此映照，互顯其義，以考求孔子其中之「義」。於此，他討論
孔子於《春秋》殺弑之辭，書有不同，認為三《傳》俱未盡聖人之旨，而學者
卻引據其說，如《公羊傳》「母以子貴」之說，不僅造成妻妾不分，王后與嬪
妃相提並論，從而嫡庶身分混亂，引起繼承問題、家族爭亂，更甚者政亂國
亡。因此，他指出為了溯及本源，釐清孔子之「心」，應回歸《春秋》經，以
經文為據。

　　胡安國亦持此論，又添加了一層新的意思，其以恩寵嬖妃，嫡嗣更位為
著眼，云：

> 《公羊》所謂「桓幼而貴，隱長而卑，子以母貴」者其說非與？曰：
> 「此徇惠公失禮而為之詞，非《春秋》法也。仲子有寵，惠公欲以
> 為夫人，母愛者子抱，惠公欲以桓為適嗣，禮之所不得為也。禮不
> 得為，而惠公縱其邪心而為之，隱公又探其邪志而成之，《公羊》又
> 肆其邪說而傳之，漢朝又引為邪議而用之，夫婦之大倫，亂矣！《春
> 秋》明著桓罪，深加貶絕，備書終始討賊之義，以示王法，正人倫、
> 存天理、訓後世，不可以邪汨之也。〔註182〕

從胡安國的論述中，可發現其認為《春秋》具備歷史高度之批判，為彰顯世道
之大義而作。而他以「正人倫，存天理」為重心，予以解讀經典，可證其自承
其學「微詞多以程氏之說為證」〔註183〕之說，更可見其發揮《春秋》之義，希
望重振人倫綱常，恢復社會秩序之心。他主張「嫡妾之分，君臣之義，天下之
大倫」〔註184〕，故不僅斥責《公羊傳》母以子貴為非，更不認為仲子的身分較
貴，因此桓公貴於隱公；並將夫婦人倫之亂，歸罪於魯惠公寵愛仲子，在愛屋
及烏的情況之下，明知不合禮法，卻欲以桓公為嫡嗣。在肆其私欲的情況下，

〔註181〕宋・蕭楚，《春秋辨疑》，卷1〈春秋魯史舊章辨〉，頁363。
〔註182〕宋・胡安國，錢偉彊點校，《胡氏春秋氏傳》，卷4〈桓公上〉，頁43。
〔註183〕宋・胡安國，錢偉彊點校，《胡氏春秋氏傳》，頁14。如趙伯雄即言胡安國之
　　　　說「其以程學為儒正統的立場至明顯。」而戴維則論南宋《春秋》時，直接
　　　　標舉「以胡安國為代表的程學系統」。兩人均明言程頤、胡安國學術為一脈。
　　　　見趙伯雄，《春秋學史》，頁499；戴維，《春秋學史》（長沙：湖南教育出版
　　　　社，2004），頁353。
〔註184〕宋・胡安國，錢偉彊點校，《胡氏春秋氏傳》，卷4〈桓公上〉，頁53。

最終亂了人倫，而亂人倫即是滅天理。〔註185〕之後，隱公成之、《公羊》傳之、漢代用之，最終導致後世嫡妾不分，夫婦不正，倫理尊卑秩序蕩然無存。

有鑑於此，如鄭伯熊（1124～1181）便對《公羊傳》「母以子貴」之說，不以為然，稱此說「失聖人正名分，辯嫡庶之說矣！」〔註186〕另魏了翁（1178～1237）於《春秋左傳要義》僅依孔穎達之《春秋正義》予以校勘，對於《左傳》與《公羊傳》主張「成風，妾得立為夫人，母以子貴，禮也」並未提出個人意見，其於《禮記要義》引用孔穎達觀點，來駁斥「母以子貴」之說，明顯屬於不合禮制，〔註187〕或可見其主張。

宋末家鉉翁的《春秋集傳詳說》秉持《春秋》的重點不是記事，而「大率皆予奪抑揚之所繫，而宏綱奧旨絕出語言文字之外，皆聖人心法之所寓」〔註188〕，繼承胡安國所持惠公溺於妃妾之私而破壞人倫秩序及高閌以禮制論妾母為夫人之說，云：

> 《公羊》則曰桓幼而貴，隱長而卑，立子以貴不以長；又曰子以母貴，母以子貴，流傳之誤，衰世弊俗。有欲立嬖妾子為君，必曰子以母貴，尊妾母為夫人，必曰母以子貴，往往以《公羊》藉口，其誤後學為甚。

> 〈喪服·傳〉庶子為父後者，為其母緦，與尊者為一體，不敢私其親也。自僖公致妾母為夫人，文公喪之，以小君之禮，而漢以後庶子為君者，遂持以為口實，隆妾母以尊名，而匹其父者舉皆是矣。〔註189〕

家鉉翁雖援用胡安國及高閌的看法來探討這個問題。不過，顯然更重視成風

〔註185〕康凱淋認為，「胡氏為了端正人心，一再聲明『存三綱』的重要，將形下『三綱』扣緊形上『天理』，表達人事易變，但天理恆存，人們應隨天理而行，肆人欲就會亂人倫，亂人倫即是滅天理。……『天理人欲』是他援用的門徑要領，具體主張就是建立夫婦、父子、君臣等人倫關係，以確定個體群體之名分，藉此維持社會秩序。」見氏著，《胡安國《春秋傳》研究》（臺北：致知學術出版社，2014），頁340。
〔註186〕宋·呂祖謙，《呂氏家塾讀詩記》，《呂祖謙全集》（杭州：浙江古籍出版社，2008），第4冊，卷4，頁71。
〔註187〕宋·魏了翁，《禮記要義》，《續修四庫全書》（上海：上海古籍出版社，2002），經部，第96冊，卷29，頁842。
〔註188〕宋·家鉉翁，《春秋集傳詳說》，〈原序〉，頁158。
〔註189〕宋·家鉉翁，《春秋集傳詳說》，卷1〈公不書即位〉，頁31；卷13〈王使召伯來會喪〉，頁247。

以妾為夫人及「母以子貴」之說，於後世所導致的禮治秩序亂象。這應與他
主張「《春秋》撥亂反正，遏人欲存天理」[註190]，並注重《春秋》經世致用
的部分有關。由於成風之後，妾母得以為夫人，為魯禮的一大改變。而這種
的改變，由日後來看，一旦名分錯置，嫡妾不分，禮秩將日趨瓦解，實是肇亂
之所由。故他致力於針貶「子以母貴，母以子貴」之說，並抨擊此說，本是衰
亂時代的弊俗，卻經過《公羊傳》的傳播，成為寵幸內嬖，嫡嗣更位的藉口，
實「誤後學為甚」。[註191]

（三）聖人「特筆」，寓以褒貶

　　許慎認為：「魯僖公得尊母成風為小君，《經》無譏文從《公羊》、《左氏》
之說。」[註192] 但在宋代《春秋》學者眼中《春秋》是否真無譏諷之意？若
引上文蕭楚《春秋辨疑》所論：「《春秋》因事屬辭，即辭觀義」，以遣辭用句、
書與不書見褒貶之意，可見孔子於《春秋》之所書，實有所取捨、予奪，遂有
因革、損益，然後於經文中人物稱謂如爵、名、字、氏等寓以褒貶深意。而這
種爭論褒貶，臧否義例，實為宋代《春秋》學之主潮。[註193] 針對「以妾母
為夫人」的《經》之譏文，如胡安國《胡氏春秋傳》以「經書『夫人』而不稱
姓氏，其貶深矣！」認為僖公為私恩崇其母，將成風立以為夫人，其罪不僅
是嫡妾亂矣，更是輕宗廟越禮之罪。[註194] 因此，《春秋》削去「姓氏」作為
譴責貶斥。

[註190] 宋・家鉉翁，《春秋集傳詳說》，〈綱領・原春秋託始上〉，頁 7。

[註191] 張尚英認為「家鉉翁對《春秋》性質、三傳、起止、義例、尊王攘夷等問題
的闡發，具有宋代《春秋》學會通三傳、重經世致用的典型特點。同時，由
於身處宋末，他對宋代《春秋》學的一些偏頗之處作了修正；在理學盛行的
背景下，他的《春秋》學打上了理學的烙印。」見氏著，〈家鉉翁《春秋》
學述論〉，《儒藏論壇》，2012 年 00 期，頁 68～84。

[註192] 清・陳壽祺，《五經異義疏證》，卷下，頁 117。

[註193] 張高評描述宋代春秋學之特色為：「爭論褒貶，臧否義例，為宋代《春秋》
學之主潮。追究一字之褒貶，執著以例求義，既鄙棄漢儒之章句學，又疏離
《三傳》不談，傾向隨意穿鑿。看似自由開放，實則依傍《公》、《穀》以之
創新出奇。」見氏著，《春秋書法與左傳史筆》（臺北：里仁書局，2011），
頁 378。

[註194] 宋・胡安國，《胡氏春秋傳》，卷 11〈僖公上〉，頁 158～159。對前賢的因襲
和承繼，趙鵬飛《春秋經筌》亦云：「今尊成風為夫人，是亂妃妾之分。葬
而諡之，以祔于廟，是亂宗廟之典。」宋・趙鵬飛，《春秋經筌》，《景印文
淵閣四庫全書》（臺北：臺灣商務印書館，1983），經部，第 157 冊，卷 8，
頁 224。

另沈棐於《春秋比事》，首按「屬辭比事，《春秋》教也」，依《經》比類
合為一書，而各作通論，〔註195〕其於〈禘論〉云：

> 經書夫人而不稱名氏，明言哀姜之非正，不得為夫人也。探僖公之
> 意，若謂哀姜、成風皆非正嫡，使哀姜得致，則成風之薨亦可祔于
> 太廟，以尊其母，曲全人子之孝，而不知僭慢典禮為《春秋》之罪
> 人，蓋亦未之思也。〔註196〕

沈棐企圖通過史事之編比，以考求《春秋》之微辭隱義。陳亮為《春秋比事》
一書作序，首先即強調「聖人經世之志，寓於屬辭比事之間」，即經類事，以
見其始末，使聖人之志可以捨《傳》而獨考。〔註197〕於此，他著重於僖公八
年經文：「秋八月禘于太廟，用致夫人」三《傳》對於「夫人」之不同探討。
他認為莊公曾以夫人許之孟任。因此，哀姜並非莊公的嫡妻，既然哀姜可入
太廟，則成風亦可入祔廟，指出僖公為成全己之孝思，導致僭慢典禮。此處
之論述有宋代皇帝生母得以祔廟的影子，不知是否乃借古諷今？

陳傅良之《春秋後傳》亦透過經文中的存削因革與字句損益作為解經路
徑，其演示《春秋》書「夫人」之異辭和褒貶與奪的關係，〔註198〕云：

> 夫人某氏薨，嫡稱也。此莊公之妾也，則曷為以嫡稱，稱之、喪之
> 以夫人之禮也。隱公之喪桓母，猶有疑焉，是故別廟也。祔姑稱謚，
> 伉然如夫人，則自文公之喪成風，始也。

> 以成風之喪，赴京師也。賵，常事不書，唯賵仲子、成風特書之，
> 則遂命為夫人也。春秋之初猶以是為非常事也，宣之敬嬴、襄之定
> 姒、昭之齊歸，雖命之為夫人不復書矣！

> 成風祔姑稱謚，伉然如夫人矣！其曰：「僖公」、「成風」修《春秋》
> 之辭也。夫人風氏薨，葬我小君成風，未修《春秋》之辭也。由成
> 風而下，宣母敬嬴、襄母定姒，皆從舊史之文，實錄而已！〔註199〕

〔註195〕據余嘉錫考訂，本書作者應為劉朔。本章仍依《四庫全書》舊題沈棐。見氏
著，《四庫提要辨證》（北京：中華書局，1980），卷1〈經部‧春秋類〉，頁
57～59。

〔註196〕宋‧沈棐，《春秋比事》，《景印文淵閣四庫全書》（臺北：臺灣商務印書館，
1983），經部，第153冊，卷11《禘論》，頁154～155。

〔註197〕宋‧陳亮，《春秋比事‧序》，《春秋比事》，頁8。

〔註198〕有關陳傅良解經方式，詳參康凱淋，〈陳傅良《春秋後傳》的解經方法〉，《臺
大文史哲學報》第89期（2018.5），頁41～75。

〔註199〕宋‧陳傅良，《春秋後傳》，卷6，頁655、658。

陳傅良以春秋情勢的轉變而言，「桓以少簒長，成風以庶亂嫡」為悖反名分、亂倫失禮，王道熄矣的開端。〔註200〕習以為常之後，就是三綱倫常隳壞、君道淪喪，導致政權消亡，亂世到來。陳傅良對於成風以妾母稱夫人的論述，特點在於春秋筆削之法，即常事不書、書「夫人」之異辭以及後續影響，其餘之觀點並不特別新穎，在宋代《春秋》經傳的著作中都可找到類似說法。

又針對「從舊史之文」這點，以家鉉翁之說法進一步補充，云：

> 聖人亦非謂成風可以配先君，妾母可以為夫人。蓋以僖公夫人之，文公以夫人卒葬之，夫子於魯先君之母不容黜其僭號，是以因舊文而書曰夫人，及秦人歸禭則仍書成風以正之，此《春秋》書法用之，於魯不得不然者也。〔註201〕

> （夫人歸氏薨）妾母僭夫人，自成風以來，《春秋》皆有譏。至是始無譏，非無譏也。僭禮之罪在僖、宣後之子孫，率循弊典有不足責焉耳！然直書其事，而無所隱，乃所以責之也。〔註202〕

家鉉翁之說大體與陳傅良無異，但闡發得更為詳密。他認為孔子並不認同「妾母為夫人」，但位號黜陟屬於周天子的職權，〔註203〕孔子不能藉《春秋》的筆削，削去成風的位號，這樣將僭越天子之職權。「是以書夫人於前，書成風於後」，透過直書其事，不加論斷，各因其實，而使成風「僭名之實」，見於言外。〔註204〕另外，針對成風而下的僭越者，孔子並非無譏，只是考量後世子孫僅是依賴舊例，一味遵循祖先弊典而行，其錯在於不思改正，不足以深責。於是據事直書，無所隱瞞，見其譴責。對於後世子孫循弊典行之，這點不禁讓人浮想連翩，是否隱含了對宋代諸帝出於對祖宗家法的敬畏，「在做事時愛依賴傳統或舊制」〔註205〕，肇致太廟一帝數后的僭禮亂禮的批評？

綜言之，宋代《春秋》學者對於「母以子貴」及「以妾母為夫人」之說，或駁其非禮，或責其邪說，或斥其禍害後世，或稱其不知聖人之意，也連帶

〔註200〕宋‧陳傅良，《春秋後傳》，卷6，頁655。

〔註201〕宋‧家鉉翁，《春秋集傳詳說》，卷1，頁36。

〔註202〕宋‧家鉉翁，《春秋集傳詳說》，卷24，頁418。

〔註203〕如劉敞即主張孔子不會藉《春秋》的筆削，侵犯天子職權。其云：「仲尼作《春秋》，雖以文褒貶乎，猶不擅進退諸侯也。諸侯之惡有甚於杞者，仲尼無所貶，蓋不以匹夫侵天子之事，豈若是顓之亂名實哉！」見氏著，《春秋權衡》，卷4，頁212。

〔註204〕宋‧家鉉翁，《春秋集傳詳說》，卷13，頁247。

〔註205〕鄧小南，《祖宗之法：北宋前期政治述略》，頁66。

抨擊何休對《公羊》傳文的解釋，駁斥其違背禮之明尊卑、辨嫡庶的原則。值得注意的有以下兩點：

1. 不同於漢唐經生，容或有贊同「母以子貴」之說者，宋儒幾乎是一面倒地採取了揚棄、抨擊的駁斥態度，堅決反對「母以子貴」及「以妾母為夫人」之說。〔註206〕此應與受儒學教養，以天下為己任的宋朝士大夫們基於維護禮法秩序、抑制皇帝的私情，將其導致正道的責任感下，冀望透過《春秋》大義予以懲惡揚善，導正社會秩序和倫理關係有關。〔註207〕他們基於定名分、立秩序的使命觀，對於朝廷越禮非法，以「母以子貴」之說尊崇皇帝生母，更使其配享太廟，認為不僅是「亂嫡妾之分」，更是「亂宗廟之典」，故而無法贊同其說。為了撥亂反正，故藉由對歷史事件、人物進行倫理、道德之評斷，試圖重新規定君臣父子的禮法秩序。因此，一面倒地採取了嚴格而駁斥的態度。

2. 在宋代學術中或許有很多股潛流、副調相互競爭或競合前進，〔註208〕於學術上有不同觀點或思路，但透由宋代《春秋》學者對於「母以子貴」、「妾母為夫人」的論述，卻可清楚發現《春秋》所闡發的倫理綱常秩序，為整個社會的道德價值共識。這種情況的產生，除了宋代《春秋》學者本身秉承的儒家教義、責任感之外，或許亦與深刻反思唐代亡國、北宋靖康之難等歷史教訓，〔註209〕通過重新闡發《春秋》註釋，借經淑世，予以傳播政治、道德和

〔註206〕按，駁斥《公羊傳》「母以子貴」之說者，非獨見於宋代《春秋》學者之說，多數宋儒亦如是持論，如洪邁於《容齋續筆·二傳誤後世》云：「公羊書魯隱公、桓公事，有『子以母貴，母以子貴』之語，後世援以為說，廢長立少，以妾為后妃。」宋·洪邁，《容齋隨筆》（上海：上海古籍出版社，1978），續筆，卷2〈二傳誤後世〉，頁238。另真德秀亦云：「若母以子貴，媵妾許稱夫人則亂矣！」宋·真德秀，《西山讀書記》見《景印文淵閣四庫全書》（臺北：臺灣商務印書館，1985），子部，第705冊，卷24，頁735。

〔註207〕王水照指出：「宋代士人的人格類型自然是多種多樣、異彩紛呈的，從其政治心態而言，則大都富有對政治、社會關注的熱情，懷有『以天下為己任』的責任感和使命感，努力於經世濟時的功業建樹中，實現自我的生命價值。」見氏著，〈「祖宗家法」的「近代」指向與文學中的淑世精神——宋型文化與宋代文學之研究〉，《王水照自選集》（上海，上海教育出版社，2000），頁14。

〔註208〕王汎森指出，歷史是由很多股力量競爭或競合前進的，一個時期並非只有一個調子，而是像一首交響曲，有很多調子同時在前行。見氏著，《執拗的低音：一些歷史思考方式的反思》（臺北：允晨文化實業公司，2014），頁58。

〔註209〕有關宋代士大夫如何透過經典的解釋及歷史事實的經驗，作出后妃於祭祀中地位的界定，本文已於第二、三、四章有所論述，此不贅述。

倫理的理念與原則，企望重振三綱之道，追求禮治秩序重建的理念有關。不可否認的是在現實上，雖然學者一再反對，有宋一朝的皇帝生母還是基於「母以子貴」的原則升祔太廟接受祭祀。（詳後文）

二、理學家對於皇帝庶生母祔廟之主張

在理學家中，張載對於祔祭的討論，遠較二程和朱熹嚴格。由於，他主張「祔以首娶」，繼室亦不得入廟，只能別為一所。〔註210〕因此，姪室是否得以入廟，自不待言。程頤亦不同意庶母入廟祭祀，惟考量到母子至情，他提出「庶母亦當為主，但不可入廟，子當祀於私室」〔註211〕，主張於私室祭祀，讓孝子得以表達孝思，追念生母。在《朱子語類》中，有一則朱熹與鄭可學討論程頤對於祔祭主張的問答，問：「伊川謂若所祭人是次妃生，即配以次妃。」曰：「此未安。古者諸侯一娶九女，元妃卒，次妃奉事。所謂次妃者，乃元妃之姪，固不可同坐。」〔註212〕查考《程氏遺書》之原文為：「或奉祀之人是再娶所生者，即以所生母配」。〔註213〕此乃鄭可學誤讀，而朱熹順其旨而答覆之。

鑑於「再娶」與「次妃」名分有別，亦有尊卑貴賤之分，故而朱熹回答可否祔廟之解釋亦有所差異。這其中，程頤強調與著重的是「娶」。《禮記·內則》云：「聘則為妻」，鄭玄注：「聘，問也；妻之言齊也。以禮見問，得與夫敵體也。」娶妻要舉行正式的聘禮，以及隆重的婚姻締結禮儀，使得妻的地位尊貴。在宋代婚姻中，前娶、後繼都以禮聘之，皆具有「妻」的身分。因此，程頤認為若祭祀之人為再娶所生，可用之配食（有關前娶、後繼祔廟之討論，詳見前文）。鄭可學則將「再娶」誤讀為「次妃」，朱熹解釋「次妃」之身分「乃元妃之姪」。《禮記·內則》云：「奔則為妾」，鄭玄注：「妾之言接也。聞彼有禮，走而往焉，以得接見於君子也。」〔註214〕妾的出身卑微，其地位亦如同家主的財產，身分低賤。〔註215〕朱熹以此認為「次妃配祭未安」，若舉其論婢而生子者，稱：「婢之子主祭，只祭嫡正，其所生當別祭。」〔註216〕

〔註210〕宋·張載，章錫琛點校，《張載集》，頁298。
〔註211〕宋·程顥，程頤，王孝魚點校，《二程集》，頁374～375。
〔註212〕宋·黎靖德，王星賢點校，《朱子語類》，卷128〈本朝二〉，頁3065。
〔註213〕宋·程顥，程頤，王孝魚點校，《二程集》，頁240。
〔註214〕《禮記》，卷28〈內則〉，頁539。
〔註215〕劉增貴，〈魏晉南北朝時代的妾〉，《新史學》2卷4期（1991.12），頁8～9。
〔註216〕宋·黎靖德，王星賢點校，《朱子語類》，卷90〈禮七·祭〉，頁2319、2302～2303。

可知，朱熹認為妾不能祔祭於祖廟，自當別祭。

對於庶子為帝，其生母可否祔廟，朱熹不僅堅持反對，更抨擊其訛謬，云：

> 三后並配，自本朝真廟始。其初議者皆以歸咎於錢惟演，後既習見為常，亦無復有議之者矣。古人雖以子貴，然庶母無係於先君之禮。如《左傳》書「僖公成風」，《晉書》「簡文太后」，皆以係於其子，而別制廟以祀之。必大〔註217〕

朱熹批評錢惟演（962～1034）為了得到仁宗垂青，提請將真宗繼后劉氏和仁宗庶生母李宸妃的神主與真宗元配郭氏一同祔於真宗廟室，成為先例，造成日後違禮的開端。在皇帝的私情因素、群臣們依循前例的情況下，最終讓皇帝的庶生母祔廟為通例。他並指出古人倘庶子為帝，雖以「母以子貴」為由，為庶生母上尊號。但這些庶生母，由於未曾被先帝冊為皇后，就不會以皇后名位配享於先帝廟室。她們的皇后、皇太后尊號，既來自親生兒子，念及兒子對庶生母無限的孝思，就當別廟以祭祀之。

又復於論述《春秋》經傳時，再次針對宋代祔廟一帝多后情況予以批評，云：

> 僖公成風，與東晉簡文帝鄭太后一也，皆所以著妾母之義。至本朝真宗既崩，始以王后並配。當時羣臣亦嘗爭之，為其創見也。後來遂以為常，此禮於是乎紊矣。人傑。四年。〔註218〕

本則記載者為萬人傑，其所聽聞時間為庚子（宋孝宗淳熙七年（1180））以後，所署時間為四年，應為宋光宗紹熙四年（1193）。此處，朱熹認為真宗崩後，以三后並配之時，群臣仍有所爭議，後來卻習以為常，認同太廟廟室中一帝數后的模式，自此之後，禮於是紊亂。

綜言之，朱熹等人在「妾室入廟（皇帝庶生母祔廟）」的問題上，皆秉持著國家宗廟實際上是一朝帝系的象徵，因此堅持「嫡庶有別」的論述，而對於妾室入廟皆持反對意見。可發現宋代理學家依循其所習自經典的理想，面對國家儀典、現實生活及儒家之人倫秩序之衝突，仍保有不可撼動的底線。雖然，朱熹等人的意見，於宋代未被朝廷所接受，但在理學取得學術地位後，明代皇室

〔註217〕宋・黎靖德，王星賢點校，《朱子語類》，卷128〈本朝二〉，頁3065～3066。
〔註218〕宋・黎靖德，王星賢點校，《朱子語類》，卷83〈春秋〉，頁2166。

便引以為例。因此，明代太廟堅持「廟享惟一帝一后。后必元配。」〔註219〕皇后若非元配，僅能創別廟祭之。〔註220〕即使強勢如明世宗嘉靖皇帝（1507～1567）曾不顧朝臣反對，追尊生父為興獻帝，並強行將睿宗（興獻帝）的牌位升祔太廟，排序在明武宗之上。〔註221〕但在皇后祔廟的心願上，卻無法如願。雖然世宗臨終前遺命要與第三任皇后孝烈皇后方氏（1516？～1547）祔廟合葬。不過，在世宗死後，禮臣議：「孝潔皇后，大行皇帝元配，宜合葬祔廟。若遵遺制祔孝烈，則舍元配也，若同祔，則二后也。」〔註222〕最後，穆宗隆慶皇帝（1537～1572）仍以世宗的元配孝潔陳皇后（1508～1528）祔太廟世宗室。〔註223〕更遑論庶子為帝，其庶生母亦僅能別廟祭祀。如憲宗庶生母孝肅周太后僅能別祀於奉慈殿，不祔廟，其餘庶子為帝的穆宗、神宗、光宗、熹宗及莊烈帝之庶生母皆如是。〔註224〕

三、皇帝庶生母祔廟之實況

前文中，朱熹稱「三后並配」，從真宗廟室開始。其實不然，宋代太廟中「三后並配」的情況，最早出現於太宗廟室。太宗正后李氏（明德皇后）「嘗生皇子，不育」〔註225〕，太宗三子皆為庶出。而真宗之生母李氏，在世時為妃嬪第四等之「夫人」。真宗即位，才追封生母成為第一等之「賢妃」。〔註226〕咸平元年（998），李賢妃加封號為皇太后，諡號元德，神主供奉於別廟。此時，庶出的真宗在太廟中祭祀的是太宗繼室符氏，自己的庶生母只能別廟祭祀，為了使自己的庶生母進入作為國家象徵的太廟，並消減庶生母升祔太廟帶來的反對聲音，真宗一舉將太宗正后李氏、繼室符氏和生母李賢妃升祔太廟。〔註227〕

真宗去世後，繼位之仁宗亦為庶出，真宗的三個正妻，外加仁宗的生母李宸妃，何者得以祔廟問題又成了爭議。此時奏言多投仁宗所好，僅呂公著

〔註219〕明‧李東陽，申時行等，《大明會典》（台北：國風出版社，1963），卷86，頁1360。
〔註220〕清‧張廷玉，《明史》，卷52〈禮六‧奉慈殿〉，頁1334～1336。
〔註221〕清‧張廷玉，《明史》，卷17〈世宗一〉，頁228；卷47〈禮一〉，頁1224。
〔註222〕清‧張廷玉，《明史》，卷114〈后妃二〉，頁3530。
〔註223〕清‧張廷玉，《明史》，卷114〈后妃二〉，頁3532～3533。
〔註224〕清‧張廷玉，《明史》，卷113〈后妃一〉，頁3519。
〔註225〕元‧脫脫，《宋史》，卷242〈后妃上〉，頁8610。
〔註226〕元‧脫脫，《宋史》，卷242〈后妃上〉，頁8610～8611。
〔註227〕朱溢，〈唐至北宋時期太廟祭祀中私家因素的成長〉，頁66。

（1018～1089）獨排眾議上奏云：「苟非正嫡，雖以子貴立廟，即無配祔之禮。」
〔註228〕但他的論說並沒有獲得採納。最終，仁宗庶生母李宸妃還是入了真宗
廟室。此後，哲宗庶生母朱氏、徽宗庶生母陳氏亦循著李賢妃、李宸妃之先
例，得以祔於太廟神宗室。

南宋時期，皇帝或為元妃、嫡后所出，如光宗、寧宗；或為外藩入繼，以
所後者為父母，如孝宗、理宗，故皆不涉及生母祔廟的問題。唯一違禮卻出
自於高宗。北宋四位以庶子即位的皇帝，真、仁、哲、徽四帝，為顯孝思，讓
生母得以祔廟，然都是先升為妃，後才尊為皇太后。或許皆於身後始加榮耀，
因此，士大夫們反對聲浪不大。更有甚者，哲宗庶生母朱氏（1052～1102）在
世時，由於神宗嫡后向氏（1046—1101）尚在，依「自古無並為皇太后之禮」，
〔註229〕只得尊為皇太妃。

但在宋室南渡，高宗即位之後，他「遙尊生母韋賢妃為宣和皇后」。李心
傳記載此事之際，特於文後，說明：「國朝循前代之制，帝母稱皇太妃」，暗指
韋賢妃（1080～1159）為宣和皇后實違反祖制，但亦顧及現實，為高宗緩頰解
釋破例之因，「至是以道君皇帝在行，而特上尊號。」〔註230〕之後，高宗在帝
位鞏固後，遙冊韋氏為皇太后。

自是，高宗初年共有多名皇后、皇太后並立的現象。或許處於兵荒馬亂
之際，高宗違禮破例之事，幾不見士人議論。不過，若回顧上文宋代《春秋》
學者對於「母以子貴」的嚴重駁斥，如蕭楚、胡安國、高閌皆處於高宗朝，尋
思其所論述「妾嬖並后」、「人倫亂矣」等字裡行間似寄寓了言外之意，即以
古喻今隱約表達了對皇帝違禮亂紀的批評。此外亦可於《朱子語類》窺得一
二，云：

> 秦檜居溫州時，陳（鵬飛）嘗為館客。後入經筵，因講公羊『母以子
> 貴』之說為非是，因論嫡妾之分。是時太母還朝，陳遂忤太上意，安
> 置惠州。……」先生又云：「《公羊》之說非是，只有一嫡。」〔註231〕

〔註228〕宋‧趙汝愚，《宋朝諸臣奏議》（上海：上海古籍出版社，1999），卷88〈上
　　　　仁宗議四后廟饗〉，頁950。
〔註229〕宋‧李心傳，崔文印點校，《舊聞證誤》（北京：中華書局，1981），卷3，
　　　　頁38。
〔註230〕宋‧李心傳《建炎以來繫年要錄》（北京：中華書局，1959），卷5，高宗建
　　　　炎元年五月癸巳條，頁120。
〔註231〕宋‧黎靖德，王星賢點校，《朱子語類》，卷132〈本朝六〉，頁3173。

按朱熹所言，陳鵬飛（1099～1148）曾以「嫡妾之分」，駁斥《公羊傳》「母以子貴」之說為非，開罪了高宗尊崇庶生母之心意，落得安置惠州的下場。朱熹論及此事之時，已時過境遷，而韋賢妃已從宣和皇后變為祔於徽宗廟室的顯仁皇后。當時高宗違例為庶生母上皇后、皇太后稱號之事，再無人提及。但朱熹仍秉持所學，不單是表達其立場，更希望撥亂反正，重申「只有一嫡」的人倫秩序，並聲明《公羊傳》「母以子貴」之說是錯誤的經義。

朱熹如此慎重地駁斥「母以子貴」之說，實因宋代皇帝庶生母升祔太廟的禮法依據，正是援引《公羊傳》「母以子貴」之說，從而壓倒以名分為圭臬的太廟祔廟原則（有關「母以子貴」之論述詳見上文）。如真宗庶生母李賢妃（元德皇后）升祔太廟，乃「母貴由於子，子孝本於親」〔註232〕；又如錢惟演（962～1034）建議將仁宗庶生母李辰妃（章懿皇后）的神主祔於真宗廟室，亦是以「母以子貴，廟以親升，蓋古今之通義也」為由。〔註233〕而徽宗追封庶生母亦以「母以子貴，於古有稽，而禮義以起。惟事之稱，宜崇位號，以慰在天之靈，稱朕友恭敦報之意」為由。〔註234〕可說《公羊》中所揭示「母以子貴」的原則，正是替帝王因私情尊崇庶生母，予以開脫的最好依據。有些官員如李昭述（？～1059）甚至主張皇帝庶生母在太廟中的地位應高於正后。〔註235〕雖然，這個主張遭到反對，正后於太廟中的地位仍居首，以示尊重正嫡之地位，惟皇帝庶生母躍居諸妃之上，升祔太廟又突顯了其身份的特殊性，正表現出禮制傳統與現實人情之間的拉扯與妥協。

附帶一提，在宋代尚有另一種由皇帝愛寵而追冊之皇后，如仁宗的張貴妃（溫成皇后）生前「有盛寵」，且「勢動中外」，死後「仁宗哀悼之，追冊為皇后」。〔註236〕「立溫成皇后廟，樂章祭器數視皇后廟，後以諫官言，改為祠殿，歲時令宮臣薦行常饌」。不過，張貴妃因無子嗣，身後雖有仁宗哀弔不已，惟因無法憑藉子嗣之力，使其得入太廟配食。可見，子嗣對於女性地位、人

〔註232〕清・秦蕙田，《五禮通考》，卷103，〈吉禮〉，頁19。

〔註233〕宋・李燾，《續資治通鑑長編》，卷112，仁宗明道二年五月丁卯條，頁2615。

〔註234〕清・徐松，《宋會要輯稿》，〈后妃一〉，頁231。

〔註235〕此一主張與真宗大中祥符六年如出一轍：「有司言：「按唐先天元年，祔昭成、肅明二后於儀坤廟，肅明雖睿宗在藩之日立為妃，昭成以帝母之尊故位居其先。今請升祔元德皇后於懿德皇后之上。」參見宋・李燾，《續資治通鑑長編》，卷81，真宗大中祥符六年七月庚子條，頁1840～1841；卷156，仁宗慶曆五年七月壬寅條，頁3789。

〔註236〕元・脫脫，《宋史》，卷242〈后妃上〉，頁8622～8623。

生的影響力。又如徽宗之劉貴妃（明達皇后）、劉安妃（明節皇后）生時備受寵幸，甚至「擅愛頤席」，亦育有子嗣，死後被追崇為皇后。〔註237〕惟其子未得為帝，根本未列入祔廟的考量對象。可知，「母以子貴」仍關乎宋代妃嬪死後的地位。雖然對於妃嬪而言，無子嗣在皇室中並不是首要之惡。但若從后妃自身的角度來看，無子或者無顯貴之子，卻可能會導致她的失寵，連帶她失去權勢，和未來母以子貴的希望，〔註238〕甚至是身亡之後可否血食於廟，受到後人祭祀。

　　簡言之，妃嬪能否得以入廟祭祀，往往基於有沒有顯貴之子，利用本身的權力提升生母的地位，使得母親依靠兒子，母以子貴，子則得以尊奉其母。不過，綜觀宋代之后妃，除了嫡后可以確知自己配食於廟，享受後代子孫的供養外，其餘之妃嬪，除非遇到兒子登基，否則是無此等榮耀的。大抵而言，不管是嫡后或是妃嬪對於自己的身後事，根本沒有置喙與選擇的餘地。只能期待孝子賢孫方才取得配食於廟的地位。

　　從漢代起，基於禮制的理想與經生主張，甚強調嫡庶之別。妾子為君，嫡母與生母須嚴格辨別名份。旁支入繼大統，與本生父母亦當嚴格區分。因此不論是以妾母為夫人並上皇后尊號、或是旁支入繼大統改葬祖母，並上皇后尊號、或是因種種理由廢棄嫡后而以生母或其他后妃取代，並與先帝合葬、配食，於禮制上均被視為嚴重悖禮亂分。〔註239〕然而，宋代繼后、皇帝庶生母祔廟卻是普遍的現象。雖說是帝王因私情尊崇生母，亦也少見禮官、大臣們反對。〔註240〕似乎只有理學家、宋代《春秋》學者於講學、著書之際，如此嚴格的堅持「嫡妾之分」，反對「母以子貴」之說。兩者之間的差距對比宋代皇后祔廟之實況，就如同平行線，涇渭分明，毫無交集。

　　這或許與孫復、程頤、胡安國及朱熹等人，一生主要以教學生活為主，只有短暫的為官經歷有關。如朱熹自紹興十八年進士及第，到寧宗慶元五年（1999）致仕，在五十二年的政治生涯中，出任地方官職的時間，其實僅只九年多，而仕立朝廷則只有短短四十六日。他們未必全然無視皇帝的「親親

〔註237〕元・脫脫，《宋史》，卷243〈后妃下〉，頁8644～8645。
〔註238〕林素娟，《神聖的教化：先秦兩漢婚姻禮俗中的宇宙觀、倫理觀與政教論述》（臺北：學生書局，2011），頁555。
〔註239〕林素娟，〈漢代后妃的嫡庶之辨——以葬禮及相關經義為探究核心〉，《中國文哲研究集刊》26期（2005.03），頁355。
〔註240〕宋・程顥，程頤，王孝魚點校，《二程集》，頁200。

之私」，只是志在天下，繫念社稷政事與天下蒼生，始終把尊尊原則放在考量的第一位，認為不可增損。即如程頤所云：「古禮既廢，人倫不明，以致治家皆無法度。」〔註241〕為秩序重建而努力，〔註242〕加以傳道授業日久，秉性已成，不免以自己所秉持的古代禮制來討論此事。

　　雖然，他們或許在政治上少有建樹及影響，但他們的重要性並不在於對當時所產生的實際影響。而在於他們的思想、理念對於後世制度的建構、社會生活方式的變化，甚至是道德倫理秩序的影響與作用。宋代學者們基於政治、道德倫理的理念與原則，透過撰寫經典之注釋，予以傳播他們的理念和思想。明清之後，程朱理學定於一尊，其著作成為任何的讀書人都必須學習、熟讀，不單得以傳揚及發揮他的思想，更在淺移默化中去薰陶、甚至改造人心，成為社會意識形態主流。或許這才是宋代后妃祔廟的討論最重要的一點。不僅可反映出當代學術思潮、政治因素及性別觀，及發掘出理學家鮮為人重視的禮學祭祀與宗廟制度的思考與努力外，更看到他們對於後世的影響。

〔註241〕宋‧程顥，程頤，《二程集》，頁 200。

〔註242〕余英時認為，道學家在政治上與王安石分裂以後，轉而更沉潛於「內聖外王」之道，為秩序重建作更長遠的準備，因為他們始終認定「新法」的失敗，其源在錯誤的「新學」，為了建立更穩固的信仰，他們發展了關於秩序重建的雙重論證。第一是宇宙論、形上學的論證，為人間秩序奠定精神的基礎；第二是歷史的論證可人相信合理的秩序確已出現過，不是後世儒者的「空言」，是上古「聖君賢相」所以行之有效的「實事」。見氏著，《朱熹的歷史世界：宋代士大夫政治文化的研究》（北京：三聯書局，2004），頁 121。

第六章　結　論

　　本文以《禮》經記載，本屬后妃可參與之「先蠶」、「高禖」以及「皇后祔廟」等祭祀之禮，於宋代之發展情況為主要的研究對象。為了解各時期禮儀施行的差異之處，特溯源原始祭儀、《禮》經，並參酌宋代的政治文化、學術思潮及社會背景，以及史料所反映的現實狀況、宋儒之理想、和儀式規劃等諸層面，對宋代后妃參與祭祀禮儀之情況作了探討。論文中的細部論述，及所牽涉之複雜面向，不再此重複，僅就幾個重點進行簡單的總結。

　　第一、就宋代「先蠶」、「高禖」以及「皇后祔廟」的發展和變化而言。大抵可歸納劃分出四個階段：

　　1.「草創期」為宋太祖開國至仁宗慶曆二年（960～1042）。雖然，宋太祖立國之初，已編撰《開寶通禮》，但諸如「先蠶」、「高禖」之禮皆未曾施行，皇后祔廟仍採「一后配食」之制。其復行或變化之時期，大抵於真宗至仁宗初年。不過，此時對禮儀之制定與規劃，仍多本於漢、唐經傳及延續《開元禮》而來，如以唐代孔穎達所認定之高禖之神：伏羲（太昊）、帝嚳（高辛氏）配享，祀法採取「先奠璧而後燔柴」之程序、皇后祔廟仍堅持太廟「每室一帝一后」。不過，亦有新創之處，如高禖祀區分內、外行禮、使用上香儀；先蠶禮改至東郊祭祀、以男性官員負責，並採一獻禮為之等等。

　　2.「變革期」為仁宗慶曆三年至徽宗政和二年（1043～1112）。從祀儀的改動與變化情況觀之，雖然，仁宗慶曆之後略有更動，如先蠶禮受到李林甫注〈月令〉稱先蠶為天駟（房宿）的影響，改祭天駟，更以燔燎以祭；又如高禖祀是否需設置弓矢、弓韣以祭，仍有所搖擺。再者，禮官們開始認同太廟廟室中一帝數后的模式。而神宗熙寧、元豐年間，可說是此三種禮儀的轉折

階段。此時王氏「新學」成為官方學說，「一時學者，無敢不習，主司純用以取士，士莫得自名一說，先儒傳注，一切廢不用」〔註1〕，詳定禮文所禮官亦多為出身王氏「新學」之人，對於儀節提出諸多更動之處。如高禖祀改採先奏樂六變，升煙以降神，後奠幣之程序、犧牲則改犢為角握牛；如先蠶禮則將先蠶壇遷至北郊，並確定了所拜祭之先蠶乃始蠶之人；而在皇后祔廟部分，則以「始微終顯，皆嫡也」，讓嫡后、繼后，早亡未立后的元妃皆可配祔太廟。可發現禮官對禮經的詮釋亦因學風的轉變而產生差異。

　　3.「定型期」為徽宗政和三年《政和五禮新儀》頒布，至高宗紹興十七年（1113～1147）。此期間不僅於徽宗宣和元年（1119）、六年（1124）分別實施了二次「皇后先蠶禮」。紹興十七年，宋高宗更親祠高禖，為兩宋時期祭祀高禖的最高規格，亦是空前絕後之舉。此期間儀節的更動，如高禖祀因王氏「新學」視姜嫄為高禖神，故於《政和五禮新儀》取消了禖神從祀之位，改以姜嫄及簡狄從祀；又如皇后先蠶禮之方位、路線，為遵循男女異路的禮制禮想，以「東、左」為主；還有皇帝庶生母配祔太廟成為常例。另外，在學術與禮儀的關聯性上，雖然宋室南渡初期，王氏「新學」遭到很大的衝擊和致命的否定，此時更是新學、蜀學及理學相互消長的時期。不過，由於朝廷仍以秦黨或是出身王學之人居多，因此，如高禖祀雖於樂歌方面有所差異，但基本上大部分祀儀仍沿用《政和五禮新儀》，即以王氏「新學」為主。

　　4.「多元探究期」為高宗紹興十七年（1147）之後。南渡之後，宋廷對於「先蠶」、「高禖」以及「皇后祔廟」之祀儀，皆因循舊儀，不再有所改作。但在王氏「新學」走向式微之後，宋儒開始相繼援引經典傳疏，提出不同於宋廷祀儀的主張。如對於高禖神的認定，或認為高辛氏之前已有禖神之祀，而姜嫄、簡狄並非最原始之禖神；或認為女媧才是高禖。綜言之，皆不認同簡狄、姜嫄為高禖神，更有以人情常理斥責鄭《箋》所稱，簡狄吞玄鳥之卵而生契、姜嫄履巨人跡而生后稷之事蹟，為荒誕不實的「怪妄之說」。不過，大抵皆認同古代有禱於高禖之神，祈以求子的祭祀。此外，亦有朱熹對於《政和五禮新儀》及「奠鎮圭，執大圭」的儀節的反對，及葉適對於先蠶禮為何不舉行的檢討。甚至是理學家以及《春秋》學者對於皇帝庶生母祔廟的反對等等。雖然，這些論述皆未獲宋廷採納，據以改革祭祀之禮，卻在明代產生了作用。

〔註1〕元・脫脫，《宋史》（臺北：鼎文書局，1980），卷327〈王安石傳〉，頁10550。

　　總此，若就此三項禮儀於宋代的發展來看，實反映出不同時期之學術思想，對於經典、禮文的不同解讀，對於禮儀的規劃與制定之影響。不過，基於裁定權掌握在皇帝手中，該學說是否能得君行道，將理想化為現實，實有賴皇帝的支持。可說，真正起決定性作用的是現實的政治力，甚至是皇權的裁奪，或可說是經過朝廷認證，取得了政治與學術之間的某種程度的平衡。而未獲朝廷施行的理念，如朱熹等人之主張，雖與當時朝廷所施行的禮文儀節存在著距離，但是否就毫無意義？亦不盡然。倘以元、明之後，程朱理學定於一尊，對政治社會以及學術的影響思之，可謂影響深遠。或可說，他們的重要性或許不在於對當時政治所產生的實際影響。而在於他們的思想、理念對於後世制度的建構、社會生活方式的變化，甚至是道德倫理秩序的影響與作用。

　　第二、從禮儀的規劃與施行狀況，可發現人情與禮法之間的兩難。而這種試圖轉圜調整的努力及不可撼動的底線，主要體現在以下兩方面：

　　1. 從禮官對於禮儀的規劃，如高禖祀的區分內外祭祀、先蠶禮採有司攝事等等。可發現他們既要傳承漢、唐以來的基本骨架，又要在顧及現實的情況下，不得不因應現實的狀況、皇帝的意旨，對古禮作出調整和修正。這當中尤以打破一帝一后的太廟配享原則，讓有宋一代的嫡后、繼后，早亡而未被立后的元妃，以及皇帝庶生母皆具有升祔太廟的資格，最能反映現實、人情凌駕於禮法的狀況。雖然，正后於太廟中的地位仍居首，以示尊重正嫡之地位，惟皇帝庶生母躍居諸妃之上，得以升祔太廟又突顯了其身份的特殊性，正表現出私情與公義之間的拉扯與平衡。從結果觀之，禮官在主張通達人情的情況下，讓皇帝的私情戰勝了禮制傳統，雖有其為難處，但實為向現實妥協。反之，若從理學家基於皇帝宗廟禮制，為家國秩序的根本，自該反映出人間倫常秩序規律，故堅守長幼尊卑秩序，以及社會道德名分的信念，而以嚴別嫡繼的態度，以公義絕私情，堅持以元配配享，並反對庶生母入廟祭祀。雖然，最終不為皇帝所接納。但，他們這種執綱常倫理以爭大義，不向現實妥協，不屈於權威的氣節，當為後人所欽敬。不過，倘理想無法付諸實踐，只是空談。從禮官的妥協和理學家的堅守天理人倫，可看到這其中的兩難，亦揭示了皇權、現實與禮法理想之間衝突與扭曲。

　　2. 另從朱熹對於前娶、後繼何者祔祭之討論，可發現他對於國家宗廟祔廟及民間家廟祔廟實有兩套標準。即便同樣是祔廟，朱熹的思想也有細微的差別與變化。其中，對於民間家廟中前娶、後繼的祔祭主張，大致可分為三

個時期：在乾道初年，遵循程頤之說，認為當以祭祀之人的所生母配。乾道九年之後，則承繼張載之意，主張「配祭，只用元妃」，繼室、庶母或是妻子先亡都各設為別廟祭祀；到了晚年，則舉《唐會要》之事例為證，認為在宋代不論前娶、後繼皆屬正室，主張只要是嫡母，無先後之分，皆當並祔合祭。從朱熹論述民間家廟祔祭的情況，可看出其順應宋代婚姻制度（再娶「皆以禮聘」，都是正室）的改變，改以人情、時勢為考量，提出因應時代發展潮流的儒家禮儀，有其斟酌與折衷之處。但在宗廟祔廟的主張上，則基於宗廟為國家的象徵，其倫理綱常和長幼尊卑秩序，不僅具有風教的示範作用，更是家國秩序的根本，更且認為嫡／繼、嫡妾之間亦於名分上有根本的差別，故堅持祔廟應以一帝一后為原則，祔以元妃。從中，可映現出禮的不變與可變動性。而據其對於民間家廟祔廟的多次討論，亦可見在時代社會變遷下，朱熹如何簡化、變通古代禮儀，以達到移風易俗，導民以正的努力。

第三、就學術思潮的嬗遞而言，大抵有二點值得說明：

1. 基於不同學術論述，所造成的祀神改變，不僅會造成祀法的變動，亦出現援引不同儒家經典情況。如仁宗慶曆之後，基於古人蠶馬同類的觀念，更兼受到唐代李林甫注〈月令〉的影響，將「先蠶」的「先」字解為本源，認為蠶之生是感天駟星所化，故視先蠶為天駟星（房宿）。而天駟屬於日月星辰之類，有鑑於「天神在上，非燔柴不足以達之」，故以燎祭為主。時至神宗元豐年間，詳定禮文所禮官以「先」為初始、開始，始為者，將先蠶理解為蠶織的創始人，主張先蠶為始為桑蠶之人，屬於地祇之類，因「地祇在下，非瘞埋不足以達之」，故以瘞埋為之。從先蠶與天駟的關係認定，反映了唐、宋時人對於蠶馬同類的某種認知，以及王氏「新學」學者不做繁瑣的章句注疏，直接闡發經義的治學特點。又如高禖祀於仁宗至徽宗《政和五禮新儀》頒布之前，由於彼時據漢、唐經傳及北齊祀儀主祀青帝，配享伏羲、帝嚳，以禖從祀，故而祀辭緊扣《禮記・月令》而創作；神宗朝之後由於王氏新學認為姜嫄為禖神，故在徽宗《政和五禮新儀》頒布之後，視姜嫄、簡狄為禖神，而祀辭圍繞著以《詩經》為中心而展開。不僅內容有所差異，亦出現援引不同儒家經典為典的情況。

2. 對於《春秋》「以妾母為夫人」以及《公羊傳》「母以子貴」的不同解讀。宋代之前，經生對於《春秋》「以妾母為夫人」以及《公羊傳》「母以子貴」各有主張。降至宋代，基於不惑於傳注和義疏，具其事，憑其文，重義理

闡發的學風之下，其論述大抵有二：一、對於《春秋》「以妾母為夫人」的經文，或以《春秋》僅稱「夫人」未稱「姓氏」，乃是以遣辭用句、書與不書，作為譴責貶斥。或認為孔子並不認同「妾母為夫人」，但位號黜陟屬於周天子的職權，只能透過直書其事，而使成風「僭名之實」，見於言外。二、對於《公羊傳》「母以子貴」之說，或以尊卑禮法秩序及歷史經驗的角度，批評「母以子貴」之說，非但不符合《春秋》定名分、勸懲教化之情，更使得倫理秩序失序，國本動搖亦由此起。或秉持「嫡妾之分，君臣之義，天下之大倫」為原則，予以斥責《公羊傳》母以子貴為非。總而言之，可發現宋代《春秋》學者並不似漢、唐經生信《傳》之說，僅針對不合禮法之處予以詮釋、申論，使之趨於禮。而是看法一致的堅決反對「母以子貴」及「以妾母為夫人」之說。他們更透過重新闡發《春秋》註釋，企望借經淑世，並重振三綱之道。可說，追求禮治秩序重建的理念，為整個社會的道德價值共識。不過，從宋廷皆以「母以子貴」之說，讓皇帝庶生母得以配祔太廟，亦可發現理論與實際、人情孝思與禮法秩序之間的無法避免的衝突。

第四、就宋人所堅持的男女性別秩序的原則而言。我們從宋儒重新詮釋《春秋·桓公十八年》：「公與夫人姜氏遂如齊」，大談「女子以幽靜為德，正位於內而已」，或強調夫強婦順，乾陽坤陰，並闡發男女尊卑錯位、女攝外事，於家於國的危害的看法，可說充滿著對男女內外的認同，並具有對於女不正位將導致秩序失序的擔憂。而這種闡發男女正位的觀點幾乎充斥於宋儒對於經典之新釋義中，如解釋皇后所著之鞠衣，亦是以男女正位著眼，從而申明鞠衣、展衣、緣衣皆為婦人所用之正色，以此服色而得「女正」。又如解《禮記·哀公問》：「直言之禮」亦以「婦人不與於外事」為由，認為「夫聽外治，后聽內職，家齊而後國治也」。又如胡宏批評《周禮·天官·冢宰》中內小臣之職掌，即以「婦人無外事，以貞潔為行」為由。可以發現貫串其中的立論依據，實以《易經·家人》及《禮記·內則》的「男外女內」倫常規範秩序為主。若我們對比唐代對於這幾則經文之說解，可明顯的發現，這種藉說解經文，大談男女正位的重要性，實有別於前代之論述，具有鮮明的時代特色。也因基於此種社會道德規範、倫理秩序。故而，他們不僅將后妃須出宮參與祭祀的高禖祭儀調整成男外女內分祭，亦針對不符合「男女正位」之漢唐注疏重新解讀，如針對《詩經》〈卷耳·序〉的后妃之志，當輔佐君子，求賢審官。歐陽脩即稱：「婦人無外事，求賢審官非后妃之職」，而王安石則認為「后妃不得預閫外之事」，到了

朱熹之時，更認為「非所以正男女之位」，而將「求賢審官、知臣下之勤勞」之句全數刪除，將其轉化詮解成「后妃所自作，可以見其貞靜專一之至矣」的作品。凡此種種皆以「男外女內」為社會性別秩序之觀點申論之。更且，基於對修齊治平的重視，並特意強調人君、男子修身齊家的重要性。據此，也映照出秩序的規範，不只約束女性，亦要求男子反求諸己。

此外，所謂「宋三百餘年，外無漢王氏之患，內無唐武、韋之禍」，除了士大夫的監督力量、外戚勢力的相對弱小、后妃與外戚的自我約束，以及祖宗家法的約制和后妃多能維護趙宋正統之外，亦與上述宋代儒學重建，諸儒將符合當代的道德價值觀、性別秩序，男女正位、后妃不應參政等價值觀，灌輸於儒家經典中，最終樹立成不可撼動的共識，讓后妃無經典依據支撐其參政行為有關。以要言之，宋代學者透過撰寫經典之注釋，予以傳播他們的理念和思想。其後在學術傳播和政治力量的推動下，讓這種男女本分的主張，或者說是「話語」成為操控讀者行為、灌輸其價值觀的「權力」，最終成為整個社會的價值體系、意識形態和風俗習慣。

第五、承上，鑑於宋儒視男女性別秩序的原則，以「男外女內」倫常規範為最高理想。而先蠶禮及高禖祀之儀式，本出自三《禮》之記載，透過後代經師、禮官對禮經的詮釋予以規劃禮儀細節。透由《周禮》、《禮記》之記載均需后妃出郊與祭。而在宋代之前，如後齊等朝代亦奉行后妃出郊參與祭祀。雖然，從唐代起，如孔穎達為《詩經·大雅·生民》作疏時已稱：「以婦人無外事，不因求子之祭，無有出國之理。」認為若非高禖為求子之祀，后妃無出外之理。另《大唐開元禮》亦將先蠶壇設於（大明）宮北苑舉行。不過，唐代8次皇后先蠶禮，恐怕僅最後一位肅宗張后乃是依《開元禮》親蠶苑中。但觀察宋代此兩種禮儀，可發現后妃並不出郊壇祭。例如在高禖祀的部分，若採有司攝事則將行禮空間區分為「內」、「外」兩部分。「外」為高禖祭壇所在，由有司行禮；「內」則在後宮設置祭壇，由內臣引導皇后與宮嬪們行禮。若當皇帝親祠時，則后妃不參與高禖祀之行禮事宜。而在先蠶禮的部分，在宋代除了徽宗宣和年間兩次皇后親蠶外，全數由男性官員執行祭祀。但在皇后親蠶的部分，皇后亦未出皇宮大內，僅於延福宮實施象徵式的「親蠶」。行禮環節中「祀蠶神」及執行「先蠶壇」儀式的工作，由男性官員負責。可說基於「女正位乎內」的理念，將后妃出郊參與祭祀予以轉折調整，使之符合「女正位於內」的婦女角色定位。到了宋季，如易祓便將高禖祀認定為內宮之禮。

或可說宋人基於歷史經驗與「婦人無外事」的觀念，於實際國家祭祀規劃上，徹底運用男外女內的空間活動規制，使之與所處時代視「男女正位」為天地之大義的社會規範相契合。從而將后妃於國家祭祀中位置予以排除、抹煞，侷限於後宮之內。雖然此舉使得女性的活動範圍更加內縮，但以學術角度觀之，這種不拘泥於前人禮儀規劃的作風，亦可說受到宋代學術思想勇於創新的影響。

　　第六、關於儀式的象徵性意義。以此三種祭祀禮儀而言，所運用之儀式象徵，大抵有四種：

　　1. 傳達人神相接的象徵運用。如高禖祀的齋戒獨宿不僅表示虔誠，更是透過空間上的隔離，使行禮者斷絕嗜欲和外緣干擾，進而擺脫俗世身分，透過象徵進入神聖時空，達到溝通神明的目的；而燔柴、上香不單只是使煙氣升騰，上達於天，讓天神感其精誠，歆享供奉，更是利用香氣的引導做為人神交通的媒介，並產生存在之轉化，通達神明。又如先蠶禮將先蠶視為地祇，故通過象徵方式，瘞繒埋牲，使地祇感其精誠，歆享供奉。又如皇后及妃嬪行親蠶時，各採桑三、五、九條，亦是以神聖數字中完滿之數的意涵，代表天地宇宙空間秩序，象徵天人合一的圓滿。

　　2. 運用象徵意涵（或可說是巫術思維之運用），予以達到施行的目的。如高禖祀為祈求生子續嗣之祭祀，「帶以弓韣，授以弓矢」乃因男子與射箭關係密切，而以弓韣、弓矢類比陽剛男性，不僅是作為得男之兆，更是透過感應與模擬達到如願生子之意。此外，神主之尺寸以《易經》木生成之數設計，實表達了春季、東方、青色等宇宙構成秩序，予以象徵陰陽已合，必有發生、滋繁。又如先蠶禮亦透過服制、車馬，與神明溝通連結，以祈求豐收。如鞠衣，即以象徵桑葉始生之服色，應合創生繁育之神聖感應功能。而真宗時設壇於東郊，亦是對應春季「陰陽氣始動，萬物始生」的繁育意象為主。另如皇后祔祭之儀式，則是讓亡故的先靈經由「通過儀式」轉變身分成為祖先，以接受子孫持續定期祭拜。

　　3. 儀式中陰陽調和的運用，亦是重要的部分。如先蠶禮為了體現男女陰陽屬性對稱的觀念，即以四方之陰陽屬性作為規劃，東方、南方，屬陽；西方、北方屬陰。而天子屬陽，故籍田於東郊；皇后屬陰，故先蠶於西郊。而皇后先蠶時所乘之厭翟車，被認定是祭祀陰社所乘，以此車制亦為符應先蠶禮之陰性特質之故。又如高禖祀，以仁宗之弓矢、弓韣，實代替仁宗（陽）自身

參與儀式，再透過后妃（陰）「帶弓韣，受弓矢」之動作，達到陰陽交合以化生的祭祀目的。

4. 儀式與政治、教化的關係。有鑑於「受命於天」的無形、不可捉摸。因此，須借助儀式的展演，予以論證皇帝權力的正當性，並憑藉儀式所體現的尊卑有等秩序，反映出尊卑有差的政治秩序。如皇帝親祠高禖時，以皇帝為中心、依官階高低、親疏關係予以區分距離遠近的站次、相位；又如皇后先蠶禮中，於親蠶殿的坐次，即皇后坐於殿上，內命婦坐於殿之左右。品階較高的外命婦坐於殿門內，品階較低的外命婦則坐於殿門外。實以此有條不紊的位次差序，突顯以帝后為中心，於空間安置上「近／尊（高）」、「遠／卑（低）」的倫理尊卑差序。另，從皇帝親祠高禖時，執大圭，奠鎮圭、奠玉幣，有司行事時執笏、搢笏，僅奠玉幣。以及皇帝於祭祀時由午階升降，助祭官員由東階升降之制的差異；以及皇后及妃嬪行親蠶時，所採桑數呈三、五、九之數的差別。從這種君臣之間有所差異的儀節，可見其制禮意圖乃是依照貴賤尊卑之位階予以安排，以呈現出尊卑有等的身分差異性和不可逾越性，並賦予皇帝至尊的地位。而此種君臣辨分之禮，不單具有辨貴賤、序尊卑的倫理秩序，更有助昭示理想化的尊卑等級，以建構出井然有序的君臣倫理秩序。

綜言之，本論文盡力探索宋代后妃的祭祀之禮的施行、辯論與宋儒對於禮儀的論述，卻在討論之中明顯發現到禮儀思想，尤其是宋儒於解經時，倘關涉到婦女時，幾乎處處皆能連結到男女正位並予以申論。誠然，在宋代諸儒的認知中，這是為了維護倫常，穩定社會秩序所做的努力，但明顯存在性別歧視，更有扭曲與附會的論述（如女禍觀之類，詳第四章）。而宋儒將自己對於「男尊女卑」、「男女內外」加諸於宋代婦女，並於儒家經典的新詮中貫穿其說，於一定程度上，對他們理想的男女秩序的規範起了作用力，至少從高禖祀或是先蠶禮的規劃上，都可以覺察到「女正位乎內」的徹底實現。

再者，透由討論也意識到，相較於唐代皇后積極透過祭祀禮儀，予以取得自身之政治地位，並達到干預政事的情況而言，宋代后妃於祭祀禮儀中，可說屬於全然的被動，甚至可說是失去了話語。從今所見文獻，完全不見任何皇后爭取行先蠶禮的言論。此外，於仁宗朝復行高禖祀的討論中，亦不見曹后對於宮內飲福受胙之儀有任何發言；而徽宗年間二次親蠶中鄭后之情況，亦復如是。似乎這些曾負責行先蠶禮或高禖祀的皇后們，僅是官方用以實行

教化、甚至為達成某種祈求的棋子？或可說，宋代之后妃於「先蠶」、「高禖」以及「皇后祔廟」等祭祀之禮中似乎失去了能動性。

不過，就像劉靜貞研究指出，宋人對於「婦人無外事」常出現描寫方式與解釋性的差異。宋代后妃亦不似史書稱美那般全然不攝外事。而宋代又是歷史上太后垂簾聽政最多的時期，若從后妃的相關事蹟觀之，如真宗劉后曾「裁制於內」，又如哲宗逝世後，向后力阻章惇之議，定策立徽宗。更甚者，如寧宗楊后與史彌遠等矯詔誅韓侂胄……等。

綜觀，這些攝政太后、皇后中，似乎只有真宗劉后對於祭祀之禮表現出積極爭取的態度，更身著袞冕祭祀太廟外。其餘的攝政太后、皇后們皆不曾對祭祀之禮發表過任何意見。而這種情形的產生，究竟是基於「常事不書」的史家筆法，故而所書者必非常之事，如劉后祭祀太廟之事？還是宋廷於禮制上，防範女主專政達到制約作用？抑或是后妃本身察覺到祭祀權力之於政治地位和象徵權力之間的隱喻意涵，畏懼被冠上具有僭越、竊權之心，故而小心翼翼不敢越雷池一步？抑或是后妃對於社會的期待、自身所處的位置有所明瞭，故而自我約束？還是史官基於「婦人無外事」，故而「不紀外事」不錄其事。對於這個問題的解答，或許上述提問皆可成立，但由於本文僅以此三項禮儀之祭祀為中心，只能投映出宋代后妃於祭祀禮儀的片面與局部，或許還需要更多的討論，如結合攝政太后聽政時的禮儀、冊后禮……等，予以搭配再做深入探究，方能綜整出更確切的解答。

又，在討論宋代皇后祔廟的同時，亦發現到能祔廟享受後代祭祀的后妃僅屬少數。對於不具名份且無子嗣的諸多妃嬪而言，在「女有歸」的規範下，她們所將面臨的是，無法享受陽間子孫的香火祭祀，終將成為無主無依的女性孤魂的困境。從無子妃嬪身為「姿室」名分死後的無依無歸，亦顯現了在維繫尊卑、主從的社會性別秩序下，某種權力分配或是體制上的失序危機，以及不具名份亦無子嗣女性的悲歌。由於尚未發現相關文獻描述如何安置這些不具「妻」身分亦無子嗣的妃嬪死後的歸處，或有待日後發現更多材料，方能了解基於宋代性別秩序下，對於這些妃嬪死後之處置情況？是否有將其導入傳統體制之中？

此外，關於理學家或宋代《春秋》學者對於皇后祔廟的主張，目前所見皆為學者私下議禮、講學及著述之說。議者或以程頤主張「餓死事小，失節

事大」〔註2〕卻於其父之墓誌銘中以其父代堂妹嫁甥女，認為其父「克己為義，人以為難」〔註3〕，故懷疑這些學者於不同語境、不同立場下，是否會隨著政治利益、現實需求等因素，產生經典理解與生活體驗的差距？由於目前所見之文獻已經由明清出版需求所篩選，且朱熹等人一生主要以教學生活為主，為官經歷甚短，其為政主張尚有待挖掘，以至於目前所能取得的文獻資料中不見他們立於朝對此所表達的意見。不過，若據禮的內涵與精神而言，可變者「是儀也，非禮也」，不可變者乃上下之紀、倫常之則等名分規範。〔註4〕這些學者們若立身於朝，面對國家象徵的太廟所應展現的長幼尊卑秩序，以及社會道德的名分，對於皇后非禮祔廟，尤其是皇帝庶生母以妾妃的身分，入廟稱后情況，是否會傾向現實層面，予以迎合現實皇權需求？還是受制於皇權，雖不同意卻不敢坦言反對？亦或是秉持理想，據理力爭？答案或許自不待言。

　　同時，本論文亦對宋儒對於性別秩序的經詮，如何呈現出有別於前代之論述，並如何影響後代的性別觀，饒富興趣。以及理學家們的皇后祔廟主張，傳入朝鮮半島後，如何對李氏朝鮮的王后祔廟產生影響？上述種種疑問與不足之處，只能留待未來，再作進一步的探討。

〔註2〕朱曉娟指出，由於在程頤「餓死事小，失節事大」的說明文字中，上下文並不詳盡，因此究竟何以程頤如此譬喻？一說為其亟欲彰顯失節乃重要之大事；另說為程頤原本之思想即以婦女餓死本是小事。但細究其本，在程頤流傳下來的文字中，除了這段文字，並未再出現希望婦女以性命換取貞節的說法，多所強調的不外是自身修養的要點而已。誠如程頤對人性或操守上的要求，其實不是特別針對婦女而提出的思想，乃是對所有人的呼籲，尤其是當時的士大夫階層，希望人們能引以為戒，自我期許，以通往道德無瑕的人生道路，才能進而為社會帶來希望與光明。見氏著，《程朱學派與宋代婦女貞節觀之研究》（臺北：國立政治大學碩士論文，2004），頁94。

〔註3〕宋・程顥，程頤，《二程集》（北京：中華書局，1981），〈先公太中家傳〉，頁651。

〔註4〕晉・杜預注，唐・孔穎達疏，《春秋左傳正義》（臺北：藝文印書館，2001），影印阮元校刻《十三經注疏附校勘記本》，卷51〈昭公二十五年〉，頁888～891。

徵引書目

說明：

1. 徵引文獻分為「古籍」與「近現代論著」兩大類。

2. 古籍按照經、史、子、集四部排列，除經部十三經外，餘以朝代先後為序，今人箋注亦附於此。

3. 近現代論著分為專書、學位論文、單篇論文。

4. 專書與論文皆依作者姓氏筆劃為序，專書部份先列作者，再列書名，次列出版地、出版社、出版年月以及叢書名；論文亦先列作者，次列篇名、期刊名（書名）、卷期（年月）、頁碼。

一、古籍

（一）經部

1. 周・左丘明，晉・杜預注，唐・孔穎達疏，《春秋左傳正義》，臺北：藝文印書館，2001。影印阮元校刻《十三經注疏附校勘記》本。

2. 漢・公羊壽傳，漢・何休解詁，唐・徐彥疏，《春秋公羊傳注疏》，臺北：藝文印書館，2001。影印阮元校刻《十三經注疏附校勘記》本。

3. 漢・毛亨傳，鄭玄箋，唐・孔穎達疏，《毛詩正義》，臺北：藝文印書館，2001。影印阮元校刻《十三經注疏附校勘記》本。

4. 漢・鄭玄注，唐・孔穎達疏，《禮記注疏》，臺北：藝文印書館，2001。影印阮元校刻《十三經注疏附校勘記》本。

5. 漢・鄭玄注，唐・賈公彥疏，《周禮注疏》，臺北：藝文印書館，2001。影印阮元校刻《十三經注疏附校勘記》本。

6. 漢・鄭玄注，唐・賈公彥疏，《儀禮注疏》，臺北：藝文印書館，2001。影印阮元校刻《十三經注疏附校勘記》本。

7. 魏・王弼，唐・孔穎達疏，《易經注疏》，臺北：藝文印書館，2001。影印阮元校刻《十三經注疏附校勘記》本。

8. 晉・范寧注，唐・楊士勛疏，《春秋穀梁傳注疏》，臺北：藝文印書館，2001。影印阮元校刻《十三經注疏附校勘記》本。

9. 晉・郭璞注，宋・邢昺疏，《爾雅注疏》，臺北：藝文印書館，2001。影印阮元校刻《十三經注疏附校勘記》本。

10. 漢・盧植，《盧氏禮記解詁》，《叢書集成續編》，臺北：新文豐出版公司，1989），第 62 冊。

11. 漢・許慎，清・段玉裁注，《說文解字注》，臺北：黎明文化出版公司，1998。漢・劉熙，清・畢沅疏證，王先謙補，《釋名疏證補》，北京：中華書局，2008。

12. 姚秦・鳩摩羅什，《妙法蓮華經・觀世音普門品》，《大正藏》，臺北：佛陀教育基金會出版部，1990，第 9 冊。

13. 唐・陸淳，《春秋集傳辨疑》，《景印文淵閣四庫全書》，臺北：臺灣商務印書館，1983，經部，第 146 冊。

14. 唐・陸淳，《春秋集傳纂例》，《景印文淵閣四庫全書》，臺北：臺灣商務印書館，1983，經部，第 146 冊。

15. 宋・王安石，《周官新義》，北京：中華書局，1985。

16. 宋・王與之，《周禮訂義》，《景印文淵閣四庫全書》，臺北：臺灣商務印書館，1983，經部，第 94 冊。

17. 宋・王質，《詩總聞》，《叢書集成新編》，臺北：新文豐出版公司，1986，第 55 冊。

18. 宋・司馬光，《書儀》，臺北：臺灣商務印書館，1983，《景印文淵閣四庫全書》，經部，第 142 冊。

19. 宋・朱熹，《中庸章句》，《朱子全書》，上海：上海古籍出版社，2002，第 6 冊。

20. 宋・朱熹，《家禮》，《朱子全書》，上海：上海古籍出版社，2002，第 7 冊。

21. 宋・朱熹，《詩序辨說》，《朱子全書》，上海：上海古籍出版社，2002，

第 1 冊。

22. 宋・朱熹,《詩集傳》,北京:中華書局,1958。

23. 宋・朱熹,《儀禮經傳通解》,《朱子全書》,上海:上海古籍出版社,2002,第 3 冊。

24. 宋・朱熹,《論語集注》,《四書章句集注》,北京:中華書局,1983。

25. 宋・呂本中,《呂氏春秋集解》,《景印文淵閣四庫全書》,臺北:臺灣商務印書館,1983,經部,第 150 冊。

26. 宋・呂祖謙,《呂氏家塾讀詩記》,《呂祖謙全集》,杭州:浙江古籍出版社,2008,第 4 冊。

27. 宋・李明復,《春秋集義》,《景印文淵閣四庫全書》,臺北:臺灣商務印書館,1983,第 155 冊,經部。

28. 宋・李樗,黃櫄,《毛詩李黃集解》,《景印文淵閣四庫全書》,臺北:臺灣商務印書館,1983,第 71 冊。

29. 宋・沈棐,《春秋比事》,《景印文淵閣四庫全書》,臺北:臺灣商務印書館,1983,第 153 冊,經部。

30. 宋・易祓,《周官總義》,《景印文淵閣四庫全書》,臺北:臺灣商務印書館,1983),第 92 冊,經部。

31. 宋・洪咨夔,《洪氏春秋說》,《景印文淵閣四庫全書》,臺北:臺灣商務印書館,1983,第 156 冊,經部。

32. 宋・胡安國,錢偉彊點校,《胡氏春秋傳》,杭州:浙江古籍出版社,2010。

33. 宋・胡宏,《皇王大紀》,《景印文淵閣四庫全書》,臺北:臺灣商務印書館,1983,第 313 冊,經部。

34. 宋・范處義,《詩補傳》,《景印文淵閣四庫全書》,臺北:臺灣商務印書館,1983,第 72 冊,經部。

35. 宋・孫覺,《春秋經解》,《景印文淵閣四庫全書》,臺北:臺灣商務印書館,1983,第 147 冊,經部。

36. 宋・家鉉翁,《春秋集傳詳說》,《景印文淵閣四庫全書》,臺北:臺灣商務印書館,1983,第 158 冊,經部。

37. 宋・真德秀,朱人求點校,《大學衍義》,上海:華東師範大學出版社,2010。

38. 宋・高閌，《春秋集註》，《叢書集成新編》，臺北：新文豐出版公司，1985，第 108 冊。

39. 宋・張浚，《紫巖易傳》，《景印文淵閣四庫全書》，臺北：臺灣商務印書館，1986），經部，第 10 冊。

40. 宋・張虙《月令解》，《叢書集成續編》，臺北：新文豐出版公司，1989，第 80 冊。

41. 宋・陳深，《讀春秋編》，《景印文淵閣四庫全書》，臺北：臺灣商務印書館，1983），第 158 冊，經部。

42. 宋・陳祥道，《禮書》，北京：人民出版社，2009。

43. 宋・陳傅良，《春秋後傳》，《景印文淵閣四庫全書》，臺北：臺灣商務印書館，1983，第 151 冊，經部。

44. 宋・陳暘，《樂書》，《景印文淵閣四庫全書》，臺北：臺灣商務印書館，1983，第 211 冊，經部。

45. 宋・程頤，《伊川易傳》，《叢書集成三編》，臺北：新文豐出版公司，1996，第 9 冊。

46. 宋・楊簡，《慈湖詩傳》，《叢書集成續編》，臺北：新文豐出版公司，1989，第 106 冊。

47. 宋・葉夢得，《春秋三傳讞》，《景印文淵閣四庫全書》，臺北：臺灣商務印書館，1983，第 149 冊，經部。

48. 宋・趙鵬飛，《春秋經筌》，《景印文淵閣四庫全書》，臺北：臺灣商務印書館，1983，第 157 冊。

49. 宋・輔廣，《詩童子問》，《景印文淵閣四庫全書》，臺北：臺灣商務印書館，1983，第 74 冊。

50. 宋・劉敞，《公是先生七經小傳》，《叢書集成續編》，臺北：新文豐出版公司，1989，第 12 冊。

51. 宋・劉敞，《春秋權衡》，《景印文淵閣四庫全書》，臺北：臺灣商務印書館，1983，第 147 冊。

52. 宋・歐陽修，《詩本義》，《四部叢刊續編》，臺北：臺灣商務印書館，1976，第 5 冊。

53. 宋・衛湜，《禮記集說》，《景印文淵閣四庫全書》，臺北：臺灣商務印書

館，1983，第 117 冊。

54. 宋·蕭楚，《春秋辨疑》，《叢書集成新編》，臺北：新文豐出版公司，1985，第 108 冊。

55. 宋·魏了翁，《禮記要義》，《續修四庫全書》，上海：上海古籍出版社，2002，第 96 冊。

56. 宋·羅願，《爾雅翼》，北京：中華書局，1985。

57. 宋·蘇轍，《詩集傳》，《續修四庫全書》，上海：上海古籍出版社，2002，第 56 冊。

58. 清·王引之，《經義述聞》，《續修四庫全書》，上海：上海古籍出版社，2002，第 174 冊。

59. 清·王念孫，《廣雅疏證》，《四部文明·秦漢文明卷》，西安：陝西人民出版社，2007，第 7 冊。

60. 清·皮錫瑞，《經學通論》，《續修四庫全書》，上海：上海古籍出版社，2002，經部，第 180 冊。

61. 清·皮錫瑞，《駁五經異義》，《續修四庫全書》，上海：上海古籍出版社，2002，第 171 冊。

62. 清·俞樾，《茶香室經說》，臺北：廣文書局，1971。

63. 清·姚際恆，《春秋通論》，《續修四庫全書》，上海：上海古籍出版社，2002，經部，第 139 冊。

64. 清·孫希旦，沈嘯寰，王星賢點校，《禮記集解》，北京：中華書局，1989。

65. 清·孫詒讓，《周禮正義》，北京：中華書局，1987。

66. 清·陳壽祺，《五經異義疏證》，《續修四庫全書》，上海：上海古籍出版社，2002，第 171 冊。

（二）史部

1. 漢·司馬遷，《史記》，臺北：鼎文書局，1980。

2. 漢·司馬遷，日·瀧川龜太郎考證，《史記會注考證》，臺北：萬卷樓圖書公司，1993。

3. 漢·宋衷注，清·秦嘉謨等輯，《世本八種》，上海：商務印書館，1957。

4. 漢·班固，唐·顏師古注，《漢書》，臺北：鼎文書局，1979。

5. 漢·衛宏，《漢官舊儀》，《景印文淵閣四庫全書》，臺北：臺灣商務印書

館，1984，第 646 冊。

6. 漢・應劭，王利器校注，《風俗通義校注》，北京：中華書局，1981。

7. 晉・司馬彪，梁・劉昭注補，《後漢書志》，北京：中華書局，1973。

8. 晉・常璩，任乃強校注，《華陽國志校補圖注》，上海：上海古籍出版社，1987。

9. 劉宋・范曄，唐・李賢等注，晉・司馬彪補志，《後漢書》，臺北：鼎文書局，1981。

10. 梁・沈約，《宋書》，臺北：鼎文書局，1980。

11. 梁・蕭子顯，《南齊書》，臺北：鼎文書局，1980。

12. 北齊・魏收，《魏書》，臺北：鼎文書局，1980。

13. 隋・杜臺卿，《玉燭寶典》，《續修四庫全書》，上海：上海古籍出版社，2002，史部，第 885 冊。

14. 唐・王涇，《大唐郊祀錄》，見《大唐開元禮》，東京：汲古書院，2004。

15. 唐・杜佑，王文錦等點校，《通典》，北京：中華書局，1988。

16. 唐・房玄齡，《晉書》，臺北：鼎文書局，1980。

17. 唐・蕭嵩，《大唐開元禮》，東京：汲古書院，2004。

18. 唐・魏徵等，《隋書》，臺北：鼎文書局，1981。

19. 後晉・劉昫，《舊唐書》，臺北：鼎文書局，1981。

20. 宋・王象之，《輿地紀勝》，北京：中華書局，2003。

21. 宋・王溥，《唐會要》，北京：中華書局，1955。

22. 宋・司馬光，《資治通鑑》，《景印文淵閣四庫全書》，臺北：臺灣商務印書館，1984，第 308 冊，史部。

23. 宋・司馬光，《資治通鑑考異》，《景印文淵閣四庫全書》，臺北：臺灣商務印書館，1984，第 311 冊，史部。

24. 宋・佚名，《宋大詔令集》，北京：中華書局，1962。

25. 宋・佚名，《歷代名賢確論》，《景印文淵閣四庫全書》，臺北：臺灣商務印書館，1983，第 687 冊。

26. 宋・佚名，汪聖鐸點校，《宋史全文》，北京：中華書局，2016。

27. 宋・吳自牧，《夢梁錄》，《筆記小說大觀二十一編》，臺北：新興書局，1978，第 2 冊。

28. 宋・呂中，《大事記講義》，《景印文淵閣四庫全書》，臺北：臺灣商務印書館，1983，第 686 冊。

29. 宋・呂夏卿，《唐書直筆》，《叢書集成新編》臺北：新文豐出版公司，1985，第 114 冊。

30. 宋・李心傳，《建炎以來朝野雜記》，北京：中華書局，2006。

31. 宋・李心傳，《建炎以來繫年要錄》，北京：中華書局，1988。

32. 宋・李攸，《宋朝事實》，臺北：文海出版社，1967。

33. 宋・李燾，《續資治通鑑長編》，北京：中華書局，1979。

34. 宋・周密，《武林舊事》，《叢書集成新編》，臺北：新文豐出版公司，1985，第 96 冊。

35. 宋・孟元老，鄧之誠注，《東京夢華錄注》，香港：香港商務印書館，1961。

36. 宋・徐夢莘，《三朝北盟會編》，上海：上海古籍出版社，1987。

37. 宋・張淏，《艮嶽記》，《筆記小說大觀十編》，臺北：新興書局，1975，第 1 冊。

38. 宋・梁克家，《淳熙三山志》，《宋元方志叢刊》，北京：中華書局，1990。

39. 宋・陳均，《宋九朝編年備要》，《景印文淵閣四庫全書》，臺北：臺灣商務印書館，1984，第 328 冊。

40. 宋・陳耆卿，《嘉定赤城志》，臺北：成文出版社，1983。

41. 宋・陳騤，《南宋館閣錄》，北京：北京圖書館出版社，2006。

42. 宋・曾布，《曾公遺錄》，《宋代日記叢編》，上海：上海書店，2013。

43. 宋・楊仲良，《皇宋通鑑長編紀事本末》，《續修四庫全書》，上海：上海古籍出版社，2002。

44. 宋・葉紹翁，《四朝聞見錄》，北京：中華書局，1989。

45. 宋・趙汝愚，《宋朝諸臣奏議》，上海：上海古籍出版社，1999。

46. 宋・劉時舉，《續宋編年資治通鑑》，北京：中華書局，1985。

47. 宋・劉清之，《戒子通錄》，《景印文淵閣四庫全書》第 703 冊，臺北：商務印書館，1983。

48. 宋・歐陽脩，《太常因革禮》，北京：中華書局，1985。

49. 宋・歐陽脩，宋祁，《新唐書》，臺北：鼎文書局，1981。

50. 宋・潛說友，《咸淳臨安志》，見《宋元方志叢刊》，北京：中華書局，1990。

51. 宋·鄭居中,《政和五禮新儀》,《景印文淵閣四庫全書》,臺北：臺灣商務印書館,1983,第 647 冊。

52. 宋·鄭樵,《通志》,臺北：臺灣商務印書館,1987。

53. 宋·謝深甫,《慶元條法事類》,臺北：新文豐出版公司 1976。

54. 宋·劉時舉,《續宋編年資治通鑑》,《叢書集成新編》,臺北：新文豐出版公司,1986）,第 116 冊。

55. 元·馬端臨,《文獻通考》,臺北：臺灣商務印書館,1987。

56. 元·脫脫,《宋史》,臺北：鼎文書局,1980。

57. 元·脫脫,《金史》,臺北：鼎文書局,1981。

58. 中央研究院歷史語言研究所校刊,《明實錄》,臺北：中央研究院歷史語言研究所,1966。

59. 明·李東陽,申時行等,《大明會典》,臺北：國風出版社,1963。

60. 明·孫承澤,《春明夢餘錄》,《筆記小說大觀六編》,臺北：新興書局,1978,第 9 冊。

61. 明·徐一夔,《大明集禮》,明嘉靖九年（1530）刊本。

62. 明·郭正域,《皇明典禮志》,《續修四庫全書》,上海：上海古籍出版社,2002,第 842 冊。

63. 明·楊士奇,《歷代名臣奏議》,《景印文淵閣四庫全書》,臺北：臺灣商務印書館,1984,第 438 冊。

64. 清·永瑢等,《四庫全書簡明目錄》,上海：上海古籍出版社,1985。

65. 清·紀昀等,《四庫全書總目》,臺北：藝文印書館,1974。

66. 清·徐松,《中興禮書》,《續修四庫全書》,上海：上海古籍出版社,2002,第 822 冊。

67. 清·徐松,《宋會要輯稿》,北京：中華書局,1957。

68. 清·秦蕙田,《五禮通考》,桃園：聖環圖書公司,1994。

69. 清·張廷玉等,《明史》,臺北：鼎文書局,1980。

70. 清·畢沅,《續資治通鑑》,北京：中華書局,1979。

71. 清·黃宗羲撰、全祖望補,《宋元學案》,臺北：世界書局,1983。

（三）子部

1. 漢·王充,張宗祥校注,《論衡校注》,上海：上海古籍出版社,2010。

2. 漢・班固，《白虎通德論》，上海：上海古籍出版社，1990。

3. 漢・蔡邕，《獨斷》，《筆記小說大觀三編》，臺北：新興書局，1974，第1冊。

4. 晉・干寶，胡懷琛標點，《新校搜神記》，上海：商務印書館，1957。

5. 晉・干寶，李劍國輯校，《新輯搜神記》，北京：中華書局，2007。

6. 晉・王嘉，《拾遺記》，北京：中華書局，1988。

7. 唐，徐堅，《初學記》，《景印文淵閣四庫全書》，臺北：臺灣商務印書館，1985，第890冊。

8. 唐・孫思邈，《備急千金要方》，臺北：台北中國醫藥研究所，1990。

9. 宋，王黼，《宣和博古圖》，《景印文淵閣四庫全書》，臺北：臺灣商務印書館，1985，第840冊。

10. 宋・王明清，《玉照新志》，鄭州：大象出版社，2013。

11. 宋・王明清，《揮麈錄》，上海，上海書局出版社，2001。

12. 宋・王銍，《默記》，北京：中華書局，1981。

13. 宋・王應麟，《玉海》，上海：上海書店，1987。

14. 宋・王應麟，《困學紀聞》，濟南：山東友誼書社，1992。

15. 宋・王懷隱，《太平聖惠方》，臺北：新文豐出版公司，1980。

16. 宋・王闢之，《澠水燕談錄》，北京：中華書局，2006。

17. 宋・司馬光，《家範》，《景印文淵閣四庫全書》，臺北：臺灣商務印書館，1983，第696冊。

18. 宋・司馬光，鄧廣銘，張希清點校，《涑水紀聞》，北京：中華書局，1989。

19. 宋・朱肱，《增注類證活人書》，《古今醫統正脈全書》，民國十二年（1923）北京中醫社修補清光緒間江陰朱文震刊本。

20. 宋・百歲老人袁褧，《楓窗小牘》，《全宋筆記》第四編，鄭州：大象出版社，2008，第5冊。

21. 宋・佚名，《錦繡萬花谷》，《北京圖書館古籍珍本叢刊》，北京：書目文獻出版社，1988，第73冊。

22. 宋・呂本中，《童蒙訓》，《叢書集成續編》，臺北：新文豐出版公司，1989。

23. 宋・李心傳，崔文印點校，《舊聞證誤》，北京：中華書局，1981。

24. 宋‧李如箎，《東園叢說》，《全宋筆記》第五編，鄭州：大象出版社，2012，第 10 冊。

25. 宋‧李昉，《太平御覽》，《景印文淵閣四庫全書》，臺北：臺灣商務印書館，1985，第 894 冊。

26. 宋‧周煇、劉永翔校注，《清波雜志校注》，北京：中華書局，1994。

27. 宋‧岳珂，《愧郯錄》，《筆記小說大觀二十一編》，臺北：新興書局，1978，第 3 冊。

28. 宋‧岳珂，《愧郯錄》，北京：中華書局，1985。

29. 宋‧邵博《邵氏聞見後錄》，北京：中華書局，1997。

30. 宋‧洪邁，《夷堅志》，北京：中華書局，1981。

31. 宋‧洪邁，《容齋隨筆》，上海：上海古籍出版社，1978。

32. 宋‧真德秀，《西山讀書記》，《景印文淵閣四庫全書》，臺北：臺灣商務印書館，1985，第 705 冊。

33. 宋‧秦觀，《蠶書》，北京：中華書局，1985。

34. 宋‧高似孫，《緯略》，鄭州：大象出版社，2013。

35. 宋‧張君房，《雲笈七籤》，《景印文淵閣四庫全書》，臺北：臺灣商務印書館，1985，第 1061 冊。

36. 宋‧張端義，《貴耳集》，《全宋筆記第六編》，鄭州，大象出版社，2013，第 10 冊。

37. 宋‧曹孝忠等編，元‧焦惠等校，《聖濟總錄》，臺北：新文豐出版公司，1978。

38. 宋‧章如愚，《群書考索》，京都：中文出版社，1982。

39. 宋‧陳自明，《婦人大全良方》，《景印文淵閣四庫全書》，臺北：臺灣商務印書館，1985，子部，第 742 冊。

40. 宋‧程大昌，《演繁露續集》，《全宋筆記》第四編，鄭州：大象出版社，2008，第 9 冊。

41. 宋‧趙佶撰、吳禔注，《宋徽宗聖濟經》，《叢書集成新編》，臺北：新文豐出版公司，1985。

42. 宋‧趙彥衛，傅根清點校，《雲麓漫鈔》，北京：中華書局，1996。

43. 宋‧蔡絛，《鐵圍山叢談》，北京：中華書局，1983。

44. 宋・戴埴，《鼠璞》，北京：中華書局，1985。

45. 宋・羅泌《路史》，《四部備要》，臺北：台灣中華書局，1966，第 44 冊。

46. 宋・龐元英，《文昌雜錄》，《全宋筆記》第二編，鄭州：大象出版社，2006。

47. 宋・蘇轍，《龍川略志・龍川別志》，北京：中華書局，1982。

48. 宋・葉適，《習學記言序目》，《叢書集成續編》，臺北：新文豐出版公司，1989，第 16 冊。

49. 宋・黎靖德，王星賢點校，《朱子語類》，北京：中華書局，1986。

50. 元・王禎，《農書》，《景印文淵閣四庫全書》，臺北：臺灣商務印書館，1985，第 730 冊。

51. 明・郎瑛，《七修類稿》，上海：上海書局出版社，2001。

52. 清・王先謙，沈嘯寰、王星賢點校，《荀子集解》，北京：中華書局，1988。

53. 清・王初桐，《奩史》，《續修四庫全書》，上海：上海古籍出版社，2002，第 1252 冊。

54. 清・倪濤，《六藝之一錄》，《景印文淵閣四庫全書》，臺北：臺灣商務印書館，1985，第 832 冊。

55. 清・陳立，《白虎通疏證》，北京：中華書局，1994。

56. 清・劉文典，《淮南子》，北京：中華書局，1989。

57. 清・黎翔鳳，《管子校注》，北京：中華書局，2004。

（四）集部

1. 宋・王十朋，《王十朋全集》，上海：上海古籍出版社，1998。

2. 宋・王安石，《王臨川全集》，臺北：世界書局，1961。

3. 宋・王柏，《魯齋集》，《景印文淵閣四庫全書》，臺北：臺灣商務印書館，1985，第 1186 冊。

4. 宋・王珪，《華陽集》，《景印文淵閣四庫全書》，臺北：臺灣商務印書館，1985，第 1093 冊。

5. 宋・司馬光，《溫國文正司馬文集》，《四部叢刊》，臺北：臺灣商務印書館，1979，第 41 冊。

6. 宋・司馬光，《傳家集》，《景印文淵閣四庫全書》，臺北：臺灣商務印書館，1985，第 1094 冊。

7. 宋・石介，《石徂徠集》，北京：中華書局，1985。

8. 宋・朱熹，《晦庵先生朱文公文集》，《朱子全書》，上海：上海古籍出版社，2002，第 25 冊。

9. 宋・朱熹，陳俊民校訂，《朱子文集》，臺北：德富文教基金會出版，1990。

10. 宋・呂祖謙，《東萊呂太史全集》，《呂祖謙全集》，杭州：浙江古籍出版社，2008，第 1 冊。

11. 宋・李之儀，《姑溪居士文集》，《景印文淵閣四庫全書》，臺北：臺灣商務印書館，1985，第 1120 冊。

12. 宋・李長民，〈廣汴賦〉，《歷代賦彙》，北京：北京圖書館出版社，1999，第 3 冊。

13. 宋・李綱，《梁溪先生文集》，《宋集珍本叢刊》，北京：線裝書局，2004，第 37 冊。

14. 宋・李覯，《直講李先生文集》，《宋集珍本叢刊》，北京：線裝書局，2004，第 7 冊。

15. 宋・周必大，《盧陵周益國文忠公集》，《宋集珍本叢刊》，北京：線裝書局，2004，第 51 冊。

16. 宋・周紫芝，《太倉稊米集》，《景印文淵閣四庫全書》，臺北：臺灣商務印書館，1985，第 1141 冊。

17. 宋・姚勉，《雪坡舍人集》，《叢書集成續編》，臺北：新文豐出版公司，1989，第 131 冊。

18. 宋・洪興祖，白化文等點校，《楚辭補注》，北京：中華書局，2006。

19. 宋・秦觀，《淮海先生文集》，《宋集珍本叢刊》，北京：線裝書局，2002。

20. 宋・張守，《毘陵集》，《景印文淵閣四庫全書》，臺北：臺灣商務印書館，1985，第 1127 冊。

21. 宋・張孝祥，《于湖居士文集》，上海：上海古籍出版社，1980。

22. 宋・張載，章錫琛點校，《張載集》，北京：中華書局，1985。

23. 宋・張載，林樂昌編校，《張子全書》，西安：西北大學出版，2015。

24. 宋・張綱，《華陽集》，《景印文淵閣四庫全書》，臺北：臺灣商務印書館，1985，第 1131 冊。

25. 宋・陳鑑，《東漢文鑑》，江蘇：江蘇古籍出版社，1988。

26. 宋・陸游，《陸游集》，北京：中華書局，1976。

27. 宋・程珌，《程端明公洺水集》，《宋集珍本叢刊》，北京：線裝書局，2004，第 71 冊。

28. 宋・程顥，程頤，《二程集》，北京：中華書局，1981。

29. 宋・陽枋，《字溪集》，《景印文淵閣四庫全書》，臺北：臺灣商務印書館，1985，第 1183 冊。

30. 宋・楊時，《河南程氏粹言》，《二程集》，北京：中華書局，1981。

31. 宋・楊萬里，《誠齋集》，《宋集珍本叢刊》，北京：線裝書局，2002，第 54 冊。

32. 宋・綦崇禮，《北海集》，《宋集珍本叢刊》，北京：線裝書局，2004，第 38 冊。

33. 宋・劉克莊，《後村先生大全集》，《宋集珍本叢刊》，北京：線裝書局，2004，第 81 冊。

34. 宋・劉摯，《劉忠肅集》，《宋集珍本叢刊》，北京：線裝書局，2004，第 15 冊。

35. 宋・樓鑰，《攻媿集》，《景印文淵閣四庫全書》，臺北：臺灣商務印書館，1985，第 1152 冊。

36. 宋・歐陽脩，《歐陽脩全集》，北京：中華書局，2001。

37. 宋・戴復古，《石屏詩集》，《景印文淵閣四庫全書》，臺北：臺灣商務印書館，1985，第 1165 冊。

38. 宋・魏了翁，《古今考》，《叢書集成新編》，臺北：新文豐出版公司，1985，第 111 冊。

39. 宋・蘇軾，孔凡禮點校，《東坡詩集》，北京：中華書局，1982。

40. 宋・蘇轍，曾棗莊，馬德富校點，《欒城集》，上海：上海古籍出版社，1987。

41. 宋・王安石，李壁注，《王荊文公詩箋注》，《北京圖書館古籍珍本叢刊》，北京：書目文獻出版社，1988，第 87 冊。

42. 宋・呂祖謙，《宋文鑒》，《景印文淵閣四庫全書》，臺北：臺灣商務印書館，1986，第 1350 冊。

43. 宋・樓鑰，《攻媿集》，《景印文淵閣四庫全書》，臺北：臺灣商務印書館，1986，第 1153 冊。

44. 宋・桑世昌，《蘭亭考》，《法帖考》，臺北：世界書局，1962。

45. 金・元好問，《唐詩鼓吹》，《續修四庫全書》，上海：上海古籍出版社，2002，第 1611 冊。

46. 金・趙秉文，《滏水集》，《景印文淵閣四庫全書》，臺北：臺灣商務印書館，1986，第 1190 冊。

47. 明・胡應麟，《詩藪》，《續修四庫全書》，上海：上海古籍出版社，2002，第 1696 冊

48. 明・陶宗儀，《說郛》，北京：北京中國書店，1986。

49. 明・程敏政，《篁墩文集》，《景印文淵閣四庫全書》，臺北：臺灣商務印書館，1985，第 1252 冊。

50. 清・姜紹書，《韻石齋筆談》，《叢書集成新編》，臺北：新文豐出版公司，1985，第 50 冊。

51. 清・倪璠，《庾子山集注》，《四部備要》，北京：中華書局，1989，第 67 冊。

52. 清・董誥等，《欽定全唐文》，北京：中華書局，1983。

53. 清・嚴可均，《全上古三代秦漢三國六朝文》，北京：中華書局，1985。

二、近現代論著

（一）專書

1. 丁山，《中國古代宗教與神話考》，上海：龍門聯合書局，1961。

2. 中國畫像石全集編輯委員會編，《中國畫像石全集》，濟南：山東美術出版社，2000。

3. 方建新、徐吉軍，《中國婦女通史・宋代卷》，杭州：杭州出版社，2011。

4. 方燕，《巫文化視域下的宋代女性——立足於女性生育、疾病的考察》，北京：中華書局，2008。

5. 王小盾，《中國早期思想與符號研究：關於四神的起源及其體系形成》，上海：上海人民出版社，2008。

6. 王水照，《王水照自選集》，上海，上海教育出版社，2000。

7. 王汎森，《執拗的低音：一些歷史思考方式的反思》，臺北：允晨文化實業公司，2014。

8. 甘懷真,《皇權、禮儀與經典詮釋——中國古代政治史研究》,臺北:臺灣大學出版中心,2004。

9. 全漢昇,〈中古自然經濟〉,《中國經濟史研究》,臺北:稻鄉出版社,1991。

10. 朱子彥,《皇權的異化——垂簾聽政》(濟南:山東教育出版社,2001),頁 12。

11. 朱溢,《事邦國之神祇:唐至北宋吉禮變遷研究》,上海:上海古籍出版社,2014。

12. 江曉原,《天學真原》,臺北,洪葉文化有限公司,1995。

13. 牟鐘鑒,《走近中國精神》,北京:華文出版社,1999。

14. 何星亮,《圖騰文化與人類諸文化的起源》,北京:中國文聯出版社,1991。

15. 余英時,《朱熹的歷史世界:宋代士大夫政治文化的研究》,北京:三聯書局,2004。

16. 余英時,《論天人之際:中國古代思想起源試探》,臺北:聯經出版社,2014。

17. 余嘉錫,《四庫提要辨證》,北京:中華書局,1980。

18. 吳萬居,《宋代三禮學研究》,臺北:國立編譯館,1999。

19. 吳麗娛,《終極之典:中古喪葬制度研究》,北京:中華書局,2012。

20. 吳麗娛,《禮制下移與唐宋社會變遷》,北京:中國社會科學出版社,2015。

21. 呂大吉,《宗教學通論新編》,北京:中國社會科學出版社,1998。

22. 宋兆麟,《中國生育·性·巫術》,臺北:漢忠文化出版社,1997。

23. 宋希庠,《中國歷代勸農考》,太原:山西人民出版社,2015。

24. 宋鼎宗,《春秋宋學發微》,臺北:文史哲出版社,1986。

25. 李亦園,《宗教與神話論集》,新北:立緒文化出版社,1998。

26. 李伯重,《多視角看江南經濟史:1250～1850》,北京:三聯書店,2003。

27. 李孝定,《甲骨文字集釋》,台北:中央研究院歷史語言研究所,1970。

28. 李零,《長沙子彈庫戰國楚帛書研究》,北京:中華書局,1985。

29. 李豐楙,《神化與變異:一個「常與非常」的文化思維》,北京:中華書局,2010。

30. 杜正勝,《古代社會與國家》,臺北:允晨文化公司,1992。

31. 那志良,《古玉論文集》,臺北:故宮博物院,1983。

32. 周天游、王子今，《女媧文化研究》，西安：三秦出版社，2005。

33. 周何，《禮記：儒家的理想國》，臺北：萬卷樓圖書有限公司，1998。

34. 周維權，《中國古典園林史》，臺北：明文書局，1991。

35. 孟亞男，《中國園林史》，臺北：文津出版社，1993。

36. 昌彼得、王德毅等編，《宋人傳記資料索引》，臺北：鼎文書局，1977。

37. 易衛華，《北宋政治變革與《詩經》學發展》，石家莊：河北師範大學，
    2010。

38. 林素娟，《身體、空間與禮教規訓——探討秦漢之際的婦女禮儀教育》，
    臺北：臺灣學生書局，2007。

39. 林素娟，《神聖的教化：先秦兩漢婚姻禮俗中的宇宙觀、倫理觀與政教論
    述》，臺北：台灣學生書局，2006。

40. 林富士，《小歷史：歷史的邊陲》，臺北：三民書局，2000。

41. 林萃青，《宋代音樂史論文集：理論與描述》，上海：上海音樂學院出版
    社，2012。

42. 林毓生，《思想與人物》，臺北：聯經出版公司，1983。

43. 林麗珊，《女性主義與性別關係》，臺北：五南圖書出版股份有限公司，
    2014。

44. 胡厚宣，《甲骨學商史論叢》，上海：上海書店，1989。

45. 唐君毅，《中國哲學原論・導論篇》，北京：中國社會科學出版社，2005。

46. 孫作雲，《詩經與周代社會研究》，北京：中華書局，1966。

47. 孫國棟，《唐宋史論叢》，香港，香港商務印書館，2000。

48. 孫廣德，《政治神話論》，臺北：臺灣商務印書館，1991。

49. 徐中舒主編，《漢語大字典》，成都：四川辭書出版社，1986。

50. 徐燕斌，《禮與王權的合法性建構——以先秦至隋唐的史料為中心》，北
    京：中國社會科學出版社，2011。

51. 袁珂，《山海經校注》，上海：上海古籍出版社，1980。

52. 袁珂，《中國神話通論》，四川：巴蜀書社，1993。

53. 國立故宮博物院編輯委員會編，《宋代書畫冊頁名品特展》，台北：國立
    故宮博物院，1995。

54. 康凱淋，《胡安國《春秋傳》研究》，臺北：致知學術出版社，2014。

55. 張文昌，《制禮以教天下——唐宋禮書與國家社會》，臺北：臺灣大學出版中心，2012。

56. 張邦煒，《宋代皇親與政治》，成都：四川人民出版社，1993。

57. 張邦煒，《宋代婚姻家族史論》，北京：人民出版社，2003。

58. 張勁，《兩宋開封臨安皇城宮苑研究》，廣州：暨南大學歷史學博士論文，2004。

59. 張高評，《春秋書法與左傳史筆》，臺北：里仁書局，2011。

60. 張高評，《論文選題與研究創新》，臺北：里仁書局，2013。

61. 郭沫若，《郭沫若全集·考古編》，北京：科學出版社，1982。

62. 郭沫若，《郭沫若全集·歷史編》，北京：人民出版社，1982。

63. 郭善兵，《中國古代帝王宗廟禮制研究》，北京：人民出版社，2007。

64. 陳戌國，《中國禮制史·宋遼金夏卷》，長沙：湖南教育出版社，2001。

65. 陳來，《朱子書信編年考證》，上海：上海人民出版社，1989。

66. 陳來，《宋明理學》，瀋陽：遼寧教育出版社，1991。

67. 陳芳妹，《青銅器與宋代文化史》，臺北：國立臺灣大學出版中心，2016。

68. 陳植鍔，《北宋文化史述論》，中國社會科學出版社，1992。

69. 陳槃，《古讖緯研討及其書錄解題》，臺北，國立編譯館，1991。

70. 陶晉生，《北宋士族：家庭·婚姻·生活》，臺北：中央研究院歷史語言研究所，2001。

71. 傅亞庶，《中國上古祭祀文化》，長春：華東師範大學出版社，1999。

72. 傅熹年，《中國古代建築十論》，上海：復旦大學出版社，2004。

73. 彭美玲，《古代禮俗左右之辨研究——以三禮為中心》，臺北：國立臺灣大學出版委員會，1997。

74. 游修齡主編，《中國農業通史·原始農業卷》，北京：中國農業出版社，2008。

75. 湯勤福，王志躍，《宋史禮志辨證》，上海：上海三聯書局，2011。

76. 馮曉庭，《宋初經學發展述論》，臺北：萬卷樓圖書有限公司，2001）。

77. 黃忠慎，《范處義詩補傳與王質詩總聞比較研究》，臺北：文津出版社，2009。

78. 黃金麟，《歷史、身體、國家：近代中國的身體形成1895～1937》，臺北：

聯經出版社，2005。

79. 黃純怡，《北宋的外戚與政治》，臺北：萬卷樓出版社，2016。

80. 楊世文，《走出漢學：宋代經典辨疑思潮研究》，成都：四川大學出版社，2008。

81. 楊利慧，《女媧的神話與信仰》，北京：中國社會科學出版社，1997。

82. 楊蔭瀏，《中國古代音樂史稿》，臺北：丹青圖書有限公司，1986。

83. 葉國良，《古代禮制與風俗》，臺北：臺灣書局，1997。

84. 葉國良，《宋人疑經改經考》，臺北：臺灣大學出版社，1980。

85. 葉舒憲，《高唐神女與維納斯：中西文化中的愛與美主題》，北京：中國社會科學出版社，1997。

86. 葉舒憲，《探索非理性的世界》，成都：四川人民出版社，1988。

87. 葉舒憲，田大憲，《中國古代神秘數字》，西安：陝西人民出版社，2011。

88. 葛兆光，《中國思想史》，上海：復旦大學出版社，2002。

89. 廖小東，《政治儀式與權力秩序——古代中國「國家祭祀」的政治分析》，北京：中國社會科學出版社，2014。

90. 漆俠，《宋學的發展和演變》，石家莊：河北人民出版社，2002。

91. 聞一多，《神話與詩》，上海：上海世紀出版集團，2006。

92. 裴普賢，《歐陽修詩本義研究》，臺北：東大圖書公司，1981。

93. 趙伯雄，《春秋學史》，濟南：山東教育出版社，2004。

94. 趙國華，《生殖崇拜文化論》，北京：中國社會科學出版社，1990。

95. 劉子健，《歐陽修的治學與從政》，臺北：新文豐出版公司，1984。

96. 劉文典，《淮南鴻烈集解》，北京：中華書局，1989。

97. 劉枝萬，《臺北市松山祈安建醮祭典：臺灣祈安醮祭習俗研究之一》，臺北：中央研究院民族學研究所，1967。

98. 劉惠萍，《伏羲神話傳說與信仰》，臺北：文津出版社，2005。

99. 劉詠聰，《德‧才‧色‧權：論中國古代女性》，臺北：麥田出版公司，1998。

100. 劉達臨，《中國古代性文化》，銀川：寧夏人民出版社，1993。

101. 劉燕儷，《唐律中的夫妻關係》，臺北：五南圖書出版公司，2007。

102. 劉靜貞，《不舉子：宋人的生育問題》，臺北：稻鄉出版社，1998。

103. 劉靜貞，《皇帝和他們的權力：北宋前期》，臺北：國立編譯館，1996。

104. 劉豐，《北宋禮學研究》，北京：中國社會科學出版社，2016。

105. 鄧小南，《祖宗之法：北宋前期政治述略》，北京：三聯書店，2006。

106. 錢大群，錢元凱，《唐律論析》，江蘇：南京大學出版社，1989。

107. 錢穆，《朱子新學案》，臺北：三民書局，1971。

108. 戴維，《春秋學史》，長沙：湖南教育出版社，2004。

109. 糜文開、裴普賢，《詩經欣賞與研究》，臺北：三民書局，1987。

110. 鍾敬文，《鍾敬文民俗學論集》，上海：上海文藝出版社，1998。

111. 羅光，《中國哲學思想史（兩漢、南北朝篇）》，臺北：臺灣學生書局，1985。

112. 饒宗頤，曾通憲，《楚地出土三種文獻研究》，北京：中華書局，1993。

113. 日‧寺地遵著，劉靜貞、李今芸譯，《南宋初期政治史研究》，臺北：稻鄉出版社，1995。

114. 日‧金子修一，《中國古代皇帝祭祀の研究》，東京：岩波書店，2006。

115. 法‧列維‧布留爾（Lvy-Bruhl，Lucien），丁由譯，《原始思維》，臺北：商務印書館，2001。

116. 法‧米歇爾‧福柯（Michel Foucault），劉北成、楊遠嬰譯，《規訓與懲罰》，北京：生活‧讀書‧新知三聯書店，1999。

117. 美‧大衛‧科澤（David Israel Kertzer），王海洲譯，《儀式、政治與權力》，南京：江蘇人民出版社，2014。

118. 美‧包弼德（Peter K.Bol），劉寧譯，《斯文：唐宋思想轉型》，南京：江蘇人民，2001。

119. 美‧狄百瑞（William Theodore de Bary），《中國的自由傳統》，臺北：聯經出版公司，1983。

120. 美‧楊慶堃，范麗珠譯，《中國社會中的宗教》，上海：上海人民出版社，2007。

121. 英‧弗雷澤，汪培基譯，《金枝：巫術與宗教之研究》，臺北：桂冠圖書公司，1991。

122. 英‧維克多‧特納（Victor Witter Turner），趙玉燕等譯，《象徵之林──恩登布人儀式散論》，北京：商務印書館，2006。

123. 英·維克多·特納（Victor Witter Turner），黃劍波、柳博贇譯，《儀式過程——結構與反結構》，北京：中國人民大學出版社，2006。

124. 德·恩斯特·凱西爾（Ernst Cassirer），黃龍保，周振選譯，《神話思維》，北京：中國社會科學出版社，1992。

125. 德·漢斯-格奧爾格·伽達默爾（Hans-Georg Gadamer），洪漢鼎譯，《真理與方法——哲學詮釋學的基本特徵》，臺北：時報文化出版公司，1993。

126. 羅馬尼亞·米爾恰·伊利亞德（Mircea Eliade），晏可佳等譯，《神聖的存在：比較宗教的範型》，桂林，廣西師範大學出版社，2008。

（二）學位論文

1. 王志躍，《《宋史·禮志》研究》，上海：上海師範大學博士論文，2010。

2. 史冷歌，《帝王的健康與政治——宋代皇帝疾病問題研究》，保定：河北大學歷史學博士論文，2012。

3. 朱曉娟，《程朱學派與宋代婦女貞節觀之研究》，臺北：國立政治大學碩士論文，2004。

4. 吳書雷，《北宋東京祭壇建築研究》，開封：河南大學碩士論文，2005。

5. 李冬梅，《宋代《詩經》學專題研究》，成都：四川大學博士論文，2007。

6. 李建軍，《宋代《春秋》學與宋型文化》，成都，四川大學博士論文，2007。

7. 姜義泰，《北宋《春秋》學的詮釋進路》，臺北，臺灣大學博士論文，2013。

8. 殷慧，《朱熹禮學思想研究》，長沙，湖南大學博士論文，2009。

9. 馬莉，《宋代女子教育》，開封：河南大學碩士論文，2003。

10. 張儒婷，《宋代外戚地位研究》，長春：東北師範大學碩士論文，2007。

11. 陳俞志，《朱熹童蒙教育思想及其影響之研究》，臺北：臺灣師範大學教育學系論文，2007。

12. 陳慈慧，〈從診間到生活世界：婦女不孕治療軌跡〉，台南：國立成功大學公共衛生研究所碩士論文，2007。

13. 黃才鋒，《貞節抑或貞潔？宋人筆下的女性身體與道德書寫》，台南：成大歷史所碩士論文，2012。

14. 黃忠慎，《宋代之詩經學》，臺北：政治大學博士論文，1984。

15. 趙悅風，《宋代女子教育的內容和成就初探》，開封：河南大學碩士論文，2007。

16. 劉楓，《中國古代蠶桑神話和先蠶禮的組織傳播功能分析》，重慶：西南大學碩士論文，2014。

17. 鄭娟芝，《漢魏六朝的女性紡織：勞動營生與倫理象徵》，新竹：清華大學歷史研究所碩士論文，2010。

18. 蕭凤雅，《禮與非禮──北宋士大夫對郊廟祭祀的議論》，新竹：清華大學歷史學系碩士論文，2003。

19. 譚德興，《宋代《詩經》學研究》，成都，四川大學博士論文，2005。

（三）單篇論文

1. 尹蕾，〈周代三大祭祀中的樂調研究〉，《音樂研究》2015 年第 4 期，頁 59～61。

2. 王娟，〈神力‧神職‧神祇──漢代「高禖」圖像考辨〉，《寶雞文理學院學報，社會科學版)》，2016 年第 4 期，頁 80～83。

3. 王海洲，〈政治儀式中的權力結構及其動態分析〉，《南京社會科學》，2011 第 3 期，頁 78～82。

4. 王健文，〈西漢律令與國家正當性：以律令中的「不道」為中心〉，《新史學》3 卷 3 期，（1992.09），頁 34。

5. 王曾瑜，〈宋代人口淺談〉，《天津社會科學》，1984 年第 6 期，頁 51。

6. 王德威，〈導讀一：淺論傅柯〉，《知識的考掘》，臺北：麥田出版，1998，頁 29。

7. 王德毅，〈宋孝宗及其時代〉，《國立編譯館館刊》2:1（1973），頁 1～28。

8. 王德毅，〈宋高宗評──兼論殺岳飛〉，《臺大歷史學報》17（1992.6），頁 175～176。

9. 王鐸，〈略論北宋東京，今開封)園林及其園史地位（續)〉，《華中建築》1993 第 1 期，頁 64～65。

10. 付海妮，〈宋代后妃臨朝不危政原因淺析〉，《固原師專學報，社會科學版)》，2005 年第 2 期，頁 19～22。

11. 付海妮，〈近十餘年來宋代女性史研究探述〉，《貴州文史叢刊》，2005 年第 4 期，頁 10～14。

12. 石元康，〈天命與正當性：從韋伯的分類看儒家的政道〉，《開放時代》1999 年第 6 期，頁 5～23。

13. 朱傑人，〈朱子詩傳綱領研究〉，《朱子學的開展——學術篇》，臺北：漢學研究中心，2002，頁 36～40。

14. 朱溢，〈唐至北宋時期太廟祭祀中私家因素的成長〉，《臺大歷史學報》第 46 期（2010.02），頁 35～83。

15. 朱溢，〈唐至北宋時期的皇帝親祀〉，《政治大學歷史學報》34（2010.11），頁 1～52。

16. 朱溢，〈臨安與南宋的國家祭祀禮儀——著重於空間因素的探討〉，《中央研究院歷史語言研究所集刊》，第 88 本第 1 分（2017.3），頁 149～154。

17. 吳羽，〈政和五禮新儀編撰考論〉，《學術研究》，2013 年第 6 期，第 123～124。

18. 吳經熊，〈中國法律與政治哲學〉，《中國文化論文集》（四），臺北：幼獅文化事業公司，1982，頁 413。

19. 吳靜芳，〈明嘉靖朝孔廟祀典改制考析〉，《成大歷史學報》第 31 期（2006.12），頁 113。

20. 李天鳴，〈高宗即位和院藏祥瑞圖的故事〉，《故宮文物月刊》，331（2010.10），頁 7～8。

21. 李玉潔，〈古代蠶神及祭祀考〉，《農業考古》，2015 年第 3 期，頁 313。

22. 李威寰，〈論朱熹禮學實踐中的「經權觀」〉，《中國文學研究》第 40 期（2015.7），頁 159。

23. 李豐楙，〈服飾與禮儀：〈離騷〉的服飾中心說〉，《中國文哲研究集刊》，第 14 期（1999.3），頁 1～49。

24. 束景南，〈輯錄說明〉，《詩集解》，收入朱傑人、嚴佐之、劉永翔主編，《朱子全書》，上海：上海古籍出版社，2002，第 26 冊，頁 99。

25. 沈宗憲，〈宋帝的宗教傾向與宮中術數迷信〉，《輔仁歷史學報》，第 14 期（2003.6），頁 153～196。

26. 邢定生，〈淺析中國古代帝王感生神話〉，《玉溪師範高等專科學校學報》，1999 年第 1 期，頁 88～89。

27. 周秋良，〈民間送子觀音信仰的形成及其習俗〉，《中南大學學報（社會科學版）》，2012 年第 5 期，頁 13～16。

28. 周蓉,〈漢畫像石中的「高祺」形象考辨〉,《商丘職業技術學院學報》, 2014 年第 6 期,頁 108〜111。

29. 季曉燕,〈論宋代后妃的文化品格〉,《江西社會科學》第 10 期,1996 年), 頁 55〜60。

30. 林素娟,〈土地崇拜與豐產儀典的性質與演變——以先秦及禮書為論述核心〉,《清華學報》39 卷 4 期（2009.12）,頁 615〜651。

31. 林素娟,〈天秩有禮、觀象制文——戰國儒家的德之體驗及禮文化成〉,《清華學報》47 卷 3 期（2017.09）,頁 433〜471。

32. 林素娟,〈氣味、氣氛、氣之通感——先秦祭禮儀式中「氣」的神聖體驗、身體感知與教化意涵〉,《清華學報》新 43 卷第 3 期（2013.9）,頁 385〜430。

33. 林素娟,〈喪禮飲食的象徵、通過意涵及教化功能——以禮書及漢代為論述核心〉,《漢學研究》,第 27 卷第 4 期（2009.12）,頁 3〜4。

34. 林素娟,〈喪禮儀式中的空間象徵、遞變與倫理重整——以三禮書之喪禮空間象徵、轉化為核心進行探討〉,《漢學研究》第 33 卷第 4 期（2015.12）, 頁 1〜36。

35. 林素娟,〈飲食禮儀的身心過渡意涵及文化象徵意義——以三《禮》齋戒、祭祖為核心進行探討〉,《中國文哲研究集刊》32,2008.3）：177〜178。

36. 林素娟,〈漢代后妃的嫡庶之辨——以葬禮及相關經義為探究核心〉,《中國文哲研究集刊》26 期,2005.03）,頁 321〜357。

37. 林慧瑛,〈中國蠶桑文化的女子定位——以嫘祖先蠶與女子化蠶故事為觀察中心〉,《文與哲》21 期,2012.12）,頁 15。

38. 林慶彰,〈朱子《詩集傳・二南》的教化觀〉,《朱子學的開展——學術篇》,臺北：漢學研究中心,2002,頁 66。

39. 邵育欣,〈宋代內命婦封號問題研究〉,《歷史教學》,2009 年第 14 期, 頁 22〜26。

40. 侯步雲,〈蕭楚《春秋》學考略〉,《蘭臺世界》,2015 年第 3 期,頁 12〜13。

41. 俞榮根,〈法先王：儒家王道政治合法性倫理〉,《孔子研究》,2013 年第 1 期,頁 6〜7。

42. 俞榮根，徐燕斌，〈名分之禮與王權的合法性認證〉，《法學家》，2007 年第 6 期，頁 30～35。

43. 姚彥淇，〈朱熹《資治通鑑綱目》的「胡氏曰」——以卷一至卷三十五為例〉，《彰化師大國文學誌》第 34 期（2017.06），頁 31～38。

44. 姚瀛艇，〈論唐宋之際的天命與反天命思想〉，收錄於鄧廣銘，酈家駒等主編，《宋史研究論文集：1982 年年會編刊》，鄭州：河南人民出版社，1984，頁 370～384。

45. 姜廣輝，〈「道學思潮與經學革新：二程的經學思想與《伊川易傳》再認識〉，《中國哲學》第 25 輯〈經學今詮四編〉，頁 286。

46. 姜龍翔，〈論朱子《詩集傳》對二〈南〉修齊治平之道的開展〉，《清華中文學報》第 7 期（2012.06），頁 61～105。

47. 姜鵬，〈經筵進讀與史學義理化〉，《復旦學報，社會科學版)》，2009 年第 3 期，頁 117～118。

48. 施譯涵，〈天命、夢兆與婦德實踐：《宋史·高宗憲聖慈烈吳皇后傳》內容試探〉，《興大人文學報》，第 56 期（2016.3），頁 137～162。

49. 施譯涵，〈書寫差異與婦德規訓——以南宋光宗慈懿李后事蹟為探究對象〉，《興大人文學報》，第 60 期（2018.03），頁 187～212。

50. 柳立言，〈南宋政治初探——高宗陰影下的孝宗〉，《宋史研究集第 19 輯》，臺北：國立編譯館，1989），頁 203～256。

51. 胡勁茵，〈北宋徽宗朝大晟樂製作與頒行考議〉，《中山大學學報（社會科學版)》，2010 年第 2 期，頁 100～112。

52. 胡厚宣，〈殷代的蠶桑和絲織業〉，《文物》11 期（1972），頁 5～6。

53. 英·格里·斯托克，〈作為理論的治理：五個論點〉，《治理與善治》，北京：社會科學出版社，2000），頁 38。

54. 唐兆梅，〈論宋代史學家的「反天命」思想〉，《河北學刊》1993 年 4 期，頁 33～34。

55. 唐君毅，〈張橫渠之心性論及其形上學之根據〉，《哲學論集》，臺北：臺灣學生書局，1990），頁 211～233。

56. 唐啟翠，〈禮儀遺物與「工史書世」新證：從「玉圭」神話看儒道思想的巫史之源〉，《哲學與文化》第 39 卷第 6 期（2012.06），頁 49。

57. 孫作雲，〈中國古代的靈石崇拜〉，《中國神話學文論選萃》，北京：中國廣播電視出版社，1994，頁 349。

58. 徐公喜，〈宋明理學法順人情論〉，《船山學刊》，2014 年第 3 期，頁 96～102。

59. 徐利華，〈宋代雅樂樂歌研究〉，《宋代音樂研究文論集》，上海：上海音樂學院出版社，2016，第 4 冊，頁 230。

60. 徐秉愉，〈正位於內：傳統社會的婦女〉，見杜正勝主編：《吾土與吾民》，臺北：聯經出版事業公司，1982，頁 156～169。

61. 徐燕斌，〈天道觀念下中國君權的合法性建構——基於禮的視角〉，《江南大學學報，人文社會科學版）》，2009 年第 4 期，頁 21～26。

62. 殷慧，〈天理與人文的統一：朱熹論禮、理關係〉，《中國哲學史》，2011 年第 4 期，頁 41～49。

63. 康凱淋，〈陳傅良《春秋後傳》的解經方法〉，《臺大文史哲學報》第 89 期（2018.5），頁 41～75。

64. 張文昌，〈《大周通禮》與《開寶通禮》內容與體例試探——以「通禮」為切入點〉，《早期中國史研究》，第 2 卷第 2 期（2010.12），頁 109。

65. 張永鋐，〈漢代春秋折獄之法律思想及方法論探微——以政治案件之誅心論及權變思想為核心〉，《國立政治大學歷史學報》，19 期（2002.05），頁 15～70。

66. 張志雲，湯勤福，〈北宋太常禮院及禮儀院探究〉，《求是學刊》，2016 年第 3 期，頁 148。

67. 張其凡、白效詠，〈乾興元年至明道二年政局初探：兼論仁宗與劉太后關係之演變〉，《中州學刊》，2005 年第 3 期，頁 190～193。

68. 張尚英，〈家鉉翁《春秋》學述論〉，《儒藏論壇》，2012 年 00 期，頁 68～84。

69. 張明華，〈論北宋女性政治的蛻變〉，《河南大學學報（社會科學版）》2002 年第 1 期，頁 33～37。

70. 張星久，〈母權與帝制中國的后妃政治〉，《武漢大學學報（社會科學版）》，2003 年第 1 期，頁 41～51。

71. 張家麟，〈論臺灣民間信仰本土化——以禮斗儀式為焦點〉，《輔仁宗教研

究》，17 期，（2008 夏），頁 67～107。

72. 張珣，〈香之為物：進香儀式中香火觀念的物質基礎〉，《臺灣人類學刊》，第 4 卷第 2 期（2006.12），頁 40～41。

73. 張珣，〈婦女生前與死後的地位：以養女與養媳等為例〉，《考古人類學刊》第 56 期（2000.6），頁 15～43。

74. 張珣，〈馨香禱祝：香氣的儀式力量〉，《考古人類學刊》第 65 期，2006），頁 21。

75. 張高評，〈《春秋》曲筆直書與《左傳》屬辭比事——以史傳經與《春秋》書法〉，《成大中文學報》45 期（2014.06），頁 1～61。

76. 張高評，〈《春秋》書法與「義」在言外——比事件義與《春秋》學史研究〉，《文與哲》25 期（2014.12），頁 77～130。

77. 張高評，〈比屬觀義與宋元《春秋》詮釋學〉，《經學文獻研究集刊》第 15 輯（2016.06），頁 81～114。

78. 張高評，〈北宋《春秋》學之創造性詮釋：從章句訓詁到義理闡發〉，《中國典籍典文化論叢》第 18 輯，北京：鳳凰出版社，2017），頁 94～129。

79. 張高評，〈朱熹之《春秋》觀——據實直書與朱子之徵實精神〉，《第八屆中國經學國際學術研討會論文選集》，臺北：萬卷樓出版公司，2015），頁 353～390。

80. 張高評，〈從屬辭比事論《公羊傳》弒君之書法——《春秋》書法之修辭觀〉，《東華漢學》18 期（2013.12），頁 135～188

81. 張高評，〈筆削顯義與胡安國《春秋》詮釋學——《春秋》宋學詮釋方法之一〉，《新宋學》第 5 期（2016.08），頁 275～308。

82. 張廣達，〈內藤湖南的唐宋變革說及其影響〉，《唐研究》，北京：北京大學出版社，2005，頁 5～71

83. 許倬雲，〈從周禮中推測遠古的婦女工作〉《中國婦女史論集》第一輯，臺北：稻鄉出版社，1979，頁 51～62。

84. 陳志信，〈詩境想像、辭氣諷詠與性情涵濡——《詩集傳》展示的詩歌詮釋進路〉，《漢學研究》第 29 卷第 1 期（2011.03），頁 23。

85. 陳金現，〈論宋代洗兒詩〉，《人文集刊》第 8 期（2009.06），頁 257。

86. 陳長山，〈高禖畫像小考〉，見黃雅峰主編，《南陽麒麟崗漢畫像石墓》，

西安：三秦出版社，2008，頁 305～306。

87. 陳政揚，〈張載哲學中的「理」與「禮」〉，《高雄師大學報》18 期，2005.6），頁 163～178。

88. 陳家寧，〈說簡狄所吞的玄鳥之「卵」〉，《古文字研究》第 28 輯，北京：中華書局，2010，頁 426～430。

89. 陳峰，〈北宋皇室與「將門」通婚現象探析〉，《文史哲》，2004 年第 3 期，頁 103～107。

90. 陳弱水，〈初唐政治中的女性意識〉，見鄧小南等主編，《中國婦女史讀本》，北京：北京大學出版社，2011，頁 115。

91. 陳夢家，〈高禖郊社祖廟通考〉，《清華學報》，第 12 卷 3 期（1936.7），頁 445～471。

92. 彭林，〈論朱熹的禮學觀〉，《宋初經學發展述論》，臺北：萬卷樓圖書有限公司，2001，頁 353～369。

93. 彭美玲，〈古禮經說中的「主」制來由蠡測〉，《臺大文史哲學報》第 84 期（2016.05），頁 1～51。

94. 彭美玲，〈兩宋皇家原廟及其禮俗意義淺探〉，《成大中文學報》第 52 期（2016.3），頁 67～114。

95. 馮兵，〈「義」、「人情」、「禮樂器數」——朱熹論「禮」的傳承與修訂〉，《哲學動態》2015 年第 2 期，頁 41～47。

96. 馮曉庭，〈導言〉，《宋代經學國際研討會論文集》，臺北：中央研究院中國文哲研究所，2006，頁 1～16。

97. 黃忠慎，〈經典的重構：論呂祖謙《呂氏家塾讀詩記》在《詩經》學史上的承衍與新變〉，《清華學報》新 42 卷第 1 期（2012.03），頁 50。

98. 黃聖松，〈《左傳》「郊」考〉，《文與哲》第 25 期（2014.12），頁 176。

99. 楊果，劉廣豐，〈宋仁宗郭皇后被廢案探議〉，《史學集刊》2008 年第 1 期，頁 56～60。

100. 楊治平，〈宋代理學「禮即是理」觀念的形成背景〉，《臺大文史哲學報》，第 82 期（2015），頁 43～82。

101. 楊建宏，〈禮制背後的政治訴求解讀——以北宋官方禮書製作為中心〉，《船山學刊》，2009 年第 1 期，頁 103～106。

102. 楊晉龍，〈神統與聖統──鄭玄王肅「感生說」異解探義〉，《中國文哲研究集刊》第 3 期（1993.03），頁 496～497。

103. 楊曉靄，〈宋代郊廟儀式聲詩的舒遲和雅風格及其形成〉，《西北師大學報（社會科學版）》，2004 年第 4 期，頁 1～5。

104. 葉國良，〈從名物制度之學看經典詮釋〉，《中央大學人文學報》，20、21 期合刊（88.12～89.06），頁 1～20。

105. 賈志揚，〈劉太后及其對宋代政治文化的影響〉，《宋史研究論文集：國際宋史研討會暨中國宋史研究會第九屆年會編刊》，保定：河北大學出版社，2002，頁 112～123。

106. 福柯，許寶強，袁偉選編，〈話語的秩序〉，《語言與翻譯政治》，北京：中央編譯出版社，2001，頁 3。

107. 趙冬梅，〈先帝皇后與今上生母──試論皇太后在北宋政治文化中的含義〉，收入張希清、田浩、黃寬重、于建設編，《10～13 世紀中國文化的碰撞與融合》，上海：上海人民出版社，2006，頁 388～407。

108. 劉正萍，〈宋代約束后妃規制述評〉，《鹽城師範學院院報（人文社會科學版）》，2010 年第 5 期，頁 43～47。

109. 劉成國，〈論《周官新義》與宋代學術之演進〉，《國學研究》第 11 期（2003.6），頁 147～162。

110. 劉初棠，〈《詩經》婚制婚俗芻議：從高禖談起〉，《上海師範大學學報》，1995 年第 4 期，頁 50～55。

111. 劉洪濤，〈從趙宋宗室的家族病釋「燭影斧聲」之謎〉，《南開學報》，1989 年第 6 期，頁 62～63。

112. 劉復生，〈宋代「政治神學」危機與新「天命」的建立〉，《川大史學（第二輯）：中國古代史卷》，成都：四川大學出版社，2016），頁 369～393。

113. 劉增貴，〈魏晉南北朝時代的妾〉，《新史學》2 卷 4 期（1991.12），頁 8～9。

114. 劉廣豐，〈北宋女主政治中的女性意識──以對劉太后的考察為中心〉，《婦女研究論叢》2014 年第 6 期，頁 72～78。

115. 劉廣豐，〈宋代后妃與帝位傳承〉，《武漢大學學報（人文科學版）》，2009 年第 4 期，頁 430～431。

116. 劉靜貞，〈女無外事？——墓誌碑銘中所見之北宋士大夫社會秩序理念〉，《婦女與兩性學刊》，第 4 期（1993.3），頁 21～46。

117. 劉靜貞，〈宋代母親研究的省思〉，《輿地、考古與史學新說——李孝聰教授榮休紀念論文集》，北京：中華書局，2012，頁 292～293。

118. 劉靜貞，〈性別與文本：在宋人筆下尋找女性〉，《中國史新論・性別史分冊》，臺北：聯經出版事業公司，2009，頁 239～282。

119. 劉靜貞，〈法古？復古？自我作古？——宋徽宗文化政策的歷史觀照〉，《開創典範：北宋的藝術與文化研討會論文集》，臺北：國立故宮博物院，2008，頁 447～470。

120. 劉靜貞，〈社會文化理念的政治運作：宋代母／后的政治權力與位置試探〉，《宋史研究論文集》，鄭州：河南大學出版社，2014，頁 10～18。

121. 劉靜貞，〈從皇后干政到太后攝政——北宋真仁之際女主政治權力試探〉，《中國婦女史論集續集》，臺北：稻鄉出版社，1991，頁 123～161。

122. 劉靜貞，〈略論宋儒的宗教信仰——以范仲淹的宗教觀為例〉，《中國歷史學會史學集刊》，第 15 期，頁 153。

123. 劉麗，張劍光，〈《唐書直筆》與《新唐書》的書法探究〉，《鄭州大學學報（哲學社會科學版）》，2008 年第 1 期，頁 99～104。

124. 諸葛憶兵，〈論宋代后妃與朝政〉，《南京師大學報（社會科學版）》1998 年第 4 期，頁 129～134。

125. 鄧小南，〈『內外』之際與『秩序』格局：宋代婦女〉，見杜芳琴、王政主編，《中國歷史中的婦女與性別》，天津：天津人民出版社，2004，頁 254～304。

126. 鄧小南，〈從考古發掘資料看唐宋時期女性在門戶內外的活動——以唐代吐魯番、宋代白沙墓葬的發掘資料為例〉，《歷史、史學與性別》，江蘇：人民出版社，2002，頁 113～127。

127. 顏汝庭，〈近二十年來兩岸宋代婦女史研究概況，1985～2004）〉，《史耘》第 11 期，2005.12），頁 97～115。

128. 魏志江，〈論宋代后妃〉，《揚州師院學報（社會科學版）》1994 年第 1 期，頁 42～49。

129. 羅永生，〈唐高宗政治權謀的再認識——兼論高宗朝的武則天〉，《臺灣師

大歷史學報》第 47 期（2012.06），頁 51。

130. 劉長林，〈中國系統思維的三種模式〉，《中國古代思維方式探索》，臺北：正中書局，1996，頁 332～334。

131. 黃浩瑞，林衡毅，〈陽痿之中醫治療〉，《北市中醫會刊》，20 卷 4 期（2014.12），頁 8～12。

132. 翁清松，〈陽痿之中西醫治療〉，《中醫會訊》333 期（2015.3），頁 3。

133. 楊光華，〈宋代后妃、外戚預政的特點〉，《西南大學學報：社會科學版》1994 年第 3 期，頁 62。

134. 史廣超，〈《中興禮書》及《續編》版本考述〉，《圖書館雜誌》，2013 年第 5 期，頁 85～90。

135. 李俊芳，〈回向三代──以宋徽宗朝《政和五禮新儀》制定為中心〉，《保定學院學報》2018 年第 3 期，頁 51～55。

136. 葉芳如，〈明人筆記所見之萬貴妃軼聞〉，《史耘》第 8 期（2002.9），頁 69。

137. 楊宇勛，〈從政治、異能與世人態度談宋代精神異常者〉，《成大宗教與文化學報》，第 7 期，（2006.12），頁 19～47。

138. 日・小島毅，〈郊祀制度の変遷〉，《東洋文化研究所紀要》第 108 冊（1989.2），頁 151。

139. 日・內藤湖南，〈概括的唐宋時代觀〉，《日本學者研究中國史論著選譯》，北京：中華書局，1993），頁 10～18。

140. 日・西嶋定生，《中國古代國家と東アジア世界》，東京：東京大學出版會，1983，第 6 章〈東アジア世界と日本史〉，頁 616。

141. 日・佐竹靖彥，〈《清明上河圖》為何千男一女〉，《唐宋女性與社會》，上海：上海辭書出版社，2003，頁 803～804。

142. 日・梅原郁，〈皇帝・祭祀・國都〉，收入中村賢二郎編，《歷史のなかの都市──續都市の社會史》，京都：ミネルヴァ書房，1986，頁 285～292。

143. 日・新城理惠，〈先蚕儀礼と中国の蚕神信仰〉，《比較民俗研究》第 4 期，（1991.9），頁 7～27。

144. 日・新城理惠，〈唐代先蠶儀禮の復元：《大唐開元禮》先蠶條譯註を中心に〉，《史峯》，茨城：筑波大學東洋史談話會，第 7 號，（1994.3），頁 1～33。

145. 日‧新城理惠，〈唐宋期の皇后‧皇太后——太廟制度と皇后〉，收入野口鐵郎先生古稀記念論集刊行委員會編，《中華世界の歷史的展開》，東京：汲古書院，2002，頁 134～137。

146. 日‧新城理惠，〈絹と皇后——中国の国家儀礼と養蚕〉，收入網野善彥主編，《岩波講座 天皇と王権を考える 3 生產と流通》，東京：岩波書店，2002，頁 150～155。

147. 日‧齋木哲郎，〈程伊川的春秋學〉，《中國哲學》第 20 輯〈經學今詮四編〉，頁 358。

148. 瑞典‧高本漢，"Some Fecundity Symbols In Ancient China", Bulletin of The Museum of Fareastern Antiguities, No.2, pp.2～4。

（四）網路資料

1. 東漢伏羲女媧畫像磚。資料時間：2019.8.12 日，網址為：http://www.chnmus.net/dcjp/node_5379.htm